古代歷史文化 研究輯刊

十八編

王明蓀 主編

第 9 冊

宋遼人物與兩國外交續論

蔣武雄 著

國家圖書館出版品預行編目資料

宋遼人物與兩國外交續論／蔣武雄 著 — 初版 — 新北市：花
木蘭文化事業有限公司，2017〔民106〕
序 2+ 目 2+208 面；19×26 公分
（古代歷史文化研究輯刊 十八編：第 9 冊）
ISBN 978-986-485-188-1（精裝）
1. 外交史 2. 宋史 3. 遼史
618   106014295

ISBN-978-986-485-188-1

9 789864 851881

古代歷史文化研究輯刊
十八編 第 九 冊   ISBN：978-986-485-188-1

宋遼人物與兩國外交續論

作　　者　蔣武雄
主　　編　王明蓀
總 編 輯　杜潔祥
副總編輯　楊嘉樂
編　　輯　許郁翎、王筑　美術編輯　陳逸婷
出　　版　花木蘭文化事業有限公司
社　　長　高小娟
聯絡地址　235 新北市中和區中安街七二號十三樓
　　　　　電話：02-2923-1455／傳真：02-2923-1452
網　　址　http://www.huamulan.tw 信箱 hml810518@gmail.com
印　　刷　普羅文化出版廣告事業
初　　版　2017 年 9 月
全書字數　180463 字
定　　價　十八編 18 冊（精裝）台幣 36,000 元　　版權所有‧請勿翻印

宋遼人物與兩國外交續論

蔣武雄 著

作者簡介

蔣武雄，1952 年生。1974 年畢業於東海大學歷史學系；1978 年畢業於政治大學邊政研究所；1986 年畢業於中國文化大學史學研究所博士班；現爲東吳大學歷史學系教授。主要研究領域爲中國災荒救濟史、中國古人生活史、中國邊疆民族史、宋遼金元史、明史。先後在《東方雜誌》、《中華文化復興月刊》、《中國邊政》、《中國歷史學會史學集刊》、《空大人文學報》、《東吳歷史學報》、《中國中古史研究》、《國史館館刊》、《中央大學人文學報》、《史學彙刊》、《玄奘佛學研究》、《史匯》、《中央日報長河版》等刊物發表歷史學術論文一百三十餘篇，並出版《遼與五代政權轉移關係始末》、《明代災荒與救濟政策之研究》、《遼金夏元史研究》、《遼與五代外交研究》、《宋遼外交研究》、《宋遼人物與兩國外交》、《中國邊疆史事研究》、《中國古人生活淺論》等著作。

提　　要

　　本書收錄六篇與宋遼外交有關的論文，另外有一篇附錄，討論遼代佛教發展的情形，茲敘述各篇提要如下：

一、宋遼皇帝登位交聘活動與相關問題的探討——以宋遼新君登位的交聘活動爲主軸，探討宋人史書與《遼史》所記人名或日期不相符合，以及使節與對方君臣交聘時的一些狀況。

二、包拯使遼事蹟的探討——論述包拯使遼事蹟，以期有助於填補研究包拯事蹟在此方面的不足。

三、宋臣劉敞使遼的行程——從劉敞所作約五十首使遼詩，討論其使遼行程中的所見、所聞、所感，和進行交聘活動的情形。

四、宋臣韓縝與宋遼劃界交涉始末——專就韓縝受宋神宗指示，如何與遼進行劃界交涉、會勘，以及後來如何受到指責等史事，加以討論。

五、宋臣彭汝礪使遼的行程——從彭汝礪所作約六十首使遼詩，討論其使遼行程中的所見、所聞、所感，和進行交聘活動的情形。

六、遼代劉六符兄弟與遼宋外交——討論遼臣劉六符兄弟參與遼宋外交事務的情形，尤其對劉六符在遼宋外交上的表現，和對遼國的貢獻，有較多的論述。

七、（附錄）從石刻文獻論遼人出家眾多的原因——討論遼人出家眾多的原因，包括遼代社會崇信佛教風氣盛行、家庭崇信佛教環境促成、個人對佛教悟性契機、廣建寺院與寺院經濟力量雄厚、遼代社會僧侶地位崇高等五項原因。

自　序

　　在民國一零二年九月，我收錄十篇已發表有關宋遼人物與兩國外交的論文，並且在一零三年三月，由花木蘭文化出版社出版後，這三年來，我又繼續收錄近幾年發表的相關論文，計有六篇，另有附錄一篇。以《宋遼人物與兩國外交續論》為書名，並且照樣以先宋後遼，先帝後臣，以及使遼或接觸遼事的先後，做為各篇排列順序的依據，編成本書。

　　宋遼時期兩國和平外交的互動，長達一百多年，因此在弭兵息民的情況下，對於雙方的政治、經濟、社會、文化等各方面都產生正面的作用，值得我們做深入的探討。因此筆者在本書中，探討了宋遼皇帝登位的交聘活動，以及包拯、劉敞、彭汝礪出使遼國的情形。也探討有可能影響彼此友好情誼的兩次交涉事件，一是以遼臣劉六符為主軸，討論遼宋的增幣交涉始末；二是以宋臣韓縝為主軸，討論宋遼劃界交涉始末，共有六篇論文。另有一篇附錄，則是探討遼人出家眾多的原因。

　　筆者希望透過研究這幾位宋遼人物在兩國外交上的表現，以及已出版的《宋遼人物與兩國外交》，能使讀者對於宋遼外交關係史有進一步的瞭解，並且請讀者不吝予以指正。

　　關於這次出版《宋遼人物與兩國外交續論》，我還是要特別感謝本系教授陶晉生院士，他是研究宋遼外交關係史的專家，這十多年來，我常向他請教，受益良多。

蔣武雄謹識

於民國一零六年九月七日

東吳大學研究室

目

次

宋遼皇帝登位交聘活動與
相關問題的探討

摘　要

　　本文以宋遼兩國新君登位時，所進行的祝賀交聘活動為主軸，探討與其相關的問題，包括史書常未記兩國使節姓名、宋人史書與《遼史》所記人名或日期不相符合，以及使節與對方君臣在交聘活動過程中所發生的一些狀況，期使讀者能更了解宋遼外交的史實。

關鍵詞：宋、遼、交聘、外交

一、前　言

　　宋遼兩國長達一百多年的和平外交關係，可分為兩個階段，一是起自宋太祖開寶七年（遼景宗保寧六年，西元九七四年），至宋太宗太平興國四年（遼景宗保寧十一年，九七九年）為止，前後約有六年的短暫和平外交時期。〔註1〕另一是從宋眞宗景德元年（遼聖宗統和二十二年，一〇〇四年），與遼訂立澶淵盟約後，直至宋徽宗宣和四年（遼天祚帝保大二年，一一二二年）為止，約有一百一十八年的長期和平外交時期。〔註2〕

　　在此兩個階段的和平外交關係之下，宋遼兩國使節的交聘活動相當頻繁，以其所負的外交任務來說，可分為賀正旦國信使、賀生辰國信使、告哀使、遺留禮信使、皇帝登寶位國信使、祭奠國信使、弔慰國信使、賀登位國信使、賀冊禮國信使、回謝禮信使、泛使、答謝國信使等。〔註3〕筆者認為在這些交聘活動當中，以祝賀對方帝后生辰和對方帝后死亡的哀喪交聘活動，比較能顯現出雙方外交情誼的深厚，因為一則是分享對方帝后生辰的喜悅，另一則是分擔對方帝后死亡的哀傷，其所流露出眞摯的情感可使對方的感受比較深刻。因此筆者曾撰寫〈宋遼帝后生辰與哀喪的交聘活動——以宋眞宗、遼承天太后、遼聖宗為主〉一文，論述此一方面的史實。〔註4〕但是關於祝賀對方皇帝登位的交聘活動，如就兩國的外交來說，其實也很重要，因為對方新君登位，不僅是該國舉國同慶的大事，也關係著該國未來國運的發展，甚至於關係著兩國外交的演變。因此宋遼兩國朝廷本著友好的外交情誼，在此時均會派遣使節至對方朝廷告以本國新君登位，而對方也會派遣使節前來祝賀。這種外交上的互動，實在是比每年例行性祝賀元旦和帝后生辰的交聘活

〔註1〕可參閱王曉波，〈宋太祖時期宋遼關係的變化〉，《宋代文化研究》第7輯（成都：巴蜀書社，1998年5月），頁222～237；蔣武雄，〈宋滅北漢之前與遼的交聘活動〉，《東吳歷史學報》11（台北，2004年6月），頁1～27。

〔註2〕可參閱聶崇岐，〈宋遼交聘考〉，《宋史叢考》（下），（台北：華世出版社，1986年），頁283～375；傅樂煥，〈宋遼聘使表稿〉，收錄於《遼史彙編》（八），（台北：鼎文書局，1973年），頁544～623；曹顯征，《遼宋交聘制度研究》（下），中央民族大學博士學位論文，2006年，頁1～128。

〔註3〕有關宋遼使節所負的外交任務，可參閱聶崇岐，〈宋遼交聘考〉，《宋史叢考》（下），頁286～287；黃鳳岐，〈遼宋交聘及其有關制度〉，《社會科學輯刊》1983年第2期，頁96～97。

〔註4〕可參閱蔣武雄，〈宋遼帝后生辰與哀喪的交聘活動——以宋眞宗、遼承天太后、遼聖宗為主〉，《東吳歷史學報》25（台北，2011年6月），頁57～98。

動重要許多，也可謂是宋遼和平外交中的大事。筆者即是基於以上的體認，特別以〈宋遼皇帝登位交聘活動與相關問題的探討〉為題撰寫本文。

而另一促使筆者撰寫本文的動機，是因為筆者十多年來研究宋遼外交關係史，發現史書對於兩國所派遣的使節常有未記其姓名，或宋人史書與《遼史》所記有人名或日期不相符合的現象，以及使節與對方君臣在交聘活動的過程中，有時會發生一些狀況，因此筆者遂以宋遼皇帝登位的交聘活動為例，依其事例的先後順序，討論與此一史實相關的問題。

二、宋遼皇帝登位交聘活動與其相關的問題

（一）宋太宗

由於宋與遼和平外交的往來是從宋太祖開寶七年開始，因此後來當宋太祖死，由宋太宗繼位時，雙方曾進行了相關的交聘活動。據《宋史》〈太宗本紀〉，說：「（宋太祖）開寶九年（遼景宗保寧八年，九七六年）冬十月癸丑（二十日），太祖崩，帝（宋太宗）遂即皇帝位。……十一月……己丑（二十七日），遣著作郎馮正、佐郎張玘使契丹告哀。……（宋太宗太平興國）二年……二月甲午（三日），契丹遣使來賀即位及正旦。」〔註5〕由此段記載可知宋朝廷當時因為宋太祖死亡，因此曾派任使節擬至遼國告哀，而遼朝廷也曾派遣使節在隔年二月抵達宋汴京，進行祝賀宋太宗登位的交聘活動。但是此段記載似乎漏掉了一個程序，即是只提到宋朝廷派任使節至遼國告哀，卻沒有提到宋朝廷派任使節至遼國告以宋太宗登位的事情，而且所派任者又是何人？因此筆者另查《續資治通鑑長編》（以下簡稱《長編》）卷一七，其說：「開寶九年……十月……癸丑（二十日），上（宋太祖）崩于萬歲殿。……甲寅（二十一日），太宗即位，……十一月……壬午（二十日），遣著作郎馮正、著作佐郎張玘使契丹，告終、稱嗣也。」〔註6〕依據《長編》此一記載，使我們才知道原來當時宋朝廷是派馮正、張玘使遼，而且是一次負責了「告終、稱嗣」兩項任務，也就是向遼國告哀與告登位均由同一批使節擔任。

〔註5〕〔元〕脫脫，《宋史》（北京：中華書局，1986年），卷4，本紀第4，太宗1，頁54。

〔註6〕〔宋〕李燾，《續資治通鑑長編》（以下簡稱《長編》）（北京：中華書局，1992年），卷17，宋太祖開寶九年十月癸丑條、甲寅條，頁380～381、十一月壬午條，頁386。

　　至於遼朝廷對於此次交聘活動的回應，據《遼史》〈景宗本紀〉，說：「保寧八年（宋太祖開寶九年，九七六年）十一月丙子（十四日），宋主匡胤（宋太祖）殂，其弟炅（宋太宗）自立，遣使來告。……十二月壬寅（十日），遣蕭只古、馬哲賀宋即位。」〔註7〕可知當時遼朝廷在得知宋太祖死亡，以及宋太宗登位的訊息之後，基於雙方友好外交的情誼，曾在該年十二月十日，任命正副使節蕭只古、馬哲，擬至宋國祝賀宋太宗的登位。但是關於此事，《東都事略》只稱：「（宋太宗）太平興國二年（遼景宗保寧九年，九七七年），（遼）復遣使來賀太宗即位。」〔註8〕甚至於《長編》卷一八的記載，也與前文所引《宋史》〈太宗本紀〉的記載一樣均很簡略，其說：「太平興國二年（遼景宗保寧九年，九七七年）二月甲午（三日），……契丹遣使來賀上（宋太宗）登極、賀正。」〔註9〕因此為了能比較清楚了解此次宋遼交聘的情況，筆者再另查《宋會要輯稿》，其說：「太宗太平興國二年（遼景宗保寧九年，九七七年）正月，契丹遣使蕭蒲泥禮、王英等，奉御衣、玉帶、玉鞍勒馬、金銀飾戎仗及馬百匹，來賀太宗皇帝登極。又別奉御衣、金玉帶、鞍馬為賀正之禮。是日，對泥禮等於崇德殿，及其從者凡八十二人，賜衣帶、器幣有差。」〔註10〕此段記載顯然比《長編》、《宋史》、《遼史》詳細，不只是有進一步提到前來宋朝廷祝賀宋太宗登位的遼正副使節姓名是「蕭蒲泥禮、王英」，並且也敘述了當時遼使節在交聘活動過程中，與宋國互贈禮物，以及晉見宋太宗的情形。另外，筆者查閱《宋史》〈禮儀志〉，發現有一段記載宋朝廷宴請來賀宋太宗登位的遼使，說：「太平興國二年二月十一日，宴兩浙進奉使、契丹國信使及李煜、劉鋹、禁軍都指揮使以上于崇德殿，不舉樂，酒七行而罷。契丹遣使賀登極也。」〔註11〕綜合以上所引各史書的記載，使我們比較知道當時遼使節前來祝賀宋太宗登位的交聘活動情形。而且也可體認這一次交聘活動頗具重要性，因為這是宋遼兩國外交史上，在建交之後，第一次因為宋方皇帝的死亡，遼方派遣使節至宋國祝賀新皇帝──宋太宗登位的交聘活動，充分顯現出當時兩國外交的和平友好情誼。

〔註7〕〔元〕脫脫，《遼史》（北京：中華書局，1986年），卷8，本紀第8，景宗上，頁96。

〔註8〕〔宋〕王稱，《東都事略》（台北：中央圖書館，1991年），卷123，附錄1，遼國上，頁2。

〔註9〕〔宋〕李燾，《長編》，卷18，宋太宗太平興國二年二月甲午條，頁397。

〔註10〕〔清〕徐松，《宋會要輯稿》（北京：中華書局，1997年），蕃夷1之4。

〔註11〕〔元〕脫脫，《宋史》，卷119，志第72，禮22，頁2803。

但是筆者在詳細閱讀前引諸書的記載之後，發現此次遼使節前來祝賀宋太宗登位的交聘活動過程中，還是存在著人名與日期不相符合等問題，例如《宋會要輯稿》所言遼使節的姓名是「蕭蒲泥禮、王英」，與《遼史》所稱「蕭只古、馬哲」不同。關於這個問題，筆者認為似應以到任者為準，也就是《遼史》所言為派任的使節，而《宋會要輯稿》所言是到任的使節，因此當以《宋會要輯稿》所稱「蕭蒲泥禮、王英」為正確。筆者查閱張亮采所編《補遼史交聘表》，說：「遣使蕭蒲泥禮、王英等，齎御衣、金玉帶、鞍勒馬、金銀飾器及馬百匹，如宋賀即位及正旦，以十二月壬寅至。（？）」〔註12〕顯然張氏亦以《宋會要輯稿》所言為準。但是其謂「以十二月壬寅至。（？）」似乎採用《遼史》所言的日期，則有誤，因為此日是遼朝廷派任使節的日期，而不是到達宋國汴京的日期。另外，遼使節至宋國祝賀宋太宗登位的日期，《宋史》與《長編》皆言是太平興國二年二月甲午（三日），《宋會要輯稿》卻稱是該年正月。筆者認為，依前文引《宋會要輯稿》所敘述交聘活動的過程，和《遼史》所言，「十二月壬寅（十日），遣蕭只古、馬哲賀宋即位」，以及據遼使節至宋汴京的行程來判斷，應是以二月甲午（三日）為正確，也就是因時間的關係，遼朝廷將祝賀正旦的交聘活動，延至二月三日與祝賀宋太宗登位一併進行。最後還有一個問題，即是宋使節到達遼朝廷告哀的日期，在《遼史》中稱是「保寧八年（太平興國元年，九七六年）十一月丙子（十四日）」，但是實際上此時宋朝廷尚未派任使節前往遼國告哀，因為有關宋朝廷派任使節前往遼國告哀的日期，在《宋史》中稱是太平興國元年十一月己丑（二十七日），而《長編》則言是太平興國元年十一月壬午（二十日）。此中矛盾，因受限於目前史料的不足，尚無法做出明確的判斷。

（二）宋仁宗

由於宋太宗在太平興國四年（遼景宗保寧十一年，九七九年）五月滅亡北漢之後，即轉而發動征遼之役，想要一舉收復燕雲十六州，因此造成宋遼兩國的和平外交關係中斷，也使後來宋太宗死，由宋真宗繼位時，遼朝廷並未派遣使節前來祝賀。要一直等到宋真宗景德元年（遼聖宗統和二十二年，一〇〇四年），即宋真宗在位第六年，與遼簽訂澶淵盟約，雙方建立起長期的和平外交關係之後，當宋真宗死，由宋仁宗繼位時，遼朝廷才又派遣使節前

〔註12〕張亮采，《補遼史交聘表》，收錄於《遼史彙編》（四），頁27。

來祝賀。據《宋史》〈仁宗本紀〉，說：「（宋仁宗）乾興元年（遼聖宗太平二年，一○二二年）二月戊午（十九日），眞宗崩，遺詔太子即皇帝位，……遣使告哀契丹。……夏四月壬子（十三日），遣使以即位告契丹。」〔註13〕可知當時宋朝廷基於雙方友好外交情誼，先後派任使節前往遼國告哀、告登位。但是《宋史》〈仁宗本紀〉並未記載當時所派任的使節姓名爲何，因此筆者另據《長編》卷九八，說：「宋眞宗乾興元年二月戊午（十九日），上（宋眞宗）崩于延慶殿。仁宗即皇帝位，……遣內殿承制閤門祗候薛貽廓告哀契丹。……夏四月壬子（十三日），命兵部員外郎判鹽鐵勾院任中行、崇儀副使曹珣使契丹，告皇帝初登寶位也。」〔註14〕這使我們進一步知道當時宋朝廷所派任擬至遼國告以宋仁宗登位的使節是任中行、曹珣二人。

但是筆者另查閱《宋會要輯稿》時，卻發現其將此事記載於六月份，而非四月份，其說：「眞宗乾興元年（遼聖宗太平二年，一○二二年）六月，……是月，……又命兵部員外郎任中行、崇儀副使曹珣告皇帝登寶位，禮物有金擔箱一具，衣五襲，餘如生日之贈賜。」〔註15〕筆者判斷，《宋史》與《長編》所言是任命的日期，而《宋會要輯稿》所言，則應是宋使節從汴京啓程赴遼的日期，因此能特別提到當時宋朝廷擬致贈予遼禮物的內容。但是筆者查閱《宋大詔令集》卷二二八，〈與契丹告哀書宋仁宗乾興元年，遼聖宗太平二年〉，卻見其稱：「二月日，……今差……薛貽廓謹奉書……」，〔註16〕以及〈即位報契丹書宋仁宗乾興元年，遼聖宗太平二年〉，也稱：「二月日，……今差……任中行，……曹珣謹奉書……」。〔註17〕也就是此兩件國書所記的日期，均稱「二月日」，則使人誤認爲似乎早在二月份，宋朝廷派任告哀使時，也連同告登位使一起派任。據筆者推測〈即位報契丹書〉所言「二月日」，或許是傳抄者「六月日」的筆誤。

至於此二件國書的內容，一是〈與契丹告哀書宋仁宗乾興元年，遼聖宗太平二年〉，說：

〔註13〕〔元〕脫脫，《宋史》，卷9，本紀第9，仁宗1，頁175～176。
〔註14〕〔宋〕李燾，《長編》，卷98，宋眞宗乾興元年二月戊午條，頁2271、四月壬子條，頁2279。
〔註15〕〔清〕徐松，《宋會要輯稿》，蕃夷2之12。
〔註16〕《宋大詔令集》（北京：中華書局，1962年），卷228，〈與契丹告哀書〉，頁883。
〔註17〕《宋大詔令集》，卷228，〈即位報契丹書〉，頁882～883。

　　二月日，姪大宋皇帝謹致書于叔大契丹睿文英武宗道至德崇仁廣孝
功成治　定啓元昭聖神贊天輔皇帝闕下：高穹降禍，先帝生遄，攀慕
哀摧，不克勝處。載念隣歡斯固，訃告是伸，緬料英懷，必增傷慟。
今差引進使金紫光祿大夫檢校司空兼御史大夫上柱國臨晉郡開國侯
食邑一千戶實封三百戶薛貽廓，謹奉書，不次，姪大宋皇帝謹白。
〔註18〕

二是〈即位報契丹書宋仁宗乾興元年，遼聖宗太平二年〉，說：

　　二月日，姪大宋皇帝謹致書于叔大契丹睿文英武宗道至德崇仁廣孝
功成治　定啓元昭聖神贊天輔皇帝闕下：恭以先皇帝聿修歡聘，彌固
善鄰，道合人祇，情深友愛。不虞釁禍，奄及上儒。猥念眇沖，俾
承基構，口於理命，祇紹洪圖，冀先好之愈敦，賴英猷之永睦，專
憑介使，遠達深衷。今差使朝請大夫右諫議大夫上柱國江夏郡開國
侯食邑一千戶賜紫金魚袋任中行、副使西上閤門使銀青光祿大夫檢
校刑部尚書上柱國永城郡開國侯兼御史大夫食邑一千五百戶曹珣，
謹奉書，披述不次，姪大宋皇帝謹白。〔註19〕

根據上述的內容，使我們更加可以確定當時宋朝廷所派任至遼國，告以宋仁
宗登位的正副使節，確實是任中行和曹珣二人。

　　但是關於宋使節任中行、曹珣二人至遼國，告以宋仁宗登位的交聘活動，
筆者認為，尚有一事必須加以討論，即是據《長編》卷九九，說：「宋眞宗乾
興元年八月辛酉（十八日），詔樞密院每歲送契丹禮物，耶律宗信亦以襲衣、
金帶賜之。宗信即王繼忠也。契丹封吳王，改今姓名。任中行等使還，宗信
亦以名馬來賀登極宗信獻名馬，在九月己巳，今并書之。」〔註20〕按，耶律
宗信即是王繼忠，其在宋遼望都戰役中被遼人所俘，但是卻得到遼朝廷的禮
遇，授以官職留用。並且以其早年與宋眞宗良好的主從關係，在宋遼澶淵盟
約的交涉過程中扮演觸媒的角色，對宋遼和平外交的建立有很大貢獻。〔註21〕
而且在其任遼臣期間也常透過宋遼的交聘活動，與宋眞宗、宋朝廷、宋使節
頗有互動，據《宋史》〈王繼忠傳〉，說：「……自是南北罷兵，（王）繼忠有

〔註18〕《宋大詔令集》，卷228，〈與契丹告哀書〉，頁883。

〔註19〕《宋大詔令集》，卷228，〈即位報契丹書〉，頁882～883。

〔註20〕〔宋〕李燾，《長編》，卷99，宋眞宗乾興元年八月辛酉條，頁2297。

〔註21〕可參閱何天明，〈澶淵議和與王繼忠〉，《內蒙古社會科學》2002年第3期，頁
46～48。

力焉。歲遣使至契丹，必以襲衣、金帶、器幣、茶藥賜之，繼忠對使者亦必泣下。」〔註22〕因此當宋使節任中行、曹珣二人至遼朝廷，告以宋仁宗登位時，王繼忠特別以名馬爲賀禮，這也可謂是在宋遼歷任皇帝登位交聘活動中，一次比較特殊的情況。

　　至於遼朝廷派遣使節祝賀宋仁宗登位的過程，據《遼史》〈聖宗本紀〉，說：「太平二年（宋眞宗乾興元年，一○二二年）三月……丁丑（八日），宋使薛貽廓來告宋主恆殂，子禎嗣位。……九月癸巳（二十六日），遣尚書（耶律）僧隱、韓格賀宋主即位。」〔註23〕可知當時遼朝廷也是基於遼宋和平外交的情誼，在宋使節來告知宋仁宗登位後，即派任使節前往宋國祝賀。因此《宋史》〈仁宗本紀〉，說：「（宋仁宗）乾興元年（遼聖宗太平二年，一○二二年）冬十月壬寅（六日），契丹使來賀即位。」〔註24〕《長編》卷九九，也說：「宋眞宗乾興元年（遼聖宗太平二年，一○二二年）冬十月……壬寅（初六日），契丹遣左伊勒希巴（左夷離畢）刑部尚書耶律僧隱、高州觀察使韓格來賀上（宋仁宗）登極。」〔註25〕而《宋會要輯稿》則有進一步的記載，說：「（宋眞宗乾興元年）十月，契丹遣左夷離畢刑部尚書耶律僧隱、副使高州觀察使韓格等，奉書獻御衣、鞍馬，來賀登寶位。賜襲衣、冠帶、器幣、鞍馬有差。」〔註26〕綜合以上各項史書的記載，在使節姓名上均能互相符合，也使我們能比較了解遼使節至宋國祝賀宋太宗登位交聘活動的大概情形。但是筆者尚有一個疑問，即是《遼史》記載遼朝廷在九月二十六日派任祝賀宋仁宗登位的人選，而《長編》卻記載其在十月六日，即已到達宋朝廷進行祝賀宋仁宗登位的交聘活動。就行程來看，不論是從遼至宋，或從宋至遼，光是一趟單程即須一個月以上的時間，爲何遼使節耶律僧隱等人卻只花了十天時間即已到達宋汴京呢？這實在不符合當時實際的情形。

（三）遼興宗

　　關於宋國祝賀遼興宗登位的交聘活動，筆者認爲情況屬於比較特殊，因爲這是自從遼聖宗統和二十二年（宋眞宗景德元年，一○○四年），與宋簽訂

〔註22〕〔元〕脫脫，《宋史》，卷279，列傳第38，王繼忠，頁9472。
〔註23〕〔元〕脫脫，《遼史》，卷16，本紀第16，聖宗7，頁190。
〔註24〕〔元〕脫脫，《宋史》，卷9，本紀第9，仁宗1，頁177。
〔註25〕〔宋〕李燾，《長編》，卷99，宋眞宗乾興元年十月壬寅條，頁2298。
〔註26〕〔清〕徐松，《宋會要輯稿》，蕃夷2之12。

澶淵盟約，雙方建立起長期的和平外交關係之後，遼方首次皇帝登位的遼宋祝賀交聘活動。據《遼史》〈興宗本紀〉，說：「（太平）十一年（宋仁宗天聖九年，一○三一年）六月己卯（三日），聖宗崩，（遼興宗）即皇帝位於枢前。……甲申（八日），遣使告哀于宋……。……九月……辛亥（六日），宋遣……范諷、孫繼業賀即位，……。」〔註27〕此為《遼史》對於遼朝廷派任使節至宋國告哀，以及宋朝廷派遣使節至遼國祝賀遼興宗登位的記載。但是卻未見《遼史》有記載關於遼朝廷以遼興宗登位派遣使節擬往告之於宋的事情，不知是否《遼史》漏記，或是當時遼朝廷並未進行此一由遼使節至宋告以遼興宗登位的程序。因此筆者再查閱《宋史》〈仁宗本紀〉，其說：「（宋仁宗）天聖九年（遼聖宗太平十一年，一○三一年）秋七月丙午（一日）朔，契丹使來告其主隆緒殂，遣使祭奠弔慰，及賀宗真（遼興宗）立。」〔註28〕顯然《宋史》〈仁宗本紀〉也是只有提到遼使節前來宋國告哀，但是卻沒有提到遼使節前來宋國告以遼興宗登位一事。

至於宋朝廷此次派任使節擬至遼國祝賀遼興宗登位的過程，在人選上卻是一換再換，據《長編》卷一一○，說：「宋仁宗天聖九年（遼聖宗太平十一年，一○三一年）六月己亥（二十三日），雄州以契丹主（遼聖宗）訃聞。辛丑（二十五日），……龍圖閣待制孔道輔為賀登位使，崇儀副使孫繼鄴副之。……七月丙午朔（一日），契丹遣奉陵軍節度使耶律乞石來告哀，……戊午（十六日），命樞密直學士寇瑊為賀契丹登位使，改賀登位使孔道輔為契丹母冊禮使，……八月辛巳（六日），以天章閣待制范諷為賀契丹登位使，寇瑊病不能行故也。」〔註29〕另外，《宋史》〈寇瑊傳〉，也說：「（宋仁宗）天聖末，（寇瑊）再使契丹，未行而卒。」〔註30〕從這兩段記載，使我們知道當時宋朝廷在六月二十三日，因為雄州以遼聖宗訃聞，因此即在二十五日，任命祝賀遼興宗登位的人選。但是其實遼使節至七月一日才告哀於宋朝廷，而且《長編》在此處也是沒有提到遼使節前來告以遼興宗登位一事，反而記載了宋朝廷改換祝賀遼興宗登位的人選，並且是經歷兩次的更換，從原先孔道輔更換為寇瑊，再改為范諷。因此造成時間上一再延宕，從六月二十五日延至七月

〔註27〕 〔元〕脫脫，《遼史》，卷18，本紀第18，興宗1，頁211～212。

〔註28〕 〔元〕脫脫，《宋史》，卷9，本紀第9，仁宗1，頁189。

〔註29〕 〔宋〕李燾，《長編》，卷110，宋仁宗天聖九年六月己亥條、辛丑條、七月丙午條，頁2563、七月戊午條，頁2564、八月辛巳條，頁2565。

〔註30〕 〔元〕脫脫，《宋史》，卷301，列傳第60，寇瑊，頁9990。

十六日，再延至八月六日，才終於確定此次出使遼國祝賀遼興宗登位的人選。
也就是遼聖宗在此年六月三日死亡，遼興宗即皇帝位於樞前，六月二十三日，
雄州以遼聖宗訃聞，但是宋朝廷所派任祝賀遼興宗登位的使遼人選，卻是延
至八月六日才終於確定下來，因此范諷從汴京啟程赴遼的時間應該是在八月
六日之後。而前文提到《遼史》稱，九月六日宋派遣范諷、孫繼業前來祝賀
遼興宗登位，因此可想而知當時范諷等人必須沿途匆忙趕路，才能趕在九月
六日之前抵達遼興宗的駐帳地，進行祝賀遼興宗登位的交聘活動。

有關以上所論述，宋朝廷從初派，再更換，最後終於確定祝賀遼興宗登
位使遼人選的過程，清人厲鶚在其《遼史拾遺》中，說：「鶚案：賀即位使，
《長編》使寇瑊，《遼史》作范諷，未知孰是？」〔註31〕厲氏有此疑問，應是
其查閱《長編》時，漏閱了「八月辛巳（六日），以天章閣待制范諷為賀契丹
登位使，寇瑊病不能行故也」這一段記載，因此其才有此一存疑的問題出現。
另外，關於寇瑊因病改由范諷赴遼一事，筆者曾針對此類情形，發表過〈宋
遼對兩國使節病與死的處理〉〔註32〕一文，其中討論了宋朝大臣如果是以疾
病為理由請辭使節的任務，往往可以比較容易地獲得批准。因此當時寇瑊以
生病請辭，宋朝廷即予以批准，而改由范諷擔任祝賀遼興宗登位的使遼任務。

當時范諷等人所攜國書，據《宋大詔令集》收錄的〈賀契丹國主登位書
宋仁宗天聖九年，遼興宗景福元年〉，說：

> 近承祇膺遺訓，紹撫丕圖，獲共守於先謨，彌述修於永睦，遐聞善
> 繼，但切深懷，特遣使車，用申信聘。〔註33〕

〈皇太后賀契丹國主登位書宋仁宗天聖九年，遼興宗景福元年〉，說：

> 近因馳告，爰審纘承，方佑朝機，久敦鄰好，惟紹修於和契，永共
> 保於先規，將達遐心，聊憑尺牘。〔註34〕

此二國書收錄於今日所見的《宋大詔令集》中，或許是殘存的內容，因此在
書文前未見關於尊稱對方的用語，而在文末也未見有提到贈送那些禮物和派
何人奉書於對方，只保留了一些祝賀遼興宗登位的禮貌性用語。

〔註31〕〔清〕厲鶚，《遼史拾遺》，收錄於《遼史彙編》（三），卷9，頁159。
〔註32〕可參閱蔣武雄，〈宋遼對兩國使節病與死的處理〉，《東吳歷史學報》9（台北，
2003年3月），頁81～96；韓利琴，〈北宋赴遼使節「辭不行」現象初探〉，《重
慶大學學報》11：1（重慶，2011年2月），頁79～82。
〔註33〕《宋大詔令集》，卷228，〈賀契丹國主登位書〉，頁883。
〔註34〕《宋大詔令集》，卷228，〈皇太后賀契丹國主登位書〉，頁883。

（四）遼道宗

據《遼史》〈道宗本紀〉，說：「重熙二十四年（宋仁宗至和二年，一○五五年）秋八月己丑（四日），興宗崩，（遼道宗）即皇帝位於柩前。……癸巳（八日），遣使報哀于宋……。九月……癸酉（十八日），遣使以即位報宋。」〔註35〕此為《遼史》對遼興宗死、由遼道宗繼位，以及遣使告哀、告登位於宋的記載。

但是宋朝廷此次在派任使節祝賀遼道宗登位的人選上，卻也是和上次一樣，經歷了更換人選的過程。也就是原先在此年，即宋仁宗至和二年（遼興宗重熙二十四年，一○五五年）八月十日，宋朝廷依據宋遼外交每年派遣生辰使、正旦使的慣例，派遣「翰林學士吏部郎中知制誥史館修撰歐陽修為契丹國母生辰使，四方館果州團練使向傳範副之。右正言知制誥劉敞為契丹生辰使，文思副使竇舜卿副之。起居舍人直秘閣知諫院范鎮為契丹國母正旦使，內殿承制閤門祗候王光祖副之。權度支判官刑部員外郎李復圭為契丹正旦使，內殿崇班閤門祗候李克忠副之。時朝廷未知契丹主（遼興宗）已卒，故生辰、正旦遣使如例。」〔註36〕顯然宋朝廷在此時尚未得知遼興宗已經於八月四日逝去的消息，因此仍然依照往例，在八月十日派任出使遼國生辰使、正旦使的人選。但是至八月二十六日，「雄州以契丹主（遼興宗）之喪來奏」，〔註37〕宋朝廷才得知遼興宗已經死亡，因此隨即在二十八日，「改命歐陽修、向傳範為賀契丹登寶位使，龍圖閣直學士兵部郎中呂公弼為契丹祭奠使，西上閤門使英州刺史郭諮副之。鹽鐵副使工部郎中李參為契丹弔慰使，內苑使兼閤門通事舍人夏俀副之。甲寅（二十九日），改命劉敞、竇舜卿為契丹國母生辰使，戶部副使工部郎中張掞為契丹生辰使，西染院副使兼閤門通事舍人王道恭副之。」〔註38〕由於事出突然，使宋朝廷不得不在已既定的使遼人選上加以調整與更換。至於祝賀遼道宗登位的人選，則由歐陽修改任，因此《遼史》〈道宗本紀〉記載，說：「清寧元年（宋仁宗至和二年，一○五五年）十二月……丙申（十三日），宋遣歐陽修等來賀即位。」〔註39〕

〔註35〕〔元〕脫脫，《遼史》，卷21，本紀第21，道宗1，頁251～252。
〔註36〕〔宋〕李燾，《長編》，卷180，宋仁宗至和二年八月辛丑條，頁4365。
〔註37〕〔宋〕李燾，《長編》，卷180，宋仁宗至和二年八月辛亥條，頁4366。
〔註38〕〔宋〕李燾，《長編》，卷180，宋仁宗至和二年八月癸丑條、八月甲寅條，頁4366。
〔註39〕〔元〕脫脫，《遼史》，卷21，本紀第21，道宗1，頁253。

當時宋人的史書有提到遼朝廷所派遣的告哀使，據《長編》卷一八一，說：「九月……戊午（三日），契丹遣右宣徽使忠順節度使左金吾衛上將軍耶律元亨來告哀，……。」〔註40〕但是筆者在《長編》、《宋會要輯稿》、《宋史》等史書中卻找不到有關遼使節至宋朝廷告以遼道宗登位的記載。例如《宋史》〈仁宗本紀〉，只說：「（宋仁宗）至和二年……九月戊午（三日），契丹使來告其國主宗真（遼興宗）殂，……遣使祭奠、弔慰，及賀其子洪基（遼道宗）立。」〔註41〕顯然並沒有記載遼使節至宋國告以遼道宗登位的事情。幸好在告哀方面，《宋大詔令集》有比較完整地收錄當時宋朝廷回謝遼朝廷的國書，包括〈回謝契丹告哀書宋仁宗至和二年，遼道宗清寧元年〉，說：

> 九月日，伯大宋皇帝致書于姪大契丹皇帝闕下：特枉使軺，遽馳國訃，不意凶變，文成皇帝上僊，載念久敦世好，方睦鄰歡，聞問震驚，撫懷感惻，姪皇帝始茲纘紹，深稱哀摧，冀節至情，以遵典禮。已差人使，專馳慰禮。今右宣徽使忠順軍節度使左金吾衛上將軍耶律元亨回，奉書陳謝，不宣白。〔註42〕

〈回謝契丹皇太后告哀書宋仁宗至和二年，遼道宗清寧元年〉，說：

> 九月日，姪大宋皇帝謹致書于嬸大契丹仁慈聖善欽孝廣德安靜正淳懿和寬厚崇覺儀天太皇太后闕下：不意凶變，文成皇帝上僊，方敦鄰睦，遽及訃音，載惟慈慕之懷，必極哀傷之念，冀從順變，式副願言。已差人使專持慰禮。今右宣徽使忠順軍節度使左金吾衛上將軍耶律元亨回，奉書陳謝，不宣謹白。〔註43〕

〈回契丹回謝書宋仁宗嘉祐元年，遼道宗清寧二年〉，說：

> 三月日，伯大宋皇帝致書于姪大契丹皇帝闕下：頃承哀訃，嘗遣使軺，惟久睦於仁鄰，俾往申於賵襚，方此春和，克支福履，其爲慰浣，奚既銘言，今順義軍節度使左監門衛大將軍蕭佶等回，專奉書陳謝，不宣白。〔註44〕

〔註40〕 〔宋〕李燾，《長編》，卷181，宋仁宗至和二年九月戊午條，頁4370。
〔註41〕 〔元〕脫脫，《宋史》，卷12，本紀第12，仁宗4，頁238。
〔註42〕 《宋大詔令集》，卷229，〈回謝契丹告哀書〉，頁887。
〔註43〕 《宋大詔令集》，卷229，〈回謝契丹皇太后告哀書〉，頁887。
〔註44〕 《宋大詔令集》，卷229，〈回契丹回謝書〉，頁887。

〈回契丹太皇太后回謝書宋仁宗嘉祐元年，遼道宗清寧二年〉，說：

> 三月日，姪大宋皇帝謹致書于嬸大契丹仁慈聖善欽孝廣德安靜正淳
> 懿和寬厚崇覺儀天太皇太后闕下：嚮以訃音來告，方深感愴之懷，
> 賵禮是將，用繼講修之好。豈期懿念，復枉使車，且承春候之和，
> 克固壽康之福，其於感慰，罔罄敷陳，今順義軍節度使左監門衛大
> 將軍蕭佶等回，專奉書陳謝，不宣謹白。〔註45〕

此四件雖然是屬於「告哀」的國書，但是筆者認為「告哀」可謂是新君登位
交聘活動的前奏，因此將其列出，或許可以稍微補述前引各項史書記載的不
足。

　　至於歐陽修此次至遼祝賀遼道宗登位的交聘活動，因為相關的史料留
存至今者比較多，也比較詳細，因此可以提供我們對此一史實作進一步的
了解。例如歐陽修至遼上京，曾得到遼朝廷的特殊禮遇，並且出於常例。
據蘇轍《欒城後集》〈歐陽文忠公神道碑〉，說：「（至和）二年，（歐陽修）
奉使契丹，契丹使其貴臣宗願、宗熙、蕭知足、蕭孝友四人押燕，曰：『此
非常例，以卿名重故爾。』」〔註46〕以及歐陽修的孫子歐陽發在〈先公事跡〉，
說：「至和二年，先公（歐陽修）奉使契丹。契丹使其貴臣陳留郡王宗愿、
惕隱大王宗熙、北宰相蕭知足、尚父中書令晉王蕭孝友來押宴，曰：『此非
常例，以卿名重。』宗愿、宗熙，並契丹皇叔；北宰相，蕃官中最高者；
尚父中書令晉王，是太皇太后弟。送伴使耶律元寧言：『自來不曾如此一併
差近上親貴大臣押宴。』」〔註47〕另外，韓琦〈故觀文殿學士太子少師致仕
贈太子太師歐陽公墓誌銘〉、〔註48〕吳充〈故推誠保德崇仁翊戴功臣觀文殿
學士特進太子少師致仕上柱國樂安郡開國公食邑四千三百戶食實封一千二
百戶贈太子太師歐陽公行狀〉、〔註49〕《澠水燕談錄》、〔註50〕《涑水記聞》、

〔註45〕　《宋大詔令集》，卷229，〈回契丹太皇太后回謝書〉，頁887。

〔註46〕　〔宋〕蘇轍，〈歐陽文忠公神道碑〉，《欒城後集》，卷23，頁6，《文淵閣四庫
全書》，集部3，別集類2。

〔註47〕　〔宋〕歐陽發，〈先公事跡〉，《歐陽文忠公文集》（二），附錄，卷第5，頁1291。

〔註48〕　〔宋〕韓琦，〈故觀文殿學士太子少師致仕贈太子太師歐陽公墓誌銘〉，《安陽
集》，卷50，頁9，《文淵閣四庫全書》（台北：台灣商務印書館，1983年），
集部3，別集類2。

〔註49〕　〔宋〕吳充，〈故推誠保德崇仁翊戴功臣觀文殿學士特進太子少師致仕上柱國
樂安郡開國公食邑四千三百戶食實封一千二百戶贈太子太師歐陽公行狀〉，
《歐陽文忠公文集》（二）（台北：台灣商務印書館，1983年），附錄，卷第1，
頁1253。

〔註51〕《宋史》〈歐陽修傳〉〔註52〕等也都有類似的記載。

從以上諸所引，我們可知歐陽修使遼確實頗受禮遇，出於常例，為宋遼外交史上所僅見。為何會如此呢？筆者認為一則是歐陽修的詩名、文采早已傳至遼國，而遼道宗本人也頗喜好詩賦，〔註53〕因此對於歐陽修的到來，特別以厚禮待之。另一原因應是與蔡襄所撰〈四賢一不肖詩〉五首傳之於遼地有關，據《宋史》〈蔡襄傳〉，說：「范仲淹以言事去國，余靖論救之，尹洙請與同貶，歐陽修移書責司諫高若訥，由是三人者皆坐譴。襄作〈四賢一不肖詩〉，都人士爭相傳寫，鬻書者市之，得厚利。契丹使適至，買以歸，張於幽州館。」〔註54〕此四賢是指范仲淹、余靖、尹洙、歐陽修，而一不肖則指高若訥，詩共五首，其中以描述歐陽修的內容最長，說：

> ……帝圖日盛人世出，今吾永叔誠有望。處心學士貴適用，異端莫得窺其墻。……哀來激憤抑復奮，強食不得下喉咽。位卑無路自聞達，目視雲闕高蒼茫。裁書數幅責司諫，落筆驂驦騰康莊。刃迎縷析解統要，其間大意可得詳。……遂令百世覽前史，往往心憤涕泗滂。斯言感切固已至，讀者不得令激昂。……我蹉時輩識君淺，但推藻翰高文場。斯人滿腹有儒術，使之得地能施張。皇家太平幾百載，正當鑑古修紀綱。賢才進用忠言錄，祖述聖德垂無疆。〔註55〕

〔註50〕〔宋〕王闢之，《澠水燕談錄》卷2，頁9，《文淵閣四庫全書》，子部12，小說家類1。

〔註51〕〔宋〕司馬光，《涑水記聞》（北京：中華書局，1989年），附錄1，輯佚，頁334～335。

〔註52〕〔元〕脫脫，《宋史》，卷319，列傳第78，歐陽修，頁10378。

〔註53〕關於遼道宗喜好文辭詩賦，據〔宋〕侯延慶，《退齋雅聞錄》，說：「劉拱衛遠，宣和初，仕祁州，嘗接伴北使，有李處能者。……處能謂遠云：『本朝道宗皇帝好文，先人昔荷寵異，嘗于九日進〈菊花賦〉，次日賜批答一絕句，云：昨日吟菊花賦，碎剪金英作佳句。至今襟袖有餘香，冷落秋風吹不去。』」收錄於陶宗儀纂，《說郛》（台北：新興書局，1963年），卷48，頁11。

〔註54〕〔元〕脫脫，《宋史》，卷320，列傳第79，蔡襄，頁10397。另據王闢之，《澠水燕談錄》，說：「時蔡君謨（蔡襄）為〈四賢一不肖詩〉，布在都下，人爭傳寫，鬻書者市之，頗獲厚利。遼使至，密市以還。張中庸奉使過幽州館，中有君謨詩在壁上。四賢希文、安道、師魯、永叔，一不肖謂若訥也。」（卷2，頁9，《文淵閣四庫全書》，子部12，小說家類1）

〔註55〕〔宋〕蔡襄，〈四賢一不肖詩〉，《端明集》卷1，頁8～9，《文淵閣四庫全書》，集部3，別集類2。

歐陽修這種崇高的品德、操守與儒者的風範，隨著此詩流傳於遼國，使遼人對其敬仰不已，因此促成了歐陽修此次使遼深受遼朝廷的禮遇，出於常例。

（五）宋英宗

關於宋仁宗的死亡與宋英宗的繼位，《遼史》〈道宗本紀〉只記載，說：「清寧九年（宋仁宗嘉祐八年，一〇六三年）……三月辛未（三十日），宋主禎（宋仁宗）殂，以姪曙（宋英宗）為子嗣位。」〔註56〕並未記載宋使節來告哀、來告登位，以及派遣使節至宋國祝賀宋英宗登位等事。而據《長編》卷一九八，說：「嘉祐八年三月辛未（三十日）晦，上（宋仁宗）暴崩於福寧殿。……夏四月壬申（一日）朔，……英宗即皇帝位，……癸酉（二日），……命引進副使王道恭告哀契丹，……。」〔註57〕可知《長編》也只提到宋朝廷因宋仁宗死，派任使節至遼國告哀，至於派任使節至遼告以宋英宗登位一事則是未予記載。關於此種情形，《廿二史考異》也說：「嘉祐……八年遼清寧九年三月，仁宗崩，四月，遣引進副使王道恭為告哀使，是年當有告即位、致遺留物、謝弔慰，及賀生辰、正旦諸使，《長編》皆失書。」〔註58〕因此筆者再查《宋史》〈英宗本紀〉，其說：「宋仁宗嘉祐八年，仁宗崩，夏四月壬申（一日）朔，皇后傳遺詔，命帝嗣皇帝位。……癸酉（二日），……遣王道恭使告哀于契丹。……乙亥（四日），……遣韓贄等告即位于契丹。……十一月……辛亥（十四日），契丹遣蕭素等來賀即位。」〔註59〕可知《宋史》有比較完整的提到宋朝廷曾經派遣使節至遼國告以宋仁宗之死，以及由宋英宗繼位，而遼朝廷也曾派遣使節前來祝賀宋英宗登位。

但是筆者在查閱《長編》時，發現有一段記載當時身為諫官司馬光的建言，可以使我們進一步知道，當時宋朝廷在派遣使節至遼告哀和告登位的狀況。也就是因為宋英宗不是宋仁宗親生的兒子，使宋朝廷擬不告之於遼朝廷有關宋英宗登位的事，因此司馬光提出了以下的建言，說：

> 竊見大行晏駕，已近旬日，其告哀契丹使者猶未進發，兼聞不曾素
> 戒使者對答繼嗣之辭，臣等竊議，深恐未便。何則？國家既與契丹

〔註56〕〔元〕脫脫，《遼史》，卷22，本紀第22，道宗2，頁262。

〔註57〕〔宋〕李燾，《長編》，卷198，宋仁宗嘉祐八年三月辛未條，頁4792、卷198，宋仁宗嘉祐八年四月壬申條、癸酉條，頁4794。

〔註58〕〔清〕錢大昕，《廿二史考異》〔下〕（上海：上海古籍出版社，2004年），卷83，〈宋奉使諸臣年表〉，頁1155。

〔註59〕〔元〕脫脫，《宋史》，卷13，本紀第13，英宗，頁254～255。

約為兄弟，遭此大喪，立當訃告。彼中刺探之人，所在有之，今天下縞素，彼中豈得不知？而訃告之人尚未到彼，將謂中國有何事故，能不猜疑？……今問繼嗣於使人，而使人對以不知，事體豈得穩便？陛下初為皇子之時，詔書已布告天下，彼中安得不知？今若答以虛辭，不足詐彼，而適足取其笑侮爾。國家自與契丹和親以來，五十六年，生民樂業。今國有大故，正是鄰敵規覷伺之時，豈可更接之失理，自生間隙？臣等願朝廷早決此議，令使人晝夜兼數程進發。若彼中問及繼嗣，皆以實告。……。〔註60〕

司馬光強調宋仁宗的死訊，遼國亦已刺探得知，而由宋英宗繼位，也已詔告天下，如隱而不告之於遼朝廷，則不足詐彼，反適足取其笑侮，因此希望宋朝廷令告哀使儘快兼程赴遼。至於宋朝廷如何處理？以及宋使節王道恭、韓贊是否及早出發？因為欠缺史料的記載，使我們不得而知。但是據筆者判斷，司馬光此一建言應是有發揮作用，因此《長編》才有如前文所引，言及遼使節在該年十一月十四日，前來祝賀宋英宗的登位。而在《宋大詔令集》中也確實有收錄當時宋朝廷遣使至遼，告以宋英宗登位，以及回謝遼使節來賀宋英宗登位的國書，包括〈皇帝登寶位報契丹皇帝書宋英宗治平元年，遼道宗清寧十年〉，說：

四月日，兄大宋皇帝致書于弟大契丹聖文神武睿孝皇帝闕下：恭以先皇帝篤懷世好，流惠民生，方隆偃革之風，遽起號弓之慕。重循寡德，獲纘丕圖。仰欽遺訓之承，俛徇群情之望，顧寶鄰之永契，著丹誓之前言，適攬政幾，益修邦睦，有少禮物，具書別幅。今差某官，專奉書披述，不次白。〔註61〕

〈皇帝登寶位報契丹皇太后書宋英宗治平元年，遼道宗清寧十年〉，說：

四月日，姪大宋皇帝謹致書于嬸大契丹皇太后闕下：昊天不弔，邦禍上延，列聖相承，皇圖有託，猥以涼德，獲纘丕圖，奉于顧言，永惟傳祚之歸，居若臨深之懼，念夙通於鄰好，寖交阜於物生，敢述謀猷，聊申遠素，有少禮物，具諸別幅。今差某官，謹奉書披述，不次白。〔註62〕

〔註60〕 〔宋〕李燾，《長編》，卷198，宋仁宗嘉祐八年四月戊戌條，頁4804。
〔註61〕 《宋大詔令集》，卷230，〈皇帝登寶位報契丹皇帝書〉，頁891。
〔註62〕 《宋大詔令集》，卷230，〈皇帝登寶位報契丹皇太后書〉，頁891。

〈皇帝回謝契丹皇帝書宋英宗治平元年，遼道宗清寧十年〉，說：

> 閏五月日，兄大宋皇帝致書于弟大契丹聖文神武睿孝皇帝闕下：日者禍出不圖，痛深何怙，念夙通於鄰契，尋馳告於國哀，嗣沐信函，具將禮意，茲爲悲篆，豈易究陳，今差某官充回謝國信使副，有少禮物，具諸別幅，專奉書陳謝，不次白。〔註63〕

〈皇帝回謝契丹皇太后書宋英宗治平元年，遼道宗清寧十年〉，說：

> 閏五月日，姪大宋皇帝謹致書于嬸大契丹仁慈懿仁和文惠純孝廣愛宗天皇太后闕下：比遘國凶，哀號靡次，旋紆使傳，慰諭何周，載循鄰好之孚，益紉慈懷之厚，爰馳信幅，專道感誠，今差某官充回謝國信使副，有少禮物，具諸別幅，專奉書披述，不次謹白。〔註64〕

〈皇帝回契丹皇帝賀登寶位書宋英宗治平元年，遼道宗清寧十年〉，說：

> 十一月日，兄大宋皇帝致書于弟大契丹聖文神武睿孝皇帝闕下：自膺寶命嘗達信函，聖業垂休，方荷祖宗之構，臨音修睦，更敦兄弟之情，有腆彝儀，載銘遙素。今某官等回，專奉書陳謝，不次白。〔註65〕

〈皇帝回契丹皇太后賀登寶位書宋英宗治平元年，遼道宗清寧十年〉，說：

> 十一月日，姪大宋皇帝謹致書于嬸大契丹皇太后闕下：皇歷膺期，信輅馳聘，群方俟命，惕臨神器之尊，累世交歡，茂固寶鄰之分，載循嘉眖，奚諭感懷。今某官等回，專奉書陳謝，不次謹白。〔註66〕

從以上所引各項國書的內容，我們更加可以確定關於宋仁宗的死亡與宋英宗的登位，當時宋朝廷曾經派告哀使、告登位使至遼國，而遼朝廷也曾派使節至宋國祝賀宋英宗的登位。

（六）宋神宗

據《宋史》〈神宗本紀〉，說：「（宋英宗）治平四年（遼道宗咸雍三年，一〇六七年）正月丁巳（八日），英廟崩，帝（宋神宗）即皇帝位。戊午（九日），……遣馮行己告哀于遼。……辛酉（十二日），遣孫坦等告即位于遼。……九月……甲午（二十五日），遼遣耶律好謀等來賀即位。」〔註67〕提到當時

〔註63〕 《宋大詔令集》，卷230，〈皇帝回謝契丹皇帝書〉，頁891。
〔註64〕 《宋大詔令集》，卷230，〈皇帝回謝契丹皇太后書〉，頁891。
〔註65〕 《宋大詔令集》，卷230，〈皇帝回契丹皇帝賀登寶位書〉，頁891～892。
〔註66〕 《宋大詔令集》，卷230，〈皇帝回契丹皇太后賀登寶位書〉，頁892。
〔註67〕 〔元〕脫脫，《宋史》，卷14，本紀第14，神宗1，頁264～266。

前往遼朝廷告以宋神宗登位的宋使節是孫坦，而遼朝廷所派遣來賀宋神宗登位的使節是耶律好謀。但是《遼史》〈道宗本紀〉所記載，卻是都另有其人，說：「咸雍三年（宋英宗治平四年，一○六七年）……六月……辛亥（十一日），宋以即位，遣陳襄來報，即遣知黃龍府事蕭圖古辭、中書舍人馬鉉往賀。」〔註68〕顯然兩書的記載，不僅宋朝廷所派遣至遼國告以宋神宗登位的使節姓名有孫坦與陳襄的不同，而且連遼朝廷派遣至宋國祝賀宋神宗登位的使節姓名也有耶律好謀與蕭圖古辭的不同。

為了解決以上的問題，筆者另查《長編》，但是令人感嘆的是，目前留存的《長編》恰好從宋英宗治平四年（遼道宗咸雍三年，一○六七年）四月至宋神宗熙寧三年（遼道宗咸雍六年，一○七○年）三月，與宋哲宗元祐八年（遼道宗大安九年，一○九三年）七月至紹聖四年（遼道宗壽昌三年，一○九七年）三月，以及元符三年（遼道宗壽昌六年，一一○○年）二月盡徽、欽二朝的記事，均缺失不見。雖然清人黃以周編有《續資治通鑑長編拾補》，〔註69〕但是有關宋遼交聘活動的史事其實均未補上，因此筆者只好另查《宋史》〈陳襄傳〉，其說：「（宋）神宗立，（陳襄）奉使契丹。」〔註70〕還有陳襄所撰《神宗皇帝即位使遼語錄》，說：「臣襄等昨奉勑差充皇帝登寶位北朝皇太后、皇帝國信使副。」〔註71〕另外，陳襄《古靈集》卷二附錄《古靈先生年譜》，也說：「治平四年丁未，公（陳襄）年五十一，神宗皇帝即位，公以諫議大夫奉使於遼，八月還，有《使遼錄》一卷。」〔註72〕綜合以上各書所言，可知當時陳襄是以「皇帝登寶位北朝皇太后國信使」的身份使遼，而孫坦則為「皇帝登寶位北朝皇帝國信使」，因此某些史書有掛名不同的記載。〔註73〕

〔註68〕〔元〕脫脫，《遼史》，卷22，本紀第22，道宗2，頁266。

〔註69〕現存〔宋〕李燾，《長編》，缺宋英宗治平四年四月至宋神宗熙寧三年三月的記載，雖然清代黃以周等人曾輯注《續資治通鑑長編拾補》（北京：中華書局，2004年），有補述這幾年的史事，但是並未提到陳襄使遼一事。

〔註70〕〔元〕脫脫，《宋史》，卷321，列傳第80，陳襄，頁10420。

〔註71〕〔宋〕陳襄，《神宗皇帝即位使遼語錄》，收錄於金毓黻編，《遼海叢書》（瀋陽：遼瀋書社，1985年），頁1～8。

〔註72〕〔宋〕陳襄，《古靈集》，收錄於《文淵閣四庫全書》，附錄《古靈先生年譜》，頁47。

〔註73〕按，閻轟崇岐在〈宋遼交聘考〉「祭弔等國信使副表」，也提到告即位於遼太后的是陳襄，告即位於遼道宗的是孫坦。（《宋史叢考》下，頁368）另外，傅樂煥在〈宋遼聘使表稿〉「宋遼聘使表」，也提及「遣陳襄、□咸融充皇帝登寶位告北朝皇太后國信使副，孫坦、□愈充告北朝皇帝使副」。（《遼史彙編》

　　另外，由於陳襄所撰《神宗皇帝即位使遼語錄》，是宋使節目前殘存數本《使遼語錄》中比較完整者，因此其至遼道宗駐帳地與遼君臣互動的情形，在本文中可以有比較多的論述。〔註74〕首先筆者要討論的是，在宋遼兩國訂立澶淵盟約之後，雙方經常互派使節進行交聘的活動，並且為了使外交事宜能順利進行，以及長期發揮維持和平的功能起見，兩國朝廷均制定了多項的規定，要求彼此能加以遵守。其中一項規定，即是使節逗留於對方京城（包括遼皇帝駐帳地）不能超過十天，也就是使節在對方京城的交聘活動必須在十天之內完成，然後向對方皇帝辭行返國。在《長編》卷二六二，有提到此項規定，說：「故事，使者留京，不過十日。」〔註75〕筆者在數年前曾撰有〈宋遼使節逗留對方京城日數的探討〉〔註76〕一文，即是針對此一史實加以討論，並且提出幾個遼使節逗留於宋國京城超過十天的特例。

　　而陳襄此次使遼，在遼道宗駐帳地逗留的日程卻是特意予以縮短，只逗留了七天，即完成交聘的活動，提前向遼道宗辭行返國。根據筆者的研究，認為要探討此一狀況的原因，有必要從陳襄接受遼國君臣酒宴招待說起，也就是陳襄在此次使遼的往返途中，曾有多次不滿意遼臣對於酒宴座次的安排，認為有失國格與尊嚴，因此和遼臣發生多次不愉快的互動。為了使讀者能更加瞭解此一史實的過程，筆者特別根據陳襄《神宗皇帝即位使遼語錄》，將其歷次與遼臣爭議，以及最後向遼道宗辭行的情形，依日期與行程分段徵引如下：〔註77〕

　　　臣（陳）襄等昨奉勅差充皇帝登寶位北朝皇太后、皇帝國信使副。
　　　於五月十日到雄州白溝驛。十一日，……至新城縣驛。有入內左承

（八），頁566）此二位前輩學者均據陳襄《神宗皇帝即位使遼語錄》提出以上的說法，可資讀者閱讀本文的參考。

〔註74〕可參閱蔣武雄，〈從宋臣陳襄《神宗皇帝即位使遼語錄》論其使遼事蹟〉，《史匯》15（中壢，2011年12月），頁1～22。

〔註75〕〔宋〕李燾，《長編》，卷262，宋神宗熙寧八年四月丙寅條，頁6378。

〔註76〕可參閱蔣武雄，〈宋遼使節逗留對方京城日數的探討〉，《空大人文學報》12（台北，2003年12月），頁197～212。

〔註77〕〔宋〕陳襄，《神宗皇帝即位使遼語錄》，頁1～6。另外，有關陳襄在遼境接受遼國君臣酒宴招待的情形，可參閱蔣武雄，〈從宋臣陳襄《神宗皇帝即位使遼語錄》論其使遼事蹟〉，《史匯》15（中壢，2011年12月），頁1～22；蔣武雄，〈宋使節在遼的飲食活動〉，《東吳歷史學報》16（台北，2006年12月），頁1～24。

制宋仲容來問勞。臣等依例，即時具公裳，排備茶酒土物，出廳伺候。過來傳諭次。接伴使副差人送到坐位圖子，欲依南朝遺留番使副史焰等坐位，要移臣裏坐放西北賓位。臣等尋據隨行通引官舊曾入國人程文秀供錄結罪狀，稱近於去年十月內，曾隨生辰番使邵諫議、傅諫議等入國，沿路置酒，管待使臣，並是邵諫議主席。與今來接伴使副所送到圖子坐位不同。臣等亦令通引官程文秀，依生辰番使坐次，畫到坐位圖子，差入傳語接伴使副，合依當所供去圖子，依生辰番使邵諫議等近例坐次施行。左番大使合坐於東南，與使臣當頭坐位相對，以伸主禮。接伴使合坐於西南，與右番大使相對，亦自不失主位，各無相壓。往還計會十餘次，接伴使副不肯過位。臣等再差人傳語接伴使副，稱使臣銜命事大，茶酒事末，且請先來傳諭，然後商議坐位，不宜以末事久留使命，深屬不便。接伴使副卻稱，南朝生辰番使邵諫議坐位，不依得積年久例。臣等答云，昨來邵諫議等管待使臣，自是接伴使韓閣使、館伴使劉侍郎安排坐位，非是當所瓶生儀式。若非久例，因何韓閣使等前番並不理會？接伴使副卻差人傳語，爲使臣不飲，辭免茶酒。

十八日，……宿密雲館。有入內供奉官秦正賜臣等湯藥各一銀合子。臣等排備伺候過來傳諭次，接伴使副準前要欲依南朝遺留番使副坐位。臣等執定依生辰番使邵諫議等近例坐次，不敢移易。前後計會十餘次，卻有公文稱是臣等久滯使命。尋具公文回答，稱自新城至此，兩次差到使臣，盡被貴所滯留，直至夜深，不令過位，非是當所住滯。黎明，接伴使副方引正來，賜臣等湯藥，不赴茶酒。臣等將授表次，正輒引避。被臣等再三傳語。欲就接伴使副致表，方肯收接。

六月……十四日，至中路館。接伴使副展辭狀，與臣等相別。卻有館伴使副太傅耶律彌、太常少卿楊益誠來迎，與臣等相見。……至頓城館。有左承制閤門祇候祈純古來問勞。臣等排備伺候過來傳諭次，館伴使副依前送到坐位圖子，欲依南朝遺留番使例坐次。臣等卻送與生辰番使邵諫議等坐位圖子，請依此近例坐次。往還計會亦十餘次。館伴使副差人傳語云，若不依南朝遺留番使例坐位，使臣

要回關下。臣等答以茶酒事末，不宜爲此以反使命，請館伴使副裁度。當所伺候多時，早請過位。館伴使副卻回傳語云，使已回去也。

十五日黎明，館伴使副與臣等自頓城館二十里，詣帳前，引至客省，與大將軍客省使耶律儀、趙平相見，置酒三瓊。益誠言，昨日以坐位未定，已白兩府，云未欲奏知，且令益誠再來商量。若不依此坐位，恐聞南朝。臣裏答以生辰番使近例，不敢更改。如聞南朝，有邵、傅二諫議在相次，閤門舍人更不閱。

十六日，有東頭供奉官李崇賜臣等生饌，亦以坐位不便，不肯過位。十七日，赴曲宴，酒九瓊。館伴使副差人齎詔，賜臣等生饌及三節人有差。臣等依例恭受，致表。……十九日，有西頭供奉官韓宗來賜臣等簽食並酒，亦不過位。

二十一日，入至客省帳前，置酒三瓊。臣裏與益誠言，大行皇帝發引在近，望與建白，若回程剩蹉數驛，尚可辭得靈駕，此臣子之心也。益誠然之，遂辭其母及其君，逐帳置酒如初，授臣等信書，賜衣各三對及弓馬衣幣，各三節人有差……二十二日，發頓館。

從陳襄以上的敘述，我們可以理解當時陳襄是基於維護宋國的國格與其使節身份的尊嚴，因此從進入遼國境內之後，在遼臣招待的酒宴中，多次與遼接伴、館伴使副爲了座位的安排而發生爭執。但是因爲爭執的次數較多，又堅決不讓步，使遼朝廷頗爲反感，甚至於威脅陳襄「若不依此坐位，恐聞南朝」。而且也使我們知道了陳襄當時晉見遼道宗和太后，以及提前辭行返國的過程，那就是陳襄等一行人在六月十四日至中路館，開始改由館伴使副耶律弼、楊益誠負責招待，並且向遼道宗和太后呈上國書，以及接受曲宴，完成此次使遼交聘活動中最重要的禮儀之後，陳襄即想要提前辭行返國。其所持的理由是宋朝廷移宋英宗靈柩至葬地將在近日舉行，他希望能在發葬日之前趕回宋國，以便來得及趕上辭送宋英宗靈柩的日期，而盡身爲人臣的心意。因此陳襄請館伴副使楊益誠爲其向遼道宗和太后陳述此一理由，並且在二十一日即進行請辭的禮儀，在二十二日從頓館啓程返宋。

　　但是我們稍微仔細思考，即可知陳襄提前辭行返宋的原因，其雖然說是想要趕上辭送宋英宗靈柩的日期，但是另一原因應該是和其與遼臣發生多次宴座之爭有關。因爲當時陳襄不僅在赴遼途中，與接伴使副、地方官員發生

宴座之爭，甚至於到了遼道宗駐帳地，也與館伴使副發生宴座之爭，而且相當劇烈，使其心中頗為不平，遂興起提前辭行返國的念頭。而遼國君臣亦對其行為很反感，因此當陳襄提出擬提前辭行返宋時，遼道宗即予以接受。甚至於遼國君臣在不能諒解的情況下，將陳襄在遼境宴座之爭的情形「移檄疆吏」，使其返宋之後遭受了宋朝廷的處罰。據《宋史》〈陳襄傳〉記載此事，說：「（宋）神宗立，（陳襄）奉使契丹，以設席小異於常，不即坐。契丹移檄疆吏，坐出知明州。」〔註78〕

至於遼所派遣至宋國祝賀宋神宗登位的使節姓名，在《宋史》與《遼史》中有耶律好謀與蕭圖古辭不同的問題，因為正如前文所述，目前留存的《長編》有一部分是欠缺宋英宗治平四年（遼道宗咸雍三年，一○六七年）四月至宋神宗熙寧三年（遼道宗咸雍六年，一○七○年）三月的記事，因此筆者只好另查《宋會要輯稿》，其說：「治平四年……九月十九日，大遼遣彰信軍節度使蕭恭順、廣州防禦使耶律好謀、副使崇祿少卿董庠賀皇帝（宋神宗）登極。」〔註79〕根據此一記載，與《宋史》〈神宗本紀〉所言互相印證，應可確定耶律好謀是前來祝賀宋神宗登位的遼使節之一。

（七）宋哲宗

據《宋史》〈哲宗本紀〉，說：「（宋神宗元豐八年，遼道宗大安元年，一○八五年）三月戊戌（五日），神宗崩，太子（宋哲宗）即皇帝位。己亥（六日），……遣使告哀于遼。……夏四月辛巳（十八日），遣使以先帝遺留物遺遼國及告即位。……十一月……己酉（十九日），遼遣使賀即位。」〔註80〕以及《遼史》〈道宗本紀〉，說：「遼道宗大安元年（宋神宗元豐八年，一○八五年）夏四月乙酉（二十二日），宋主頊（宋神宗）殂，子煦（宋哲宗）嗣位，使來告哀。……秋七月乙巳（十三日），遣使賀宋主即位。」〔註81〕可知《宋史》和《遼史》均有述及宋朝廷曾因宋神宗之死，而派遣使節至遼國告哀，也均有提及遼朝廷派遣使節至宋國祝賀宋哲宗登位等情事。但是有關宋朝廷派遣使節至遼國告以宋哲宗登位一事，在《遼史》中並未記載，而且此二書也均未見記載告登位與來（往）賀登位使節的姓名，因此筆者另查

〔註78〕〔元〕脫脫，《宋史》，卷321，列傳，陳襄，頁10420。
〔註79〕〔清〕徐松，《宋會要輯稿》，蕃夷2之21。
〔註80〕〔元〕脫脫，《宋史》，卷17，本紀第17，哲宗1，頁318～320。
〔註81〕〔元〕脫脫，《遼史》，卷24，本紀第24，道宗4，頁290。

《宋會要輯稿》〈職官〉五一，有言：「宋神宗元豐八年（遼道宗大安元年，一〇八五年）四月十八日，命左司郎中滿中行充皇帝登寶位北朝國信使，左班殿直閣門祇候焦顏叔假供備庫使兼閤門通事舍人副之。」〔註82〕以及《長編》卷三五三、三五四，說：「三月戊戌（五日），上（宋神宗）崩于福寧殿，哲宗即皇帝位。……己亥（六日），……命閤門通事舍人宋球告哀于遼，……。……四月辛巳（十八日），……遣承議郎左司郎中滿中行充皇帝登寶位北朝國信使，左班殿直閣門祇候焦顏叔副之。」〔註83〕卷三六一，說：「十一月己酉（十九日），遼國賀登寶位使淋雅崇議軍節度使耶律白，副使朝議大夫守崇祿少卿充史館修撰牛溫舒以下見於紫宸殿，次見太皇太后於崇政殿。」〔註84〕至此我們可知，當時宋朝廷所派至遼國告以宋哲宗登位的使副是滿中行、焦顏叔二人，而遼朝廷派至宋國祝賀宋哲宗登位的使副則是耶律白、牛溫舒二人。

（八）宋徽宗

據《遼史》〈道宗本紀〉，說：「遼道宗壽隆（昌）六年（宋哲宗元符三年，一一〇〇年）二月……辛酉（二十四日），宋遣使來告宋主煦（宋哲宗）殂，弟佶（宋徽宗）嗣位，……六月庚子（五日），遣使賀宋主。」〔註85〕但是並未提到宋使節姓名，因此筆者再查《宋史》〈徽宗本紀〉，其說：「（宋哲宗）元符三年（遼道宗壽昌六年，一一〇〇年）正月己卯（十二日），哲宗崩，……（宋徽宗）即皇帝位，……庚辰（十三日），……遣宋淵告哀于遼。……三月……庚午（三日），遣韓治、曹譜告即位于遼。……九月……丙寅（三日），遼遣蕭穆來賀即位。」〔註86〕可知當時宋哲宗死，由宋徽宗繼位，宋朝廷曾派遣使節韓治、曹譜二人至遼告以登位之事。但是因為目前所存《長編》缺宋哲宗元符三年二月盡徽、欽兩朝的記事，因此我們無法從《長編》中看到與此一史實相關的記載，而清人黃以周所編《續資治通鑑長編拾補》也並無增補與此有關的史實。

〔註82〕〔清〕徐松，《宋會要輯稿》，職官 51 之 3。

〔註83〕〔宋〕李燾，《長編》，卷 353，宋神宗元豐八年三月戊戌條、己亥條，頁 8456、8460，卷 354，宋神宗元豐八年四月辛巳條，頁 8479。

〔註84〕〔宋〕李燾，《長編》，卷 361，宋神宗元豐八年十一月己酉條，頁 8648。

〔註85〕〔元〕脫脫，《遼史》，卷 26，本紀第 26，道宗 6，頁 313。

〔註86〕〔元〕脫脫，《宋史》，卷 19，本紀第 19，徽宗 1，頁 357～360。

　　但是在此次交聘活動中，還是有值得我們予以論述之處，那就是曾發生了兩個狀況，一是據《宋會要輯稿》，說：「宋哲宗元符三年（遼道宗壽昌六年，一一〇〇年）六月一日，告登位，國信使韓治、曹譜至虜庭，虜遣蕭括、劉彥儒館客，欲以南朝謝登位國信所為名，治、譜爭以不當『稱謝』，卒白國信所而還。」〔註87〕前引《宋史》〈徽宗本紀〉，當時宋朝廷是「遣韓治、曹譜告即位于遼」，而非「謝登位」，因此遼館伴使欲以此稱呼，致使又一次出現宋遼交聘活動言行交鋒的情況。〔註88〕

　　另一個狀況，據《遼史》〈道宗本紀〉，說：「壽隆（壽昌）六年六月庚子（五日），遣使賀宋主。辛丑（六日），以有司案牘書宋帝『嗣位』為『登寶位』，詔奪宰相鄭顒以下官，出顒知興中府事，韓資讓為崇義軍節度使，御史中丞韓君義為廣順軍節度使。」〔註89〕顯然這是一件因為遼朝廷文書工作人員在致宋國書中發生筆誤的案件，將「宋帝『嗣位』」寫成「『登寶位』」，因此牽連了相關的朝廷長官，使他們遭受到外放的處罰。而且此一案件，被牽連者並不是只有上述鄭顒、韓資讓、韓君義等三人而已，因為筆者另查〈王師儒墓誌銘〉，其說：「（壽昌）六年夏，會南宋謝登位人使至，無何，有曹書吏，誤以寶字加之，由是累及公（王師儒）與門下鄭相顒、中書韓相資讓，同日削平章事，仍罷樞密中書省職。」〔註90〕王師儒歷任遼朝廷重要職務，也曾多次接觸遼宋的外交工作，〔註91〕未料受此一案件牽連而罷職。這可謂是遼宋外交中，一件因一時疏忽而使遼朝廷人事大受影響的案件，也使我們更加體認宋遼兩國能維持長達一百多年的和平外交，確實很不容易。

　　當時遼使節蕭穆前來宋國祝賀宋徽宗登位，宋朝廷有〈回大遼皇帝賀登寶位書宋哲宗元符三年，遼道宗壽隆元年〉，說：

　　九月日，姪孫大宋皇帝謹致書于叔祖大遼聖文神武全功大略聰仁睿孝天祐皇帝闕下：比者膺駿命，嗣守丕圖，曲敦鄰寶之歡，載飭使

〔註87〕〔清〕徐松，《宋會要輯稿》，職官51之8。
〔註88〕有關宋遼兩國在交聘活動過程中，所發生的言行交鋒情況，可參閱蔣武雄，〈宋遼外交言行交鋒初探〉，《東吳歷史學報》23（台北，2010年6月），頁85～122。
〔註89〕〔元〕脫脫，《遼史》，卷26，本紀第26，道宗6，頁313。
〔註90〕〔遼〕南拱，〈王師儒墓誌銘〉，收錄於陳述輯校，《全遼文》，楊家駱主編，《中華全書薈要》，（台北：龍文出版社，1991年），卷10，頁291。
〔註91〕可參閱蔣武雄，〈遼代文臣參與遼宋外交的探討——以遼代狀元和王師儒為例〉，《東吳歷史學報》17（台北，2007年6月），頁25～48。

華之聘，函書垂慶，篚幣見誠，言念眷私，併深懷感。今保慶軍節度使蕭穆如等回，專奉書陳謝，不次謹白。〔註92〕

（九）遼天祚帝

據《遼史》〈天祚帝本紀〉，說：「（遼道宗）壽隆（昌）七年（宋徽宗建中靖國元年，一一○一年）正月甲戌（十三日），道宗崩，奉遺詔即皇帝位于柩前。群臣上尊號曰天祚皇帝。二月……乙未（四日），遣使告哀于宋……。十二月……癸巳（七日），宋遣黃實來賀即位。」〔註93〕而《宋史》〈徽宗本紀〉，也說：「建中靖國元年（遼道宗壽昌七年，一一○一年）三月乙丑（四日），遼使蕭恭來告其主洪基（遼道宗）殂，遣謝文瓘、上官均等往弔祭，黃寔賀其孫延禧（遼天祚帝）立。」〔註94〕依據此二史料，可知當時遼道宗死，遼朝廷曾派遣使節蕭恭至宋國告哀，而宋朝廷也曾派遣使節黃寔至遼國祝賀遼天祚帝的登位，至於來告天祚帝登位的遼使節為何人，則二書中均未提及。

有關宋朝廷派任黃寔為遼國賀登位國信使的過程，筆者查閱《宋會要輯稿》〈職官〉五一，說：「宋徽宗建中靖國元年二月十四日，命尚書吏部侍郎張舜民為遼國賀登位國信使，西上閤門副使閻仁武副之。……又命朝散大夫淮南江浙等路發運副使黃寔龍圖閣直學士中散大夫為遼國賀登位國信使，代張舜民。」〔註95〕這段記載使我們知道，原先宋朝廷所派擔任祝賀遼天祚帝登位國信使的人選是張舜民，但是後來則改由黃寔擔任。為了探討此一人選上的改變，筆者進一步查閱張舜民《畫墁集》，其在建中靖國元年所撰的〈投進使遼錄長城賦劄子〉，說：「臣近伏蒙聖慈差，奉使大遼，尋具辭免，不獲俞允。勘會昨於元祐九年，差充回謝大遼弔祭宣仁聖烈皇后禮信使，出疆往來，經涉彼土，嘗取其耳目所得，排日記錄，因著為《甲戌使遼錄》，其始以備私居賓友燕談之助。今偶塵聖選，辭不免行，因檢括舊牘，此書尚在，其閒所載山川井邑道路風俗，至於主客之語言，龍庭之禮數，亦可以備清閒之覽觀；并〈長城賦〉一篇，涉獵古今，兼之風戒。謹繕寫成冊，副以縑幞，隨狀進呈。」〔註96〕《宋會要輯稿》〈職官〉五一，

〔註92〕《宋大詔令集》，卷232，〈回大遼皇帝賀登寶位書〉，頁902。

〔註93〕〔元〕脫脫，《遼史》，卷27，本紀第27，天祚皇帝1，頁317～318。

〔註94〕〔元〕脫脫，《宋史》，卷19，本紀第19，徽宗1，頁361。

〔註95〕〔清〕徐松，《宋會要輯稿》，職官51之8。

〔註96〕〔宋〕張舜民，《畫墁集》，收錄於《叢書集成新編》62（台北：新文豐出版公司，1985年），卷6，頁49。

則有張舜民使遼失當被罰的記載，說：「（宋哲宗）紹聖元年……九月十七日，國信所繳奏，回謝北朝國信使張舜民副使鄭价與送姚企貢問答失當，各特罰銅二十斤。」〔註97〕另外，《宋史》〈張舜民傳〉，說：「（張舜民）進秘書少監，使遼，……。舜民慷慨喜論事，善為文，自號浮休居士。其使遼也，見其太孫禧（遼天祚帝）好音樂、美姝、名茶、古畫，以為他日必有如唐張義潮挈十三州來歸者，不四十年當見之。後如其言。」〔註98〕而《契丹國志》也有收錄〈張舜民使北〉。〔註99〕從這些史書的記載，我們可以確定張舜民曾在元祐九年（即宋神宗紹聖元年，一〇九四年）出使過遼國，但是在宋徽宗建中靖國元年（遼道宗壽昌七年，一一〇一年），當宋朝廷任命他為祝賀遼天祚帝登位國信使時，他卻請辭了。至於是什麼原因請辭呢？因為現存《長編》中缺徽、欽兩朝的記事，因此未知張舜民是否以生病，或其他理由請辭此次使遼的任務？

三、結　論

綜觀宋遼兩國的和平外交關係史，雖然期間曾經發生過增幣與劃界兩次的交涉事件，但是雙方終究維持了一百多年的和平，這是相當不容易的事。筆者認為其主要原因，應是在於兩國君臣大致上均有致力於維護友好外交的心意，並且予以付之於實行，尤其是雙方的使節們不辭南北的奔波和遭受寒熱的煎熬，努力地完成交聘的任務，在宋遼外交關係上做出很大的貢獻。如以本文所討論的祝賀對方新君登位的交聘活動為例，我們可想而知，每當新君剛繼位時，其對兩國和平外交的態度如何？往往是另一方國家君臣所擔心的事情。因此宋真宗死時，由宋仁宗繼位，遼聖宗曾「曰：『聞皇嗣尚少，恐未悉通好始末，苟為臣下所間，奈何！』及（告哀使）薛貽廓至，具道朝廷之意。契丹主喜，謂其妻蕭氏曰：『汝可致書大宋皇太后，使汝名傳中國。』」〔註100〕遼聖宗這一段話正顯示出其在得知宋真宗死訊時，很擔心遼宋外交在宋真宗時期好不容易建立起來的和平友好情誼，〔註101〕會不會隨著年少新君

〔註97〕〔清〕徐松，《宋會要輯稿》，職官51之6。
〔註98〕〔元〕脫脫，《宋史》，卷347，列傳第106，張舜民，頁11005～11006。另外，在〔宋〕王稱，《東都事略》，卷94，列傳77，張舜民，頁7，也有類似的記載。
〔註99〕〔宋〕張舜民，〈張舜民使北記〉，收錄於《遼史彙編》（七），頁206～207。
〔註100〕〔宋〕李燾，《長編》，卷98，宋真宗乾興元年六月乙巳條，頁2282。
〔註101〕可參閱蔣武雄，〈論宋真宗對建立與維護宋遼和平外交的心意〉，《東吳歷史學報》15（台北，2006年6月），頁91～116。

的繼位，以及大臣們的挑撥離間而發生變化？幸好不久宋使節薛貽廓來告哀，稱宋國新君對於維護雙方和平外交的心意不變，使遼聖宗才安下心來。從這一個事例，我們可以體認當宋遼某一方的新君登位時，另一方派遣使節前來祝賀是很重要的，其意義不僅是外交禮儀上的祝賀而已，還隱含著對新君的期待與肯定，希望兩國和平友好的情誼能繼續維持，不要有所改變。因此筆者認為每一次宋遼某一方派遣使節，至對方祝賀新君登位所進行的交聘活動，就表示宋遼和平外交又得到了一個新階段的延伸，甚至於具有繼往開來的作用。因此有關宋遼皇帝登位的交聘活動，值得我們在研究宋遼外交關係史時，予以注意。

但是在今日要研究宋遼外交關係史，在史料上卻是有頗為欠缺的問題。例如遼人所留存的相關史料非常少，只有在《遼史》有些記載之外，遼使節有可能撰寫的《使宋語錄》和使宋詩、文，在今日都已失傳，無法見及。因此要根據遼方的史料來研究遼宋外交頗有困難，筆者在數年前，曾撰寫〈從墓誌論遼臣在遼宋外交的事蹟〉，〔註102〕即是想試著開拓此一方面的史料，以期對學界有所幫助。至於宋人留存的相關史料雖然比較多，包括《宋史》、《續資治通鑑長編》、《宋大詔令集》、《宋會要輯稿》、《契丹國志》等，都有關於宋遼外交的記載。但是屬於宋遼交聘活動的第一手史料，包括宋使節所撰的《使遼語錄》，至今卻是只殘存數篇，〔註103〕而使遼詩、文也頗多殘缺，〔註104〕例如包拯曾經使遼，其《使遼語錄》和使遼詩、文卻均已失傳，〔註105〕甚至於當時由蘇頌彙編的宋遼外交檔案資料——《華戎魯衛信錄》在今日也只存留一篇〈華夷魯衛信錄總序〉，〔註106〕

〔註102〕蔣武雄，〈從墓誌論遼臣在遼宋外交的事蹟〉，《東吳歷史學報》27（台北，2012年6月），頁1～41。

〔註103〕可參閱傅樂煥，〈宋人使遼語錄行程考〉，收錄於《遼史彙編》（八），頁207～235；劉浦江，〈宋代使臣語錄考〉，收錄於張希清主編，《10～13世紀中國文化的碰撞與融合》（上海：上海古籍出版社，2006年），頁253～296。

〔註104〕宋臣使遼詩留存至今，較完整且較多者，例如劉敞約有五十首、歐陽修約有十餘首、蘇頌有〈前使遼詩〉三十首，〈後使遼詩〉二十八首、蘇轍約有二十八首、彭汝礪約有六十首。

〔註105〕可參閱蔣武雄，〈包拯使遼事蹟的探討〉（未刊稿）。

〔註106〕〔宋〕蘇頌，《華夷魯衛信錄總序》，《蘇魏公文集》（台北：青友出版社，1960年），卷66，頁1～2。另可參閱王民信，〈蘇頌《華戎魯衛信錄》——遼宋關係史〉，《書目季刊》14：3（台北，1980年6月），頁38～41；蔣武雄，〈蘇頌與《華戎魯衛信錄》——一部失傳的宋遼外交檔案資料彙編〉，《東吳歷史

因此在今日要根據宋人的著作來研究宋遼外交關係史，也常令人有史料不足之嘆。

而更讓人感到可惜的是，以上所述的史書，對於宋遼兩國所派遣的使節常有未記其姓名，或所記的人名、時間不相符合的現象。因此筆者撰寫本文，即是在強調宋遼兩國祝賀新君登位交聘活動的重要性與意義，並且探討史書所記載與此交聘活動相關卻有不明之處的問題，以期對讀者在了解宋遼外交關係史上，能有棉薄的幫助。

徵引書目

一、史　料

1. 〔宋〕王稱，《東都事略》，台北：中央圖書館，1991 年。
2. 〔宋〕王闢之，《澠水燕談錄》，收錄於《文淵閣四庫全書》，台北：台灣商務印書館，1983 年。
3. 〔宋〕司馬光，《涑水記聞》，北京：中華書局，1989 年。
4. 《宋大詔令集》，北京：中華書局，1962 年。
5. 〔宋〕李燾，《續資治通鑑長編》，北京：中華書局，1992 年。
6. 〔宋〕侯延慶，《退齋雅聞錄》，收錄於陶宗儀纂，《說郛》，台北：新興書局，1963 年。
7. 〔宋〕張舜民，《畫墁集》，收錄於《叢書集成新編》62，台北：新文豐出版公司，1985 年。
8. 〔宋〕陳襄，《神宗皇帝即位使遼語錄》，收錄於金毓黻編，《遼海叢書》，瀋陽：遼瀋書社，1985 年。
9. 〔宋〕歐陽修，《歐陽文忠公文集》（二），台北：台灣商務印書館，1983 年。
10. 〔宋〕韓琦，《安陽集》，收錄於《文淵閣四庫全書》，台北：台灣商務印書館，1983 年。
11. 〔宋〕蘇頌，《蘇魏公文集》，台北：青友出版社，1960 年。
12. 〔元〕脫脫，《遼史》，北京：中華書局，1986 年。
13. 〔元〕脫脫，《宋史》，北京：中華書局，1986 年。

學報》21（台北，2009 年 6 月），頁 145～168。至於此處稱「華夷」，不稱「華戎」，經孫斌來考證，「當以《華戎魯衛信錄》為正」。王民信也說：「似應以《華戎魯衛信錄》為正。」

14. 〔清〕徐松，《宋會要輯稿》，北京：中華書局，1997 年。

15. 〔清〕錢大昕，《廿二史考異》〔下〕，上海：上海古籍出版社，2004 年。

16. 陳述輯校，《全遼文》，楊家駱主編，《中華全書薈要》，台北：龍文出版社，1991 年。

二、近人著作

1. 張希清主編，《10～13 世紀中國文化的碰撞與融合》，上海：上海古籍出版社，2006 年。

2. 聶崇岐，《宋史叢考》（下），台北：華世出版社，1986 年。

三、論文

1. 王民信，〈蘇頌《華戎魯衛信錄》——遼宋關係史〉，《書目季刊》14：3，台北，1980 年 6 月。

2. 王曉波，〈宋太祖時期宋遼關係的變化〉，《宋代文化研究》第 7 輯，成都：巴蜀書社，1998 年 5 月。

3. 何天明，〈澶淵議和與王繼忠〉，《內蒙古社會科學》2002 年第 3 期。

4. 孫斌來，〈《華戎魯衛信錄》考略〉，《松遼學刊》1991 年第 3 期。

5. 曹顯征，〈遼宋交聘制度研究〉，中央民族大學博士學位論文，2006 年。

6. 傅樂煥，〈宋遼聘使表稿〉，收錄於《遼史彙編》（八），台北：鼎文書局，1973 年。

7. 傅樂煥，〈宋人使遼語錄行程考〉，收錄於《遼史彙編》（八），台北：鼎文書局，1973 年。

8. 劉浦江，〈宋代使臣語錄考〉，收錄於張希清主編，《10～13 世紀中國文化的碰撞與融合》，上海：上海古籍出版社，2006 年。

9. 黃鳳岐，〈遼宋交聘及其有關制度〉，《社會科學輯刊》1983 年第 2 期。

10. 蔣武雄，〈宋遼對兩國使節病與死的處理〉，《東吳歷史學報》9，台北，2003 年 3 月。

11. 蔣武雄，〈宋遼使節逗留對方京城日數的探討〉，《空大人文學報》12，台北，2003 年 12 月。

12. 蔣武雄，〈宋滅北漢之前與遼的交聘活動〉，《東吳歷史學報》11，台北，2004 年 6 月。

13. 蔣武雄，〈論宋真宗對建立與維護宋遼和平外交的心意〉，《東吳歷史學報》15，台北，2006 年 6 月。

14. 蔣武雄，〈宋使節在遼的飲食活動〉，《東吳歷史學報》16，台北，2006 年 12 月。

15. 蔣武雄，〈遼代文臣參與遼宋外交的探討—以遼代狀元和王師儒爲例〉，《東吳歷史學報》17，台北，2007 年 6 月。

16. 蔣武雄，〈《蘇頌與《華戎魯衛信錄》——一部失傳的宋遼外交檔案資料彙編〉，《東吳歷史學報》21，台北，2009 年 6 月。

17. 蔣武雄，〈宋遼外交言行交鋒初探〉，《東吳歷史學報》23，台北，2010 年 6 月。

18. 蔣武雄，〈宋遼帝后生辰與哀喪的交聘活動——以宋眞宗、遼承天太后、遼聖宗爲主〉，《東吳歷史學報》25，台北，2011 年 6 月。

19. 蔣武雄，〈從宋臣陳襄《神宗皇帝即位使遼語錄》論其使遼事蹟〉，《史匯》15，中壢，2011 年 12 月。

20. 蔣武雄，〈從墓誌論遼臣在遼宋外交的事蹟〉，《東吳歷史學報》27，台北，2012 年 6 月。

21. 韓利琴，〈北宋赴遼使節「辭不行」現象初探〉，《重慶大學學報》11：1，重慶，2011 年 2 月。

22. 聶崇岐，〈宋遼交聘考〉，《宋史叢考》（下），台北：華世出版社，1986 年。

（《東吳歷史學報》第 34 期，民國 104 年 12 月）

包拯使遼事蹟的探討

摘　要

　　宋代名臣包拯在司法、吏治、軍事、國防、民族等方面的表現，長期以來頗受學者們的關注與討論。但是有關包拯本人著作的史料留存至今者並不多，因此要對包拯生平事蹟作深度與廣度的研究，實際上往往有其侷限性。今筆者以〈包拯使遼事蹟的探討〉為題，即是想嘗試開拓有關包拯事蹟比較被忽略的論題，在本文中對其使遼事蹟與相關的問題進行探討，希望能有助於填補研究包拯事蹟在此方面的不足。

關鍵詞：包拯、宋、遼、外交

一、前　言

　　包拯（999～1062）不僅是一位宋代名臣，在中國民間也擁有很高的聲望，因此後代學者討論其司法、吏治、軍事、國防、民族等言行事蹟的論著文章很多。但是包拯在宋遼外交方面的表現，長期以來卻是少有學者予以關注和討論，根據筆者的瞭解，至目前爲止似乎尚未有學者撰寫專文，針對包拯與宋遼外交的關係加以探討。筆者認爲其原因應是在於包拯本人著作的史料，以及其與遼事相關的記載，留存至今者並不多所造成。也就是在今天我們假如想要瞭解包拯的言行事蹟，除了可以參閱史書的相關記載，以及當時官方檔案的記錄之外，其他則只有友人爲其所撰的墓誌銘，〔註1〕和門人張田爲其所編輯的《孝肅包公奏議》（亦稱《包孝肅公奏議》或《包拯集》）。〔註2〕至於其本人著作的文集、詩集則均未見有傳之後世，例如在今人編輯的《全宋詩》中，竟也只有收錄其所作的一首詩〈書端州郡齋壁〉。〔註3〕而包拯使遼返宋之後，依規定必須向宋朝廷國信所提出的使遼報告——《使遼語錄》，〔註

〔註1〕有關包拯生平事蹟的重要史料，例如有曾鞏〔宋〕，《隆平集》（臺北：文海出版社，1967），卷11，〈孝肅包公傳〉，頁9～11；宋人所編纂的國史〈包拯傳〉，張田〔宋〕編輯《孝肅包公奏議》（臺北：臺灣商務印書館，1966）時抄附於其書中，頁2～4；王稱〔宋〕，《東都事略》（臺北：國立中央圖書館出版，1991），卷73，列傳56，〈包拯傳〉，頁1～2；脫脫〔元〕，《宋史》（臺北：鼎文書局，1978），卷316，列傳75，包拯，頁10315～10318；吳奎〔宋〕，〈宋故樞密副使孝肅包公墓誌銘〉，《文物資料叢刊》3期，1980年，《合肥東郊大興集北宋包拯家族墓群發掘報告》，本文所引，轉引自孔繁敏，《包拯研究》（北京：中國社會科學出版社，1998），附錄，頁303～307。

〔註2〕按，包拯死後三年，其門人張田於包拯嗣子處取得其生平諫草，取其大者分爲三十門，一百七十一篇，編成十卷，題爲《孝肅包公奏議》，至今刊刻版本甚多，其書名改稱爲《包孝肅公奏議》或《包拯集》。

〔註3〕〔宋〕包拯，〈書端州郡齋壁〉，收錄於《全宋詩》（北京：北京大學出版社，1998），卷226，頁2641。其內容爲：「清心爲治本，直道是身謀。秀幹終成棟，精鋼不作鉤。倉充鼠雀喜，草盡兔狐愁。史冊有遺訓，毋貽來者羞。」與包拯的使遼事蹟並不相關。

〔註4〕按，宋朝廷規定出國使節返宋之後，必須將出使期間與對方君臣應對酬答，以及沿途路線所見、所聞，撰寫成記錄，呈交于國信所，稱爲《語錄》（或《行程錄》、《奉使錄》、《使北記》），因此包拯使遼返宋之後，應該撰有《使遼語錄》，可做爲我們研究其使遼事蹟的重要參考資料，但是在今日已經失傳，無法見及。

4）以及其在使遼往返途中，有可能撰寫的使遼詩，〔註5〕在目前也都未能見及。

因此在包拯使遼相關記載頗爲欠缺的情況下，要討論包拯與宋遼外交的關係並不容易，甚至於有些事蹟必須做進一步的考證。但是筆者仍然嘗試以〈包拯使遼事蹟的探討〉爲題撰寫本文，〔註6〕其目的是想要填補長期以來學術界對於包拯使遼事蹟研究的不足，並且也希望透過本文對包拯使遼事蹟的論述與考證，能讓讀者對於宋遼外交情形有進一步的瞭解。

二、擔任送伴遼使的工作

（一）擔任送伴遼使的時間

包拯曾在下列的奏議中，提到其擔任過送伴遼使的工作，例如《孝肅包公奏議》卷第一，〈仁宗皇帝開天章閣親製策問：對策〉，說：「臣頃歲嘗奉使送伴，……。」〔註7〕卷第三，〈請選河北知州〉，說：「臣送伴北使往回，……。」〔註8〕卷第五，〈請止絕三番取索〉，說：「臣昨奉敕差送伴契丹人使，……。」〔註9〕卷第七，〈請免接送北使三番〉，說：「臣頃年曾差充送伴人使，……。」〔註10〕卷第九，〈請選雄州官吏〉，說：「臣昨送伴虜使到白溝驛，……。」〔註11〕因此根據以上所引的內容，我們可知包拯確實曾經擔任過送伴遼使的工作。

但是包拯送伴遼使的時間是在何年何月？以上所引各項內容都未明確

〔註5〕 宋朝大臣出使遼國，在往返途中常有作使遼詩，記述其所見、所聞、所感，例如王珪、劉敞、歐陽修、蘇頌、蘇轍、彭汝礪等人所作的使遼詩，至今尚可見及，因此包拯當時出使遼國，也應該撰有使遼詩，但是在今日卻也已經失傳，未能得見。

〔註6〕 有關包拯的生平事蹟，在宋遼外交方面的表現，於相關史料欠缺的情況下，筆者擬先撰寫本文——〈包拯使遼事蹟的探討〉。至於包拯使遼回國之後，針對宋遼外交事宜所提出的改革意見，也頗值得探討。

〔註7〕 〔宋〕包拯，〈仁宗皇帝開天章閣親製策問：對策〉，《孝肅包公奏議》，卷1，頁3。

〔註8〕 〔宋〕包拯，〈請選河北知州〉，《孝肅包公奏議》，卷3，頁31。

〔註9〕 〔宋〕包拯，〈請止絕三番取索〉，《孝肅包公奏議》，卷5，頁57。

〔註10〕 〔宋〕包拯，〈請免接送北使三番〉，《孝肅包公奏議》，卷7，頁92。按，《孝肅包公奏議》目錄，稱該奏議標題爲〈請接送北使三番〉，而在卷7，該奏議稱爲〈接送北使三番〉，似均爲漏印之誤，今筆者改爲〈請免接送北使三番〉。參閱楊國宜校注，《包拯集校注》（合肥：黃山書社，1999），卷3，頁156，其亦稱〈請免接送北使三番〉。

〔註11〕 〔宋〕包拯，〈請選雄州官吏〉，《孝肅包公奏議》，卷9，頁113。

提及，經過筆者再仔細查閱《孝肅包公奏議》，發現在卷第七，〈請出內庫錢帛往逐路糴糧草〉中，有提到：「臣前年夏間，因送伴北使回，見河北麥熟價賤，乞支借見錢，及時收糴，外可以實邊備，內可以寬國用。……。」〔註 12〕筆者將此奏議內容和《續資治通鑑長編》（以下簡稱《長編》）所記同一件奏議的內容互相作印證，發現《長編》將此奏議記載於宋仁宗（1010～1063）慶曆七年（遼興宗 1016～1055，重熙十六年，1047）夏四月庚戌（六日）條，〔註 13〕因此《孝肅包公奏議》中所說，「臣前年夏間，因送伴北使回」，〔註 14〕應是指慶曆五年（遼興宗重熙十四年，1045）夏間，也就是包拯在此年（宋仁宗慶曆五年）夏天，其四十七歲時擔任送伴遼使的工作。〔註 15〕

（二）只擔任送伴遼使，並未擔任接伴遼使的工作

包拯擔任送伴遼使的工作與時間既然已經可以確定，但是尚有一事必須加以討論與確定，即是否其在該年也擔任了接伴遼使的工作？因為依照當時宋朝廷處理宋遼外交事務的慣例，當遼國使節往返進出宋國境內時，宋朝廷所派任接伴使和送伴使的人選，往往都是由同一位大臣擔任。關於此種情形，聶崇岐在〈宋遼交聘考〉中，說：「鄰使及境，例遣人相接，是為接伴使；至都，另易人相伴，是為館伴使；回程，復派人相送，是為送伴使。使皆有副，而接伴往往即充送伴。此則兩朝皆無差異。」〔註 16〕也就是自從宋遼兩國訂立澶淵盟約之後，雙方所進行的交聘活動，負責接伴與送伴對方使節工作的大臣人選，往往是由同一位大臣擔任。但是根據前文所引《孝肅包公奏議》的記載，卻使我們甚覺奇怪，即是包拯為何都只提到其曾經擔任過送伴遼使的工作。至於是否曾經擔任該次接伴遼使的工作，在其奏議中卻均未見提及。這種情形顯示出該次擔任接伴、送伴遼使工作的宋朝大臣人選，應非同一個人，而且可能是發生了特殊的情況，才會造成宋朝廷無法配合宋朝外交事宜的規定——接伴與送伴遼使的工作都是由同一個人擔任。

〔註 12〕〔宋〕包拯，〈請出內庫錢帛往逐路糴糧草〉，《孝肅包公奏議》，卷 7，頁 93。

〔註 13〕〔宋〕李燾，《續資治通鑑長編》（以下簡稱《長編》）（上海：上海古籍出版社，1986），卷 160，宋仁宗慶曆七年四月庚戌條，頁 10～11。

〔註 14〕〔宋〕包拯，〈請出內庫錢帛往逐路糴糧草〉，《孝肅包公奏議》，卷 7，頁 93。

〔註 15〕參閱孔繁敏，《包拯年譜》（合肥：黃山書社，1986），頁 46～47。

〔註 16〕聶崇岐，〈宋遼交聘考〉，《宋史叢考》（下）（臺北：華世出版社，1986），頁304。

　　為了能進一步瞭解當時所發生的情況，筆者先根據前文的考證，認定包拯是在宋仁宗慶曆五年夏天擔任送伴遼使的工作，然後再查閱《長編》卷一五五的記載，其說：「宋仁宗慶曆五年四月丁酉（十一日），契丹國母遣右監門衛大將軍耶律祐、崇祿卿劉積善，契丹主遣臨海節度使耶律運、少府監楊哲，來賀乾元節。」〔註17〕這段記載告訴我們，從時間上來看，包拯所負責送伴的正是此批遼使節。而筆者又查得張方平（1007～1091）《樂全集》卷三九，〈宣德郎行監察御史判三司度支勾院騎都尉賜緋魚袋蔡君（稟）墓誌銘〉，說：「慶曆五年，（蔡稟）持節迎送北使，到都四日，以孟夏癸卯（十七日）卒於私第，年四十四。」〔註18〕將此兩項史料加以比對印證，使我們終於明白，在慶曆五年四月，本來是由蔡稟（1001～1045）負責接伴與送伴遼使耶律祐等人的工作，但是蔡稟從宋遼邊境接伴遼使到宋汴京的路途中，可能因為身體過於勞累，導致舊疾復發，因此到達汴京四天之後，即在四月十七日病死，未能完成原先既定送伴遼使的後續工作，〔註19〕宋朝廷也就臨時改派包拯擔任此項工作。

三、擔任祝賀遼國正旦使的工作

（一）被任命為祝賀遼國正旦使

　　當時宋朝廷每年選派大臣出使遼國都很慎重，除了會就其才能、名望、品行等條件做多方面的考量之外，也會讓其先擔任接伴、館伴、送伴遼使的工作。使其能預先瞭解遼人的習性，並且在交往接觸的過程中，也可先知道遼使和遼國的意圖，掌握某種程度的狀況，然後再派其出使遼國進行交聘或交涉的任務。〔註20〕因此包拯既然在宋仁宗慶曆五年夏天，擔任過送伴遼使的工作，有了接

〔註17〕　〔宋〕李燾，《長編》，卷155，宋仁宗慶曆五年四月丁酉條，頁11。

〔註18〕　〔宋〕張方平，〈宣德郎行監察御史判三司度支勾院騎都尉賜緋魚袋蔡君（稟）墓誌銘〉，《張方平集》（即《樂全集》）（鄭州：中州古籍出版社，1992），卷39，頁704。

〔註19〕　在宋遼一百多年的交聘活動過程中，雙方所派遣的使節或接、送伴使，都有可能因為南北漫長路程的跋涉、氣候的寒熱、水土的不服、飲食的不適、舊疾的復發等種種原因，造成其在旅途中生病或死亡。以上此類史實的探討，可參閱蔣武雄，〈宋遼對兩國使節病與死的處理〉，《東吳歷史學報》，第 9 期（臺北：東吳大學，2003·3），頁81～96。

〔註20〕　可參閱陶玉坤，〈遼宋對峙中的使節往還〉，《內蒙古大學學報》，第 2 期，1992，頁 11；苗書梅、劉秀榮，〈宋代外交使節的選任制度〉，收錄於張希清編，《10～13 世紀中國文化的碰撞與融合》（上海：上海人民出版社，2006），頁 297～313；吳曉萍，〈使節派遣及其管理制度〉，《宋代外交制度研究》（合肥：安徽人民出版社，2006），頁 98～147。

觸宋遼外交事務的經驗，也就成為宋朝廷派任使遼的考量人選。在該年八月，包拯即被宋朝廷派任為祝賀遼國正旦使，據《長編》卷一五七，說：「宋仁宗慶曆五年八月甲子（十一日），……度支判官祠部員外郎集賢校理李昭遘為契丹國母正旦使，供備庫副使閤門通事舍人李璋副之。監察御史包拯為契丹正旦使、閤門通事舍人郭琮副之。」〔註21〕這可謂是包拯在接觸宋遼外交的事務當中，一次能直接至遼國境內實地觀察其國家情勢的機會。

　　但是包拯在該年何月何日從宋汴京啓程赴遼呢？因為包拯本人所撰的《使遼語錄》和使遼詩均未傳之後世，以及相關的史料也未見記載，因此在今日已無法得知其從汴京啓程赴遼的確實日期。但是筆者根據自己所發表過的〈歐陽修使遼行程考〉、〈蘇轍使遼始末〉、〈韓琦與宋遼外交的探討〉、〈從宋臣陳襄《神宗皇帝即位使遼語錄》論其使遼事蹟〉、〈宋臣劉敞使遼的行程〉，以及未刊稿〈宋臣彭汝礪使遼的行程〉等六篇文章，對於宋使節何時啓程赴遼一事的瞭解，認為包拯既然是在該年八月十一日，被派任為祝賀遼國正旦使，而宋朝廷至少必須花費一、兩個月的時間，進行國書的撰擬、使節團人事的安排、禮物的準備等事宜，因此包拯應是約在十月初至中旬之間，才從宋汴京啓程赴遼。〔註22〕對於此一推斷是否恰當，筆者特別再進一步指出，當時韓琦（1008～1075）也在前此數年，即宋仁宗寶元元年（遼興宗重熙七年，1038）八月十二日，和包拯一樣，被宋朝廷派任為祝賀遼國正旦使，與包拯在八月十一日被派任，雖然不是同一年，但是在月、日上卻只相差一天。而韓琦從汴京啓程赴遼的日期，據筆者在〈韓琦與宋遼外交的探討〉一文中的考證，應是在十月十一日之後，因此有關包拯的啓程日期，筆者認為可能也是在十月初至中旬之間。

〔註21〕　〔宋〕李燾，《長編》，卷157，宋仁宗慶曆五年八月甲子條，頁1～2。

〔註22〕　宋朝大臣啓程使遼之前，一些相關事宜的準備工作很繁雜，甚至於包括私人事務的安排，因此使臣從被派任之後，至其終於啓程北行，往往均須一、兩個月的時間。可參閱蔣武雄，〈歐陽修使遼行程考〉，《東吳歷史學報》，第 8 期（臺北：東吳大學，2002‧3），頁 1～27；〈蘇轍使遼始末〉，《東吳歷史學報》，第 13 期（臺北：東吳大學，2005‧6），頁 17～43；〈韓琦與宋遼外交的探討〉，《東吳歷史學報》，第 19 期（臺北：東吳大學，2008‧6），頁 47～76；〈從宋臣陳襄《神宗皇帝即位使遼語錄》論其使遼事蹟〉，《史匯》，第 15 期（中壢：中央大學，2011‧12），頁 1～22；〈宋臣劉敞使遼的行程〉，《東吳歷史學報》，第 30 期（臺北：東吳大學，2013‧12），頁 1～40；〈宋臣彭汝礪使遼的行程〉（未刊稿）。

（二）在遼國境內的事蹟

依據當時宋朝廷的規定，每一位宋使節赴遼完成交聘的任務返國之後，都必須提出一份《使遼語錄》呈交於國信所。但是有關包拯使遼的語錄，至今卻已失傳，無法見及。另外，其在往返遼境途中，有可能撰寫的使遼詩，在今日也都未能得見。因此包拯此次使遼，包括所走的路線、經過的驛館，以及接觸的人事等情形，我們均已無法詳知。幸好筆者查得在吳奎（1011～1068）所撰的〈宋故樞密副使孝肅包公墓誌銘〉中，有提到：「（包拯）選使契丹國，虜中神水館之□舍，傳有凶怪，人莫敢居。前此數日有三騎入其間，□□□……。」〔註 23〕但是此一墓誌銘拓字缺損甚多，造成語焉不明，因此筆者再查閱宋人所修的國史〈包拯傳〉，見其也有提到此事，說：「（包拯）使契丹，至神水館，前使者過，數遇凶怪，如有物擊之僕地，（包）拯徑入居之，戒從者，雖有怪毋得言。至旦，亦無所恐。」〔註 24〕根據此二則史料的記載，使我們至少知道包拯在使遼途中，曾經逗留於遼國神水館，並且因為其處理事情明察果斷，做出恰當的處置，才避免了一次無謂的紛爭與困擾。

（三）在遼興宗駐帳地的事蹟

包拯進入遼國境內之後，在何地晉見遼興宗，以及祝賀遼國元旦的交聘活動情形如何？由於今日已無法見到包拯的《使遼語錄》和文集、詩集等，而且《孝肅包公奏議》中所收錄的奏議，以及宋人所修的國史〈包拯傳〉和元人所修的《宋史‧包拯傳》，都沒有提到此類的情事，因此使我們想要知道包拯此次使遼，至何地晉見遼興宗？實在頗有困難。

為了解答此一問題，筆者先查閱《遼史‧興宗本紀》重熙十四年（宋仁宗慶曆五年，即包拯使遼之年）的記載，其說：「秋七月戊申（二十五日），駐蹕中會川。」〔註 25〕但是此段記載衍生出另一個問題，即是中會川在遼興宗時期，曾有多次為其夏捺鉢的駐帳地，〔註 26〕因此在《遼史‧興宗本紀》中對於遼興宗駐帳於中會川的記載，大部分是繫於初冬十月份，而繫於九月

〔註 23〕〔宋〕吳奎，〈宋故樞密副使孝肅包公墓誌銘〉，收錄於孔繁敏，《包拯研究》，附錄，頁 304。

〔註 24〕宋人所編國史〈包拯傳〉，收錄於張田〔宋〕編輯，《孝肅包公奏議》，頁 2。

〔註 25〕〔元〕脫脫，《遼史》（臺北：鼎文書局，1975），卷 19，本紀 19，興宗 2，頁 232。

〔註 26〕參閱傅樂煥，〈廣平淀考〉、〈廣平淀續考〉，收錄於《遼史叢考》（北京：中華書局，1984），頁 63～86、173～178。

份和十二月份也各有一次。〔註27〕然而讓我們感到不解的是，《遼史·興宗本紀》在重熙十四年對於遼興宗駐帳於中會川一事的記載，卻是將其繫於初秋七月份，而且此年從七月至十二月的記載，都沒有再提到遼興宗後來移駐於何地，〔註28〕甚至於《遼史·興宗本紀》重熙十五年正月的記載，也只說：「十五年春正月乙酉（三日），如混同江。」〔註29〕而關於包拯前來遼朝廷祝賀重熙十五年元旦的情事也都沒有記載。因此在《遼史》記載草率、不明的情況下，我們只能推斷包拯應該是在中會川晉見遼興宗，並且在此地進行祝賀遼國新年元旦的交聘活動。〔註30〕

　　雖然從《遼史·禮志》「宋使見皇太后儀」、「宋使見皇帝儀」、「曲宴宋使儀」、「賀生辰正旦宋使朝辭太后儀」、「賀生辰正旦宋使朝辭皇帝儀」等五篇記載，〔註31〕可以約略知道包拯在這些交聘活動中，與遼國太后、君臣互動的大概情形。但是這五篇記載，都只是屬於遼宋交聘禮儀一般性質的描述，因此在今日未能見到包拯《使遼語錄》、使遼詩、文集、詩集的情況下，我們還是無法詳細知道包拯本人當時與遼國君臣互動的情形。筆者為求有所突破，再仔細查閱《孝肅包公奏議》，發現在卷第九，〈論契丹事宜三〉（即〈奉使契丹辨雄州便門事狀〉）中，有兩段記載提到包拯在遼興宗駐帳地與遼臣互動的情形，說：

　　　　臣等昨於正月初五日離北朝。四日夜，正旦館伴并生辰館伴與生辰國信張堯佐（臣）、副使張希一及臣等共十人同坐，欲排夜筵。方喫茶了，其生辰館伴副使張宥等先言云：「請暫約退左右，有事要說。」左右既退，張宥等言云：「雄州開東南便門，多納燕京左右奸細人等，詢問北朝事宜，隨事大小，各與錢物，此事甚不穩便，請說與雄州。」臣等與張堯佐（臣）等即時以理對答且已。相次，張堯佐（臣）等依例先退，臣等飲酒，易衣而罷。

〔註27〕有關遼興宗駐帳於中會川，繫於十月者，有重熙三年、九年、十二年、十五年、十九年、二十一年，而繫於九月者，為重熙二十年；繫於十二月者，為重熙二十三年。

〔註28〕〔元〕脫脫，《遼史》，卷19，本紀19，興宗2，頁232。

〔註29〕〔元〕脫脫，《遼史》，卷19，本紀19，興宗2，頁233。

〔註30〕關於宋使節在何地晉見遼皇帝，可參閱蔣武雄，〈遼皇帝接見宋使節的地點〉，《東吳歷史學報》，第14期（臺北：東吳大學，2005·12），頁223～252。該文列舉了宋代多位使節隨著遼皇帝駐帳地的移動，而有十幾處不同的晉見地點。

〔註31〕〔元〕脫脫，《遼史》，卷51，志第20，禮志4，頁848～854。

至來日，到中路，未坐御筵之前，先令人白館伴，欲要咨聞。相次，
館伴召臣等於廳上，六人同坐。臣等說與館伴云：「昨夕示諭雄州之
事，爲未知子細，不復款答。」及至飲罷之後，召上節中曾有在雄
州指揮者，方子細詢問開便門事。其人言：「雄州日近不曾開門，凡
有門戶，并是舊來開置。」臣等尋語館伴云：「此事的不足憑。設使
雄州誘納奸細，自有正門出入，何必創開一門。若只是郡中創開門
戶出入，此亦州郡常事，何關兩朝之事。若或北朝燕京及涿州等處
開門，本朝豈可言議？兼本朝每戒沿邊，不令生事，非不丁寧邊臣，
豈敢容易。祇如北邊臣僚，近年侵入南界，創立城寨，必是北朝不
知，知之必不容許。況兩朝載言誓書，若欲歡好無窮，莫若遵守盟
約，各保疆界。」其館伴見臣等如此言說，但言極是，頗有愧色。
〔註32〕

以上是包拯本人對於當時與遼國館伴使互動情形的描述。另外，在《長編》
卷一五七，也有類似的簡短記載，說：

……契丹館伴者謂（包）拯等曰：「雄州新開便門，乃欲誘納叛人以
刺候疆事乎？」拯曰：「欲刺知北事，自有正門，何必便門也；本朝
豈嘗問涿州開門邪？」敵折，不復言。〔註33〕

根據以上引文所言，使我們知道包拯在遼興宗駐帳地，除了晉見遼興宗，以
及進行祝賀遼國元旦的交聘活動之外，也曾經就宋遼兩國的外交、軍事、間
諜等事情，〔註34〕與遼國官員進行辯駁與折衝的互動。其努力地維護宋國的
立場、利益和尊嚴，正顯現出包拯在此次使遼的工作上曾經有傑出的表現，
也讓我們更加體認當時宋遼兩國能維持長期的和平外交關係，實際上是一件

〔註32〕 〔宋〕包拯，〈論契丹事宜三〉，《孝肅包公奏議》，卷9，頁116～117。

〔註33〕 〔宋〕李燾，《長編》，卷157，宋仁宗慶曆五年八月甲子條，頁2。另外，〔宋〕
吳奎，〈宋故樞密副使孝肅包公墓誌銘〉，收錄於孔繁敏，《包拯研究》，附錄，
頁306；〔宋〕曾鞏，《隆平集》，卷11，〈孝肅包公傳〉，頁9；宋人所編國史
〈包拯傳〉，收錄於〔宋〕張田編輯《孝肅包公奏議》，頁2；〔宋〕王稱，《東
都事略》，卷73，列傳56，〈包拯傳〉，頁1，以及〔元〕脫脫，《宋史》，卷
316，列傳75，包拯，頁10316，也都有類似的記載。

〔註34〕 關於宋遼兩國互相用諜的史實，可參閱蔣武雄，〈宋對遼用諜幾個問題的探
討〉，《東吳歷史學報》，第10期（臺北：東吳大學，2003‧12），頁1～18；
陶玉坤，〈遼宋和盟狀態下的新對抗——關于遼宋間諜戰略的分析〉，《黑龍江
民族叢刊》，第1期，1998，頁70～75。

頗不容易的事情，即使雙方訂有盟約，長期處於友好和平的狀態，但是兩國的使節或大臣們還是經常有言行交鋒的舉動。〔註35〕

（四）返宋途中記事

在前文所引包拯的奏議中，有提到「臣等昨於正月初五日離北朝」，〔註36〕因此可知包拯在完成祝賀遼國元旦的交聘活動之後隔幾天，即在元月五日啟程返國。關於此一行程的進行，筆者要特別強調的是，包拯逗留於遼興宗駐帳地的日數，必須配合當時宋遼兩國外交事宜的規定，不能超過十天。《長編》卷二六二，即有提到說：「故事，使者留京，不過十日。」〔註37〕也就是宋遼兩國使節在對方京城（也包括遼皇帝駐帳地）逗留的時間，依規定不能超過十天。據此我們可推知包拯應是在慶曆五年十二月末抵達中會川，並且完成祝賀遼國正旦的任務之後，即向遼興宗辭行，在元月五日啟程返宋，因此其在中會川逗留的時間前後並未超過十天。

至於包拯返宋途中的行程又是如何呢？也由於包拯《使遼語錄》、使遼詩、文集和詩集的失傳，以及相關史料未見記載，因此無法做進一步的探討。但是筆者依據前文所引〈論契丹事宜三〉，說：「及臣等到雄州，子細詢問開門去處，并是李允則已前曾開，後來別無創置。臣等合具奏聞，欲乞密誠雄州，凡有體探事宜，更加慎重，免致漏泄。」〔註38〕可知包拯在返宋途中，其內心一直牽掛著遼館伴使對其所質問關於雄州開便門的事情，因此當其返國，剛抵達宋國邊鎮雄州時，即向雄州守將詢問此事，並且提醒宋朝廷要求雄州守將，日後必須更加謹慎處理此類的事情。

四、送伴遼使與使遼之後的奏議

由於包拯在宋仁宗慶曆五年先後擔任送伴遼使與祝賀遼國正旦使的工作，使其得以有機會至宋國北邊和遼國境內做實地的觀察，並且對於宋國

〔註35〕宋遼兩國的外交關係，雖然處於和平狀態下，但是雙方的使節或大臣們在互動時，卻常有言行交鋒的情況發生。可參閱蔣武雄，〈宋遼外交言行交鋒初探〉，《東吳歷史學報》，第23期（臺北：東吳大學，2010‧6，頁85～122），該文共列舉了五十二項相關的事例。

〔註36〕〔宋〕包拯，〈論契丹事宜三〉，《孝肅包公奏議》，卷9，頁116。

〔註37〕〔宋〕李燾，《長編》，卷262，宋神宗熙寧八年四月丙寅條，頁6。另可參閱蔣武雄，〈宋遼使節逗留對方京城日數的探討〉，《空大人文學報》，第12期（臺北：空中大學人文學系，2003‧12），頁197～212。

〔註38〕〔宋〕包拯，〈論契丹事宜三〉，《孝肅包公奏議》，卷9，頁117。

北方的社會、經濟、軍事、邊防，以及宋遼外交等情況，有比較深廣的瞭解與體認。因此我們如果仔細查閱包拯從慶曆五年之後所上的奏議，即可發現此些奏議的內容，往往會特別提到其與送伴遼使或使遼有關的觀察。例如據《孝肅包公奏議》卷第一，〈仁宗皇帝開天章閣親製策問：對策〉，說：「臣頃歲嘗奉使送伴，及出疆回日，凡三上言，乞支撥錢帛往河北，……。」〔註39〕卷第三，〈請選河北知州〉，說：「臣送伴北使往回，竊見河北當路州軍，……。」〔註40〕卷第五，〈請止絕三番取索〉，說：「臣昨奉敕差送伴契丹人使，伏覩三番諸司人依例於接伴使副進發前四五日離京，凡經過驛頓，并先次取索羊、麵、鴨、魚、兔之屬，廣設酒餚，以待兩番使臣，所費不少，并專副自備供應。……。」〔註41〕卷第七，〈請免接送北使三番〉，說：「……臣頃年曾差充送伴人使，且知蠹民殘物之甚，亦嘗論列，……。」〔註42〕卷第七，〈請出內庫錢帛往逐路糴糧草〉，說：「臣前年夏間，因送伴北使回，見河北麥熟價賤，乞支借見錢，及時收糴，外可以實邊備，內可以寬國用。……。」〔註43〕卷第九，〈請選雄州官吏〉，說：「臣昨送伴虜使到白溝驛，竊見瀛、莫、雄三州并是控扼之處，其雄州尤為重地。……。」〔註44〕卷第九，〈論契丹事宜二〉，說：「……臣昨奉命出境，虜中情偽頗甚按諳悉，……。」〔註45〕卷第九，〈論契丹事宜三〉（即〈奉使契丹辨雄州便門事狀〉）說：「臣等昨於正月初五日離北朝。……及臣等到雄州，子細詢開門去處，……。」〔註46〕

　　筆者認為將這一類的奏議列舉出來，不僅可以讓讀者對於包拯使遼事蹟，有比較進一步的瞭解。而且從這些奏議的內容，也可知包拯在送伴遼使和使遼之後，確實常將其對於宋國北方的社會、經濟、軍事、邊防，以及宋遼外交等情況的觀察，融入相關的奏議當中，進而使這些奏議討論的事項更具有建設性，對於宋朝廷與國事必有某種程度的貢獻。

〔註39〕〔宋〕包拯，〈仁宗皇帝開天章閣親製策問：對策〉，《孝肅包公奏議》，卷1，頁3。

〔註40〕〔宋〕包拯，〈請選河北知州〉，《孝肅包公奏議》，卷3，頁31。

〔註41〕〔宋〕包拯，〈請止絕三番取索〉，《孝肅包公奏議》，卷5，頁57。

〔註42〕〔宋〕包拯，〈請免接送北使三番〉，《孝肅包公奏議》，卷7，頁92。

〔註43〕〔宋〕包拯，〈請出內庫錢帛往逐路糴糧草〉，《孝肅包公奏議》，卷7，頁93。

〔註44〕〔宋〕包拯，〈請選雄州官吏〉，《孝肅包公奏議》，卷9，頁113～114。

〔註45〕〔宋〕包拯，〈論契丹事宜二〉，《孝肅包公奏議》，卷9，頁115～116。

〔註46〕〔宋〕包拯，〈論契丹事宜三〉，《孝肅包公奏議》，卷9，頁116～117。

五、結　論

　　包拯一生言行的表現，可包括（一）忠君愛國，直言勸諫；（二）民為國本，為民請命；（三）剛直不阿，不畏權貴；（四）以身作則，自奉廉潔等四項。〔註47〕因此其基於想要為國為民盡責的心意，在奏議中經常提出有關政治、經濟、軍事、社會、法制、民族、外交等方面的改革意見，並且都能針對當時的要務、弊端，做出深入的分析和恰當的建議。筆者認為包拯這些奏議不僅對於宋朝國事有很大的正面作用，也是其一生事蹟當中很重要的部分。

　　而透過本文對包拯擔任送伴遼使和祝賀遼國正旦使等工作，進行一番探討與考證之後，使我們知道包拯當時兩次的北行往返，不僅為宋國達成了對遼的外交任務，也使其有機會對於宋國北方的社會、經濟、軍事、邊防，以及宋遼兩國外交等情形，做了深入的瞭解與觀察。筆者認為這對於包拯後來在各項奏議中，能提出更加具體而又深廣的分析與建言，應該是有很大的幫助。因此假如從這個角度來看，則包拯的送伴遼使與使遼之行，無庸置疑的，也是其生平事蹟當中很重要的部份，值得我們予以重視。

　　最後，筆者要特別提到的是，關於包拯使遼的事蹟，包括何月何日從汴京啟程赴遼？往返遼境途中有哪些事蹟？在遼興宗駐帳地祝賀遼國元旦的交聘情形如何？與遼國太后、君臣有哪些互動？雖然筆者在撰寫本文時曾盡力蒐集了相關的史料，也在本文中作了部分的探討，但是在史料欠缺的情況下，這些探討必定還是很有限。然而相對的，也顯現出探討包拯使遼事蹟的必要性與重要性，因此筆者非常希望透過本文對於包拯使遼事蹟的探討與考證，不僅能稍微有助於填補學者研究包拯事蹟在此方面的不足，也希望能有拋磚引玉的作用，促使學界針對此一史實作更深入的研究。

徵引書目

一、史料

1. 〔宋〕王稱，《東都事略》，臺北：國立中央圖書館，1991 年。
2. 〔宋〕包拯、〔宋〕張田編輯，《孝肅包公奏議》，臺北：臺灣商務印書館，1966 年。
3. 〔宋〕李燾，《續資治通鑑長編》，上海：上海古籍出版社，1986 年。

〔註47〕參閱楊國宜校注，《包拯集校注》，前言，頁 29～34。

4. 〔宋〕張方平,《張方平集》(《樂全集》),鄭州:中州古籍出版社,1992年。

5. 〔宋〕曾鞏,《隆平集》,臺北:文海出版社,1967年。

6. 〔元〕脫脫,《遼史》,臺北:鼎文書局,1975年。

7. 〔元〕脫脫,《宋史》,臺北:鼎文書局,1978年。

8. 傅璇琮編,《全宋詩》,北京:北京大學出版社,1998年。

二、近人著作

1. 孔繁敏,《包拯年譜》,合肥:黃山書社,1986年。

2. 孔繁敏,《包拯研究》,北京:中國社會科學出版社,1998年。

3. 吳曉萍,《宋代外交制度研究》,合肥:安徽人民出版社,2006年。

4. 張希清編,《10～13世紀中國文化的碰撞與融合》,上海:上海人民出版社,2006年。

5. 楊國宜校注,《包拯集校注》,合肥:黃山書社,1999年。

6. 聶崇岐,《宋史叢考》(下),臺北:華世出版社,1986年。

三、論文

1. 吳曉萍,〈使節派遣及其管理制度〉,《宋代外交制度研究》,合肥:安徽人民出版社,2006年。

2. 苗書梅、劉秀榮,〈宋代外交使節的選任制度〉,收錄於張希清編,《10～13世紀中國文化的碰撞與融合》,上海:上海人民出版社,2006年。

3. 陶玉坤,〈遼宋對峙中的使節往還〉,《內蒙古大學學報》,第2期,1992年。

4. 陶玉坤,〈遼宋和盟狀態下的新對抗——關於遼宋間諜戰略的分析〉,《黑龍江民族叢刊》,第1期,1998年。

5. 傅樂煥,〈廣平淀考〉、〈廣平淀續考〉,收錄於《遼史叢考》,北京:中華書局,1984年。

6. 蔣武雄,〈歐陽修使遼行程考〉,《東吳歷史學報》,第8期,臺北:東吳大學,2002.3。

7. 蔣武雄,〈宋遼對兩國使節病與死的處理〉,《東吳歷史學報》,第9期,臺北:東吳大學,2003.3。

8. 蔣武雄,〈宋對遼用諜幾個問題的探討〉,《東吳歷史學報》,第10期,臺北:東吳大學,2003.12。

9. 蔣武雄,〈宋遼使節逗留對方京城日數的探討〉,《空大人文學報》,第12期,臺北:空中大學人文學系,2003.12。

10. 蔣武雄，〈蘇轍使遼始末〉，《東吳歷史學報》，第 13 期，臺北：東吳大學，2005.6。

11. 蔣武雄，〈遼皇帝接見宋使節的地點〉，《東吳歷史學報》，第 14 期，臺北：東吳大學，2005.12。

12. 蔣武雄，〈韓琦與宋遼外交的探討〉，《東吳歷史學報》，第 19 期，臺北：東吳大學，2008.6。

13. 蔣武雄，〈宋遼外交言行交鋒初探〉，《東吳歷史學報》，第 23 期，臺北：東吳大學，2010.6。

14. 蔣武雄，〈從宋臣陳襄《神宗皇帝即位使遼語錄》論其使遼事蹟〉，《史匯》，第 15 期，中壢：中央大學，2011.12。

15. 蔣武雄，〈宋臣劉敞使遼的行程〉，《東吳歷史學報》，第 30 期，臺北：東吳大學，2013.12。

16. 蔣武雄，〈宋臣彭汝礪使遼的行程〉（未刊稿）。

17. 聶崇岐，〈宋遼交聘考〉，《宋史叢考》（下），臺北：華世出版社，1986 年。

（第四屆海峽兩岸「宋代社會文化」學術研討會論文，民國 105 年 7 月）

宋臣劉敞使遼的行程

摘　要

　　劉敞曾經使遼，返回宋國之後，撰有《使遼語錄》，記載其使遼往返的行程和交聘活動的情形，但是此一《使遼語錄》至今已經失傳了。幸好劉敞所作的使遼詩有被保存下來，而且多達約五十首，使我們得以知道其使遼往返行程的大概情形。本文即是根據劉敞的使遼詩，對其使遼行程作一些探討。

關鍵詞：宋、遼、劉敞、外交

一、前 言

劉敞是宋代有名的經學家、史學家、文學家，學者對其事蹟與成就的論述不少。但是關於其被派任為祝賀遼法天太后生辰使，出使遼國的事蹟，則尚未見有學者撰寫專文加以討論。因此在多年以前，當筆者發表〈歐陽修使遼行程考〉〔註1〕之後，即一直想要撰寫〈宋臣劉敞使遼的行程〉。一則希望能填補長期以來，學術界研究劉敞事蹟在此方面的空白；二則因為劉敞當時比歐陽修提早幾天從宋汴京啟程赴遼，而且其所作的使遼詩多達約有五十首，大部分是以地名為詩題，因此筆者認為對劉敞使遼的行程進行探討，將可以和歐陽修的使遼行程互相作印證，也有助於讀者瞭解宋遼外交的一些相關問題。

但是欲探討宋使節出使遼國的行程，根據筆者近年對此方面史實的研究，有一很大的感觸，就是往往會遇到史料欠缺或史料不明確的問題。其原因據筆者的發現約有下列三點：一是當時宋使節返宋之後，所作的《使遼語錄》（又稱《行程錄》），從北宋至今已大多佚失了；〔註2〕二是宋使節在使遼往返途中所作的使遼詩文，至今也留存不多，甚至於已經無法見及；〔註3〕三

〔註1〕 蔣武雄，〈歐陽修使遼行程考〉，《東吳歷史學報》第8期（台北，2002年3月），頁1～27。

〔註2〕 關於宋使節《使遼語錄》佚失、殘存的情形，可參閱傅樂煥，〈宋人使遼語錄行程考〉，收錄於傅樂煥，《遼史叢考》（北京：中華書局，1984年），頁1～28，原載於《國學季刊》5：4，1936年；王民信，〈宋朝時期留存的契丹地理資料〉，《書目季刊》8：1，（台北：書目季刊出版社，1964年6月），頁29～37。該文後來收錄於王民信，《沈括熙寧使虜圖抄箋証》（台北：學海出版社，1976年12月），頁1～28；趙永春，〈宋人出使遼金「語錄」研究〉，《史學史研究》1996年3期，頁47～54；劉浦江，〈宋代使臣語錄考〉，收錄於《10～13世紀中國文化的碰撞與融合》（上海：上海人民出版社，2006年），頁253～296。另外，Wright, David Curtis. *Sung-Liao diplomatic practices*（Princeton:Princeton University Ph. D. Dissertation, 1993），Wright, David Curtis, *From war to Diplomatic Parity in Eleventh-Century China: Sung's Foreign Relations With Kitan Liao*（Boston: Brill Academic Pub,2005）作者在此二書中，均有引用宋使節《使遼語錄》，討論宋遼外交事宜，可資參考。

〔註3〕 關於宋使節所作使遼詩，留存至今並不多，其中較多又較完整者，例如歐陽修約有十幾首，蘇頌有〈前使遼詩〉三十首、〈後使遼詩〉二十八首，蘇轍約有二十八首，彭汝礪約有六十首，本文主角劉敞則約有五十首，算是留存較多者。但是也有完全佚失者，例如包拯曾經使遼，因其詩文集未傳之於後世，以致於其使遼詩均未能見及。

是某些宋使節的使遼詩在今日或許尚可查得，但是實際上在當時由其本人或他人編成詩文集時，大部分是依古詩、律詩、絕句的分類加以編成，因此常將該使節在使遼的往返行程中，所寫的使遼詩先後順序打散，分別列在古詩、律詩、絕句各項當中，以致於增加了我們在研究宋使節使遼行程上的困難，不僅有時無法確定其行至何地或返至何地作該首使遼詩，甚至於有時竟然無法判定其是否為一首使遼詩。

因此使筆者擬在本文中探討劉敞使遼的行程，即面臨了以上第一、第三點的問題與困難，例如當時同在宋仁宗至和二年（遼興宗重熙二十四年，西元一〇五五年），被派任出使遼國的宋使節，除了劉敞之外，尚有歐陽修、范鎮等人，此三人使遼返宋之後，都作有《使遼語錄》，〔註4〕但是至今卻都已經失傳，使我們要探討劉敞使遼的行程，無法得到最好的印證。而在劉敞的詩文集──《公是集》〔註5〕中，也是未見有收錄關於其使遼的文章或檔案。至於其使遼詩雖然有被收錄於《公是集》，但是原先其依往返行程先後所經過的館驛而撰寫的使遼詩，卻在編輯成《公是集》時被打散了。因此使筆者撰寫本文時，必須先弄清楚這些使遼詩在往返行程中的先後順序，以及確定該首使遼詩是在往程或返程中所撰，甚至於須先判定其是否為一首使遼詩。基於以上種種的困難，使筆者在撰寫本文期間，曾因史料的不明與矛盾而擱置不前，至今終於得以完成。但是缺失之處，尚請學者專家惠予指正。

二、劉敞使遼的派任、啓程與在國內的行程

（一）宋仁宗至和二年（遼興宗重熙二十四年，一〇五五年）
　　　八月辛丑（十日），劉敞被派任為祝賀遼興宗國信生辰使

此年，劉敞三十七歲。自從宋眞宗景德元年（遼聖宗統和二十二年，一〇〇四年）與遼簽訂澶淵盟約之後，兩國即經常互相派遣使節進行交聘的活動。因此在宋仁宗至和二年八月辛丑（十日），宋朝廷派任使遼的人選時，據《續資治通鑑長編》（以下簡稱《長編》）卷一八〇所說，是以「翰林學士吏部郎中知制誥史館修撰歐陽修為契丹國母生辰使，四方館使果州團練使向傳範副之；右

〔註4〕 劉敞、歐陽修、范鎮均在宋仁宗至和二年使遼，返宋之後也都撰有《使遼語錄》，但是均已失傳。可參閱劉浦江，〈宋代使臣語錄考〉，《10～13世紀中國文化的碰撞與融合》，頁272～273。

〔註5〕 〔宋〕劉敞，《公是集》（台北：新文豐出版公司，1984年），54卷，655頁。

正言知制誥劉敞爲契丹生辰使，文思副使竇舜卿副之；起居舍人直秘閣知諫院范鎮爲契丹國母正旦使，內殿承制閣門祗侯王光祖副之；權度支判官刑部員外郎李復圭爲契丹正旦使，內殿崇班閣門祗侯李克忠副之」。〔註6〕這是當時宋朝廷在對遼外交的交聘活動中，又一次例行性的派任，因此包括祝賀遼法天太后和遼興宗的生辰使、正旦使，而劉敞所承擔的任務是祝賀遼興宗國信生辰使。

（二）宋仁宗至和二年八月甲寅（二十九日），劉敞被改派任爲祝賀遼法天太后國信生辰使

誠如前文所論述，本來宋朝廷在至和二年所派的使遼人選，均已在該年八月十日派任確定。但是實際上當時宋「朝廷未知契丹主（遼興宗）已卒，故生辰、正旦遣使如例」。〔註7〕也就是說遼興宗已經在這一年的八月己丑（四日）病死，〔註8〕雖然遼朝廷很快的在八月「癸巳（八日），遣使報哀于宋」，〔註9〕但是宋朝廷並未能即時得知此一消息，直至八月「辛亥（二十六日），雄州以契丹主之喪來奏」〔註10〕之後，宋朝廷才知道此事。

由於事出突然，以致於使宋朝廷必須趕快調整原先已經派定的使遼人選，除了正旦使、生辰使之外，也必須增派祭奠使、弔慰使，以及賀遼新君登寶位使。因此宋朝廷立即在八月「癸丑（二十八日），改命歐陽修、向傳範爲賀契丹登寶位使；龍圖閣直學士兵部郎中呂公弼爲契丹祭奠使；西上閣門使英州刺史郭諮副之；鹽鐵副使工部郎中李參爲契丹弔慰使，內苑使兼閣門通事舍人夏侲副之」。〔註11〕並且在「甲寅（二十九日），改命劉敞、竇舜卿爲契丹國母生辰使；戶部副使工部郎中張揆爲契丹生辰使，西染院副使兼閣門通事舍人王道恭副之」。〔註12〕至此時，該年宋朝廷派往遼國進行交聘活動的人選也才終於確定下來，可謂做了很大的調整，而且比往年確定使遼人選的日期約晚了近二十天。至於劉敞也從原先擔任祝賀遼興宗國信生辰使，被改派任爲祝賀遼法天太后國信生辰使。

〔註6〕〔宋〕李燾，《續資治通鑑長編》（以簡稱《長編》）（上海：上海古籍出版社，1986年），卷180，宋仁宗至和二年八月辛丑條，頁18。

〔註7〕〔宋〕李燾，《長編》，卷180，宋仁宗至和二年八月辛丑條，頁18。

〔註8〕〔元〕脫脫，《遼史》（台北：鼎文書局，1978年），卷20，本紀第20，興宗3，頁248；卷21，本紀第21，道宗1，頁251。

〔註9〕〔元〕脫脫，《遼史》，卷21，本紀第21，道宗1，頁252。。

〔註10〕〔宋〕李燾，《長編》，卷180，宋仁宗至和二年八月辛亥條，頁18。

〔註11〕〔宋〕李燾，《長編》，卷180，宋仁宗至和二年八月癸丑條，頁19。

〔註12〕〔宋〕李燾，《長編》，卷180，宋仁宗至和二年八月甲寅條，頁19。

（三）劉敞約在至和二年九月底或十月初，從宋汴京啟程赴遼

　　劉敞確定被派任出使遼國之後，其是在該年何月何日從宋汴京啟程赴遼呢？筆者查閱目前現存的相關史書均未見有明確的記載，只見劉敞在赴遼途中，所撰〈寄呂侍郎（呂公弼）〉的詩題下有注文提到「呂先予數日北行」。該首詩內容，說：

> 荒山逢故轍，自上重岡立。君車不可望，君手何由執。旅思隨日遠，
> 徂年背人急。舞劍中夜興，應知憂感集。〔註13〕

另外，劉敞在赴遼途中，也撰有〈寄永叔（歐陽修）〉，在此詩題下有注文提及「永叔後予數日使北」。此首詩內容，說：

> 俱持彊漢節，共下承明殿。相從不相及，相望不相見。平生慕儔侶，
> 宿昔異鄉縣。展轉多遠懷，恍惚猶對面。……。〔註14〕

後來歐陽修使遼回國之後，曾作詩〈重贈劉原父（劉敞）〉，說：

> ……。自言我亦隨往矣，行即逢君何恨邪？豈知前後不相及，歲月
> 匆匆行無涯。……。〔註15〕

因此從以上三首詩的詩題注文與內容，我們可以知道，其三人使遼從宋汴京啟程時的先後順序，是契丹祭奠使呂公弼最先出發，其次是契丹國母生辰使劉敞，最後是賀契丹登寶位使歐陽修。而根據《遼史》〈道宗本紀〉，說：「十一月甲子（十日），葬興宗皇帝於慶陵，宋及高麗遣使來會。十二月……戊子（五日），應聖節，上太皇太后壽，……丙申（十三日），宋遣歐陽修等來賀即位。」〔註16〕更可以知道當時遼朝廷對於此三項重要活動，在日程上是作了如此先後的安排，因此呂公弼、劉敞、歐陽修三人依據自己使遼的任務，也先後分別從宋汴京啟程赴遼，以便能及時抵達遼皇帝的駐帳地，配合遼朝廷進行此三項活動。

　　但是由於以上三首詩的詩題注文與內容，都沒有提到他們三人明確啟程赴遼的日期，因此雖然筆者引用劉敞與歐陽修的使遼詩和《遼史》的記載，作了以上的討論，可供讀者做參考。但是我們還是無法確實知道劉敞是在該年何月何日啟程赴遼，使筆者也只能根據在多年前發表的〈歐陽修使遼行程

〔註13〕〔宋〕劉敞，〈寄呂侍郎〉，《公是集》，卷7，頁69。

〔註14〕〔宋〕劉敞，〈寄永叔〉，《公是集》，卷13，頁145。

〔註15〕〔宋〕歐陽修，〈重贈劉原父〉，《歐陽文忠公文集》（一）（台北：台灣商務印書館，1965年），卷6，《居士集》，卷第6，古詩，頁82。

〔註16〕〔元〕脫脫，《遼史》，卷21，本紀第21，道宗1，頁252～253。

考〉文中所言，歐陽修「啓程赴遼的時間應是在十月二日之後的十月初」，〔註
17〕再參考前文所引「永叔（歐陽修）後予數日使北」，〔註 18〕推測劉敞應是
在該年九月底或十月初從宋汴京啓程赴遼。

（四）劉敞使遼在宋本國境內的行程

由於劉敞的《使遼語錄》至今已經失傳，再加上宋使節的《使遼語錄》
大部分並不敘述其在國內的行程，因此我們實在無法透過《使遼語錄》來知
道劉敞在宋本國境內的行程爲何？至於劉敞所作的使遼詩雖然有些是敘述其
在國內行程的情形，但是常有不明確的現象。筆者只確定二首，一爲〈陳橋
別隱直〉，其說：

> 柔遠在無外，飲冰寧顧家。旌麾辭北闕，原隰生光華。水涸雨亦收，
> 勁風卷驚沙。送車何其多，高蓋垂文綢。張侯平生親，情義固所加。
> 哀我志慷慨，睠我天一涯。出宿水上亭，暮談見晨霞。百里亦已遠，
> 心乎不云遐。我自東西人，豈能守蓬麻。周爰愧靡及，敢不重拜嘉。

〔註 19〕

陳橋驛爲劉敞自宋汴京啓程赴遼，首先經過的館驛，當時劉敞好友張隱直爲
劉敞送行至此地，因此劉敞作此詩，以記其事。另有一首詩〈寄王閤使〉，在
其詩題下，有注文提到明確的日期，說：「十月十一日冀州相別，十一月十一
日聞過古北口。」〔註 20〕由此一難得的史料可知，劉敞從宋汴京出發後，約
十天的時間，行至冀州。而此一路線也正是當時宋使節出使遼國時，在國內
行程尚未受到黃河決河影響之前，常採行的路線。另外，筆者再參考王文楚
〈宋遼驛路及其改遷〉〔註 21〕一文，根據其所指出北宋前期本國境內宋遼驛
路的主要館驛和城市，而大概知道劉敞從汴京出發後，應該是行經長垣縣、
韋城縣、衛南縣、澶州、德清軍、大名府、永濟縣、臨清縣、恩州（原名貝
州）、冀州。接著又由冀州，行經深州、武強縣、樂壽縣、瀛州、莫州，到達
宋國邊鎮雄州，再由白溝驛進入遼國境內。

〔註 17〕 蔣武雄，〈歐陽修使遼行程考〉，《東吳歷史學報》第 8 期，頁 9。

〔註 18〕 〔宋〕劉敞，〈寄永叔〉，《公是集》，卷 13，頁 145。

〔註 19〕 〔宋〕劉敞，〈陳橋別隱直〉，《公是集》，卷 10，頁 103。

〔註 20〕 〔宋〕劉敞，〈寄王閤使〉，《公是集》，卷 28，頁 334。

〔註 21〕 王文楚，〈宋遼驛路及其改遷〉，《歷史地理》第 11 輯（上海：上海人民出版社，
1993 年 6 月），頁 64～74。該文作者另以〈宋東京至遼南京驛路〉，內容相似，
發表於《古代交通地理叢考》（北京：中華書局，1996 年），頁 237～254。

三、劉敞在遼國境內往返的行程

　　劉敞進入遼國境內之後，其在往返於遼上京的行程為何呢？這也正是本文要探討的重點。雖然劉敞的《使遼語錄》今已無存，但是幸好其所撰的約五十首使遼詩，大部分有提到地名，因此筆者再輔以其他宋使節的使遼詩和殘存的《使遼語錄》，包括路振《乘軺錄》、〔註22〕王曾《王沂公行程錄》、〔註23〕薛映《薛映記》（又稱《遼中境界》）、〔註24〕陳襄《神宗皇帝即位使遼語錄》、〔註25〕沈括《熙寧使虜圖抄》〔註26〕等，以及學者研究的成果，或許尚可以知道其大概的行程。例如前輩學者聶崇岐在其〈宋遼交聘考〉一文中，說：「宋使入遼自白溝起，北行為新城縣，再經涿州、良鄉縣，而至燕京。若往中京則自燕京東北行，經順州、檀州，出古北口，歷新館、柳河館、打造部落館、牛山館、鹿兒峽館、鐵漿館、自印谷館、通天館，遂至中京。若往上京，則自中京北行，歷臨都館、松山館、崇信館、廣寧館、姚家寨館、咸寧館、保和館、宣化館、長泰館，遂至上京。」〔註27〕另外，傅樂煥在〈宋人使遼語錄行程考〉中，對語錄本身、使遼路線和館驛名稱等問題，也作有詳細的探討，並且在文末附有「宋臣使遼所經館驛名稱表」〔註28〕和「宋臣使遼路線系統表」。〔註29〕根據此二表提到宋臣使遼至遼上京所經過的館驛，是白溝驛、新城縣、涿州、良鄉縣、幽州、孫侯館、順州、檀州、金溝館、古北口館、新館、臥如來館、柳河館、打造部落館、牛山館、鹿兒峽館、鐵

〔註22〕　〔宋〕路振，《乘軺錄》，收錄於趙永春，《奉使遼金行程錄》（吉林：吉林文史出版社，1995年），頁14～21。

〔註23〕　〔宋〕王曾，《王沂公行程錄》，收錄於趙永春，《奉使遼金行程錄》，頁28～30。按，《王沂公行程錄》，又稱為《王曾行程錄》、《王沂公上契丹事》、《王曾上契丹事》、《上契丹事》等不同名稱。

〔註24〕　〔宋〕薛映，《薛映記》，收錄於趙永春，《奉使遼金行程錄》，頁32～33。按，《薛映記》，又稱為《虜中境界》、《遼中境界》。

〔註25〕　〔宋〕陳襄，《神宗皇帝即位使遼語錄》，收錄於趙永春，《奉使遼金行程錄》，頁58～68。

〔註26〕　〔宋〕沈括，《熙寧使虜圖抄》，收錄於趙永春，《奉使遼金行程錄》，頁85～91。

〔註27〕　聶崇岐，〈宋遼交聘考〉，收錄於《宋史叢考》（下）（台北：華世出版社，1986年），頁303～304。

〔註28〕　傅樂煥，〈宋人使遼語錄行程考〉，「宋臣使遼所經館驛名稱表」，收錄於《遼史叢考》，頁26。

〔註29〕　傅樂煥，〈宋人使遼語錄行程考〉，「宋臣使遼路線系統表」，收錄於《遼史叢考》，頁28。

匠館、富谷館、中京、臨都館、官窯館、松山館、崇信館、廣寧館、姚家旨館、咸寧館、保和館、宣化館、長泰館、上京（景福館），則可以推知劉敞當時至遼上京所經過的館驛，大致上也是如此。

以下是筆者以劉敞的使遼詩為主要依據，再參考其他相關史料，對其在遼國境內往返的行程，作一比較詳細的論述：

（一）從白溝驛進入遼境，行經新城縣、涿州、良鄉縣，渡桑乾河，至幽州

劉敞行至雄州白溝驛之後，依慣例會在此等待遼國接伴使前來迎接，再一起進入遼國境內。據《包孝肅公奏議》〈請絕三番取索〉，說：「常年兩次國信使，自有久來體制，過界月日，亦須候接伴使副到雄州，方有過界之期。」〔註30〕可知劉敞至雄州白溝驛之後，必須等待遼國接伴使前來迎接。

而當時遼國的接伴使是誰呢？因史書未有記載，已不得而知，但是筆者根據劉敞使遼詩〈陰山女歌〉，其詩題下有注文，說：「接伴副使知制誥馬祐事」。因此雖然不知接伴正使是何人？卻可以知道當時接伴劉敞的副使就是馬祐。至於該首詩的內容為：

> 種玉不滿畦，種花易滿枝。玉生寄石自有處，花飛隨風那得知？嬋娟翠髮陰山女，能為漢裝說漢語。春心未知向誰是，夜彈琵琶淚如雨。赤車使者過鳳凰，閻中一聞先斷腸。碧牕銷烟未容去，侍兒密獻江南璫。鵲飛上天星沉海，人心不同事隨改。翦環洗妝許君老，百年如夢情終在。妾乘油壁郎乘驄，西陵松柏墨色濃。新歡未已舊愁起，水流曲曲山重重。周周銜羽鶼比翼，天生相親人豈識？雖不及清路塵，猶當作山上石。〔註31〕。

由此首詩可知，劉敞應是一位情感豐富的人。另外，筆者再查閱《宋史》〈竇舜卿傳〉，有記載馬祐與宋副使竇舜卿的互動，說：「（竇舜卿）使契丹，主客馬祐言：『昔先公客省善射，君當傳家法。』置酒請射，舜卿發輒中。祐使奴持二弓示之，一挽皆折。」〔註32〕竇舜卿是當時與劉敞同行的副使，因此可以更加確定馬祐即是接伴劉敞入遼的副使。而馬祐後來隔四年，即遼道宗清

〔註30〕〔宋〕包拯，《包孝肅公奏議》（台北：新興書局，1960年），卷5，〈請絕三番取索〉，頁87。

〔註31〕〔宋〕劉敞，〈陰山女歌〉，《公是集》，卷16，頁180～181。

〔註32〕〔元〕脫脫，《宋史》（台北：鼎文書局，1978年），卷349，列傳第108，竇舜卿，頁11052。

寧四年（宋仁宗嘉祐三年，一○五九年），也曾經以祝賀宋國正旦副使的身份使宋，因此《長編》卷一六八，說：「宋仁宗嘉祐三年十二月辛卯（二十五日），契丹國母遣林牙天德節度使耶律通、右諫議大夫史館修撰馬佑（祐），契丹遣保靜節度使耶律維新、右諫議大夫史館修撰王寶，來賀正旦。」〔註33〕

至於當時迎接的過程為何呢？由於劉敞的《使遼語錄》，在今日已經無法見及，因此筆者依據陳襄《神宗皇帝即位使遼語錄》，說：「臣襄等……於（宋英宗治平四年，一○六七年）五月十日到雄州白溝驛。十一日接伴使副……差人傳語，送到主名、國諱、官名，及請相見，臣等即時過白溝橋北，與接伴使副立馬相對。接伴副使問南朝皇帝聖體萬福，臣等亦依例，問其君及其母安否。相揖。至于北亭，……。」〔註34〕由此可知，劉敞當時應該也是與陳襄一樣，在宋邊鎮雄州白溝驛，等待遼接伴使副前來迎請相見，並且經過以上所述的互動儀式，彼此先概略認識之後，再一起進入遼國境內。

根據前文所述宋使節的使遼路線，可知劉敞從白溝驛進入遼境之後，行經了新城縣、涿州、良鄉縣，再至幽州。關於此一路段，據路振《乘軺錄》，說：「（宋真宗大中祥符元年，遼聖宗統和二十六年，一○○八年）十二月四日，過白溝河，……五日，自白溝河北行，至新城縣四十里，……六日，自新城縣北行，至涿州六十里，……七日，自涿州北行，至良鄉縣六十里，……八日，自良鄉縣北行，至幽州六十里。」〔註35〕王曾《王沂公行程錄》，說：「自雄州白溝驛渡河，四十里至新城縣，古督亢亭之地。又七十里至涿州，北渡涿水、范水、劉李河，六十里至良鄉縣。度盧溝河（桑乾河），六十里至幽州，號稱燕京。」〔註36〕以及沈括《熙寧使虜圖抄》，說：「北白溝館，……南距雄州三十八里，……新城，……南距白溝六十里，……涿州，南距新城六十里，……良鄉，……西南距涿州六十里，……幽州，西南距良鄉六十里。」〔註37〕因為在今日已無法見及失傳的劉敞《使遼語錄》，因此我們也只能依據此三段引文，推想當時劉敞在此路段的行程，大致上也是如此。

〔註33〕〔宋〕李燾，《長編》，卷168，宋仁宗嘉祐三年十二月辛卯條，頁15。
〔註34〕〔宋〕陳襄，《神宗皇帝即位使遼語錄》，收錄於趙永春，《奉使遼金行程錄》，頁59～60。
〔註35〕〔宋〕路振，《乘軺錄》，收錄於趙永春，《奉使遼金行程錄》，頁14～15。
〔註36〕〔宋〕王曾，《王沂公行程錄》，收錄於趙永春，《奉使遼金行程錄》，頁28。
〔註37〕〔宋〕沈括，《熙寧使虜圖抄》，收錄於趙永春，《奉使遼金行程錄》，頁86。

而劉敞在至幽州之前，行經桑乾河時，作有〈發桑乾河〉詩，說：

> 四牡懷靡及，侵旦肅征騑。凝霜被野草，四顧人跡稀。水流日邊去，
> 鴈向江南飛。我行亦已久，羸馬聲正悲。覽物歲華逝，撫事壯心違。
> 豈伊越鄉感，乃復淚沾衣。〔註38〕

顯然劉敞在渡桑乾河時，目睹異國景物，以及想到與家國漸行漸遠的行程，其懷鄉之情不禁油然而生，因此在此首詩中充滿了感觸的情懷。

另外，劉敞當時行至桑乾河時，也曾經作〈寄永叔永叔後予數日使北〉詩，說：

> 俱持強漢節，共下承明殿。相從不相及，相望不相見。平生慕儔侶，
> 宿昔異鄉縣。展轉多遠懷，恍惚猶對面。桑乾北風度，冰雪捲飛練。
> 古來戰伐地，慘澹氣不變。贈君貂襜褕，努力犯霜霰。一尺握中策，
> 無由奉深眷。〔註39〕

由於劉敞和歐陽修交情頗深，而且兩人使遼從宋汴京啟程的時間只相差數天，因此先行的劉敞行至桑乾河時，特別作此首詩寄予歐陽修，以示思友之情。並且告訴歐陽修，桑乾河地區正值冰雪嚴寒之際，必須注意防寒，也隨詩附贈貂襜褕給歐陽修。

歐陽修得到劉敞此首詩之後，即撰詩〈奉使契丹道中答劉原父（劉敞）桑乾河見寄之作〉，說：

> 憶昨初受命，同下紫宸朝。問君當何之，笑指北斗杓。共念到幾時，
> 春風約回鑣。所持既異事，前後忽相遼。歲月坐易失，山川行知遙。
> 回頭三千里，雙闕在紫宵。我老倦鞍馬，安能事吟嘲。君才綽有餘，
> 新句益飄飄。前日逢呂郭，解鞍憩山腰。僮僕相問喜，馬鳴亦蕭蕭。
> 出君桑乾詩，寄我慰寂寥。又喜前見君，相期駐征軺。雖知不久留，
> 一笑樂亦卿。歸路踐冰雪，還家脫狐貂。君行我即至，春酒待相邀。
>
> 〔註40〕

從此首詩的內容可以更加體認歐陽修與劉敞的友情確實很深厚，因此雖然此時兩人尚在赴遼途中，但是歐陽修卻已在期待著兩人完成使遼的交聘任務，返國之後共飲春酒的情形。

〔註38〕 〔宋〕劉敞，〈發桑乾河〉，《公是集》，卷7，頁69。
〔註39〕 〔宋〕劉敞，〈寄永叔〉，《公是集》，卷13，頁145。
〔註40〕 〔宋〕歐陽修，〈奉使契丹道中答劉原父桑乾河見寄之作〉，《歐陽文忠公文集》
　　　　（一），卷6，《居士集》，卷第6，古詩，頁81。

　　劉敞一行渡過桑乾河之後，不久到達幽州，但是令筆者感到不解的是，當時幽州（燕京）已是遼國南京之地，為政治、經濟、文化重鎮，劉敞在此必然有深入的觀察，並且受到隆重的招待，留下深刻的印象。然而筆者查閱《公是集》，在其約五十首的使遼詩中，卻似乎無一首是述及幽州的情形，只見《公是集》有收錄其所作〈題幽州圖〉詩，說：

> 代北屯兵盛，漁陽突騎精。棄捐看異域，感激問蒼生。尚識榆關路，
> 仍存漢郡名。可憐成反拒，未見請橫行。先帝曾親伐，斯人昔徒征。
> 大功危一跌，遺恨似平城。往者干戈役，因之玉帛盟。權宜緩中國，
> 苟且就升平。名號于今錯，恩威自此輕。奈何卑聖主，豈不負宗祊。
> 事有違經合，功難與俗評。復讎宜百世，刷恥望諸卿。封畛唐虞舊，
> 氛祲渤碣清。遺黎出塗炭，故老見簪纓。寒谷青陽及，幽都日月明。
> 此懷如萬一，高揖謝縱橫。〔註41〕

但是根據此首詩的內容來看，應是劉敞尚未出使遼國時所作。

（二）經順州、檀州，入山，至古北口，拜楊無敵廟

　　據路振《乘軺錄》，說：「十日，自幽州北行，至孫侯館（望京館）五十里。地無陵。……十一日，自孫侯館北行，至順州三十里，地平。……十二日，自順州東北行，至檀州八十里，路險，有丘陵。二十五里過白絮河，河源出太行山，七十里，道東有寨柵門，崖壁斗絕，此天所以限戎虜也。虜置榷場于虎北口（古北口）而收地徵。十五日，自虎北館東北行，至新館六十里，下虎北口山，即入奚界。五里，有關，虜率十餘人守之。澗水西南流至虎北口南，名朝里河。」〔註42〕王曾《王沂公行程錄》，說：「四十里至孫侯館，後改為望京館，……五十里至順州，東北過白嶼河，北望銀冶山，又有黃羅螺盤、牛闌山，七十里至檀州，自北漸入山。五十里至金溝館。將至館，川原平廣，謂之金溝淀，國主嘗于此過冬。自此入山，詰曲登陟，無復里堠，但以馬行記日景而約其里數，過朝鯉河，亦名七度河，九十里至古北口。兩旁峻崖，中有路，僅容車軌。口北有舖，彀弓連繩，本范陽防扼奚、契丹之所，最為險束。然幽州東趨營、平州，路基平坦，自頃犯邊，多由斯出。」〔註43〕以及沈括《熙寧使虜圖抄》，說：「自（幽）州東北行三十里至望京館。望

〔註41〕〔宋〕劉敞，〈題幽州圖〉，《公是集》，卷26，頁311。
〔註42〕〔宋〕路振，《乘軺錄》，收錄於趙永春，《奉使遼金行程錄》，頁16～17。
〔註43〕〔宋〕王曾，《王沂公行程錄》，收錄於趙永春，《奉使遼金行程錄》，頁29。

京館，西南距幽州三十里，自館東行少北十里餘，出古長城，又二十里至中頓，……又二十里至順州。……順州，西距望京館六十里……自（順）州東北數里出古長城，十里濟白水，又十餘里至中頓，過頓東行三十餘里至檀州，皆車騎之道，平無險阻。檀州，西南距順州七十里，……自（檀）州東北行隘中，二十里餘至中頓，又二十餘里至金溝館。金溝館，西南距檀州五十里，自（金溝）館少東北行，乍原乍隰，三十餘里至中頓，過頓屈折北行峽中，濟欒水，通三十餘里，鉤折投山隙以度，所謂古北口也。」〔註44〕由此三則記載，可知劉敞從幽州至古北口這一路段的行程，大致上也是如此。

劉敞行經順州時，有作詩〈順州馬上望古北諸山〉，描述其遙望古北口方向諸山的壯麗情形，說：

> 平原不盡對群峯，翠壁回環幾萬重。背日映雲何所似，秋江千丈碧
> 芙蓉。〔註45〕

另外，據《宋史》〈劉敞傳〉，說：「（劉敞）奉使契丹，……順州山中有異獸，如馬而食虎豹，契丹不能識，問（劉）敞。敞曰：『此所謂駮也。』爲說其音聲形狀，且誦山海經、管子書曉之，契丹益歎服。」〔註46〕這顯示劉敞行經順州時，曾以其博學多聞的知識，爲遼人解答順州的異獸屬於何物，頗令遼人歎服。

當時劉敞行經順州、檀州、金溝館之後，即進入高山峻嶺的路段，而且其面對險峻難行的地形，使其印象頗深，感觸也很多，因此作有〈入山〉一詩，說：

> 連山何叢叢，相背復相向。盤溪殆千曲，險石彌萬狀。或疑天地翻，
> 斗起渤碣浪。嵾嵳更騰凌，變化倏奇壯。舟車未爲用，夷夏永缺望。
> 鑿空伊誰氏，重譯肇霸王。茫茫千萬歲，舟舟道交喪。薄伐策已卑，
> 割據事逾妄。衣冠慘分裂，玉帛散辭讓。至仁有柔服，遠馭恥懲創。
> 非無一丸泥，不乏萬人將。齊纈紆九世，魯錦輕百兩。羊腸勞躋攀，
> 魚齒困沿竝。彼岐亦云岨，易簡德固曠。大哉天作詩，因見聖者量。

〔註47〕

〔註44〕〔宋〕沈括，《熙寧使虜圖抄》，收錄於趙永春，《奉使遼金行程錄》，頁87。
〔註45〕〔宋〕劉敞，〈順州馬上望古北諸山〉，《公是集》，卷28，頁330。
〔註46〕〔元〕脫脫，《宋史》，卷319，列傳第78，劉敞，頁10384。
〔註47〕〔宋〕劉敞，〈入山〉，《公是集》，卷12，頁125。

在此詩中，可知劉敞的感觸，從描述綿綿高山峻嶺，難於行走，造成華夷相隔，進而思及了華夷相處之道。

　　劉敞往前行，入山之後，經過重要關口——古北口時，作有〈古北口〉詩，說：

　　　　束馬懸車北度燕，亂山重複水潺湲。本羞管仲令君霸，無用愈兒走馬前。〔註48〕

劉敞此詩標題下有注文，說：「自古北口，即奚人地，皆山居谷汲，耕牧其中，而無城郭，疑此則春秋之山戎病燕者也。齊桓公束馬懸車，涉辟耳之溪，見登山之神，取其戎菽多蔥，布于諸侯，蓋近之矣。口占一篇，因以傳疑。」〔註49〕可見劉敞對於古北口地區的歷史地理有相當的瞭解。另外，劉敞在古北口，也作有〈古北口對月〉詩，說：

　　　　萬古關山月，遙憐此夜看。蛾眉空白嫵，叢桂不勝寒。他日刀頭間，何時客寢安。因之千里夢，共下白雲端。〔註50〕

而且劉敞對於此次使遼，也深自期許，因此在〈初出古北口大風〉詩，說：

　　　　我持漢節議和親，北上邊關極海濱。宜有鬼神陰受命，勁風來埽幕南塵。〔註51〕

可知劉敞頗以此次出使遼國，賀其皇太后生辰的任務為重、為榮，因此不辭路遙、天寒的艱辛，努力以赴。

　　宋使節使遼時，如有經過古北口，往往都會至附近的楊無敵廟參謁，劉敞此行也不例外，因此其有作詩〈楊無敵廟〉，題下注「在古北口」，內容說：

　　　　西流不返日滔滔，隴上猶歌七尺刀。慟哭應知賈誼意，世人生死兩鴻毛。〔註52〕

按，楊無敵即是宋將楊業，因其驍勇善戰，號稱「無敵」，但是在宋太宗雍熙三年（遼聖宗統和四年，九八六年）征遼之役，以孤軍無援，傷重被俘，三日不食而死，遼人在古北口城北門外建其祠，即楊無敵廟，而劉敞作此首詩正是以一位宋臣的身份，表達了其對楊業為宋國捐軀的崇敬心意。

〔註48〕〔宋〕劉敞，〈古北口〉，《公是集》，卷28，頁334。
〔註49〕註同前。
〔註50〕〔宋〕劉敞，〈古北口對月〉，《公是集》，卷22，頁263。
〔註51〕〔宋〕劉敞，〈初出古北口大風〉，《公是集》，卷29，頁346。
〔註52〕〔宋〕劉敞，〈楊無敵廟〉，《公是集》，卷28，頁332～333。

（三）經思鄉嶺、摸斗嶺、柳河館、鹿兒峽、松子嶺、鐵漿館，
出山，再經富谷館，至中京

　　劉敞過了古北口之後，接下來的行程，行經思鄉嶺、新館、臥如館、摸斗嶺、柳河館。關於此一路段，據路振《乘軺錄》，說：「十五日，自虎北館東北行，至新館六十里。下虎北口山，即入奚界。……五十里過大山，名摘星嶺，高五里，人謂之辭鄉嶺（思鄉嶺）。十六日，自新館行，至臥如館四十里。……十七日，自臥如館東北行，至柳河館六十里。……四十里至墨斗嶺（摸斗嶺），……六十里過柳河。十八日，過柳河館東北行，至部落館八十里，……十九日，自部落館至牛山館五十里，山勢平漫。二十日，自牛山館東北行，至鹿兒館六十里，地勢微險。二十一日，自鹿兒館東北行，至鐵漿館八十里，山勢平遠。二十二日，自鐵漿館東北行，至富谷館八十里，山勢平遠。二十三日，自富谷館東北行，至通天館八十里，山遠路平。二十四日，自通天館東北行，至契丹國（遼中京）三十里。」〔註53〕據王曾《王沂公行程錄》，說：「八十里至新館，……四十里至臥如來館，……又過墨斗嶺，……七十里至柳河館，……過松亭嶺，甚險峻，七十里至打造部落館，……五十里至牛山館。八十里至鹿兒峽館，……九十里至鐵漿館，過石子嶺，自此漸出山。七十里至富谷館……八十里至通天館。二十里至中京大定府。」〔註54〕以及沈括《熙寧使虜圖抄》，說：「自（古北）館北行數里……通三十五里至中頓。過頓，入大山間，委回東北，又二十里，登思鄉嶺。……自古北至新館，山川之氣險麗雄峭，路由峽間，詭屈降陟，而潮里之水貫瀉清洌，虜境之勝，殆鍾于此。新館，西南距古北七十里，自（新）館北行，少西北屈行，復東北二十餘里至中頓。……過頓，東北十餘里，乃復鉤折而南，數里至臥如館。臥如館，西南距新館四十里。……柳河館，西距臥如館七十里。……打造館西距柳河館七十里。……牛山館，東北距打造館五十里……又二十餘里，度松子嶺，……鹿峽館，東北距牛山館六十里……鐵漿館，西北距鹿峽館九十里。……富谷館，西南距鐵漿館六十里。……長興館，西距富谷館七十里。……中京，西距長興館二十里，……。」〔註55〕據此三則行程錄的記載，劉敞在此路段的行程，應也大致上是如此。

〔註53〕〔宋〕路振，《乘軺錄》，收錄於趙永春，《奉使遼金行程錄》，頁16～17。
〔註54〕〔宋〕王曾，《王沂公行程錄》，收錄於趙永春，《奉使遼金行程錄》，頁29。
〔註55〕〔宋〕沈括，《熙寧使虜圖抄》，收錄於趙永春，《奉使遼金行程錄》，頁87～88。

而在此路段，劉敞作詩〈思鄉嶺〉，說：

絕壑參差半倚天，據鞍環顧一悽然。亂山不復知南北，惟記長安白日邊。〔註56〕

〈過思鄉嶺南茂林清溪啼鳥游魚頗有佳趣〉，說：

山下回溪溪上峯，清輝相映幾千重。游魚出沒穿青符，斷蝀蜿蜒奔白龍。盡日浮雲橫暗谷，有時喧鳥語高松。欲忘旅思行行遠，無奈春愁處處濃。〔註57〕

〈摸斗嶺〉，說：

盤峯回棧幾千層，徑欲凌雲攬玉繩。浪得虛名夸鄙俗，古來天險絕階升。〔註58〕

以及〈陰山〉，說：

陰山天下險，鳥道上稜層。抱石千年樹，懸崖萬丈冰。愚歌愁倚劍，側步怯扶繩。更覺長安遠，朝光午未升。〔註59〕

劉敞在此四首詩中，均描述了其行於群山之中，所見的景色與內心的感觸。

另外，劉敞在此路段，曾作詩〈聞張給事中倍道兼程已過古北戲作七言〉，說：

叱馭勤王肯暫留，邊沙朔雪犯貂裘。飛黃一日須千里，應笑迂儒騎土牛。〔註60〕

以及〈寄王閣使十月十一日冀州相別，十一月十一日聞過古北口〉，說：

憶醉離亭舞翠娥，舉觴同聽渭城歌。故人卻出陽關見，愁問行雲奈若何。〔註61〕

按，張給事中，即是張掞；王閣使，即是王道恭。據前文引《長編》卷一八○，說：「戶部副使工部郎中張掞為契丹生辰使，西染院副使兼閣門通事舍人王道恭副之。」〔註62〕也就是張掞、王道恭二人的任務，是前往遼國祝賀遼

〔註56〕 〔宋〕劉敞，〈思鄉嶺〉，《公是集》，卷28，頁325。

〔註57〕 〔宋〕劉敞，〈過思鄉嶺南茂林清溪啼鳥游魚頗有佳趣〉，《公是集》，卷24，頁284。

〔註58〕 〔宋〕劉敞，〈摸斗嶺〉，《公是集》，卷28，頁326。

〔註59〕 〔宋〕劉敞，〈陰山〉，《公是集》，卷21，頁248。

〔註60〕 〔宋〕劉敞，〈聞張給事中倍道兼程已過古北戲作七言〉，《公是集》，卷29，頁345。

〔註61〕 〔宋〕劉敞，〈寄王閣使〉，《公是集》，卷28，頁334。

〔註62〕 〔宋〕李燾，《長編》，卷180，宋仁宗至和二年八月甲寅條，頁19。

道宗的生日。而遼道宗的生日雖然是八月七日，但是當時改期為十二月七日受賀，〔註 63〕因此張、王赴遼啟程日期，晚於劉敞。筆者推斷劉敞大約行至此路段，聞張、王二人倍道兼程趕路已過古北口，遂作此兩首詩。

關於劉敞使遼，在遼境途中，有一事頗引起學者的討論，即是劉敞在此路段斥責遼國帶路者故意繞遠路的問題。為了使讀者能更了解此一情事，筆者擬先列出史書相關的記載，例如《東都事略》〈劉敞傳〉，說：

> （劉敞）奉使契丹，敞博聞彊記，素知虜山川道里。虜人自古北至柳河，回曲千餘里，敞問曰：「自松亭趨柳河甚徑，不數日可至中京，何不道彼而道此。」虜人不虞敞知，皆相顧驚愧，曰：「誠如公言，自通好以來，置驛如此，不敢易也。」〔註 64〕

《宋史》卷三一九，說：

> （劉敞）奉使契丹，素習知山川道徑。契丹導之行，自古北口至柳河，回屈殆千里，欲夸示險遠。敞質譯人曰：「自松亭趨柳河，甚徑且易，不數日可抵中京，何為故道此。」譯人相顧駭愧，曰：「實然。但通好以來，置驛如是，不敢變也。」〔註 65〕

又例如《清波雜志》，說：

> 至和三年（以二年為正確），劉原父（敞）使契丹，檀州守李翰勞其行役。劉云：「跋涉不辭，但山路迂曲，自過長興，却西北行，六程到柳河，方稍南行。」意甚不快，又云：「聞有直路，自松亭關往中京，繞十餘程，自柳河繞二百餘里。」翰笑曰：「盡如所示。乃初踏逐修館舍已定，至今迂曲。」〔註 66〕

另外，筆者查閱《全宋詩》中收錄劉敞在返程時所作的〈柳河〉詩，在詩題下有注文，說：

> 名賢本、明抄本等題作〈十二月二十七日宿柳河館，聞永叔是日宿松山，作七言寄之〉。自柳河直路趨松山不過三百里，然虜諱不肯言，

〔註 63〕關於遼代帝后生日受賀改期的情形，可參閱傅樂煥，〈宋遼聘使表稿〉，「遼帝后生辰改期受賀考」，收錄於《遼史叢考》，頁 241～250。

〔註 64〕〔宋〕王稱，《東都事略》（台北：文海出版社，1979 年），卷 76，列傳 59，劉敞，頁 1。

〔註 65〕〔元〕脫脫，《宋史》，卷 319，列傳第 78，劉敞，頁 10384。

〔註 66〕〔宋〕周煇，《清波雜志》，收錄於《唐宋史料筆記叢刊》（北京：中華書局，1994 年 9 月），卷第 10，虜程迂回，頁 45。

漢使常自東道更白隰長興折行西北，屈曲千餘里，乃與直路合，自
此稍西南出古北口矣。〔註67〕

根據此四則史書所言，當時遼國帶路者確實故意在古北口至柳河這一段路，
不走便捷之路，反而繞行迂曲的遠路，使劉敞頗爲不悅。傅樂煥在其〈宋人
使遼語錄行程考〉「劉敞北使繞路的考証」中，也認爲繞路是一件史實，但是
他針對上述史書中所言，「自古北至柳河，回曲千餘里」、「自古北口至柳河，
回屈殆千里」，作了詳盡的探討之後，認爲雖然繞遠路，但是實際上並沒有那
麼遠，因此以上二句所言不成立。〔註68〕

另外，劉敞在此段路程，有作詩〈松子嶺松子，鷲鳥名〉，說：

鹿兒峽未盡，松子嶺相望。走險暇擇廢，摩空愁亂行。霜增頭皓白，
自注：早行，眉鬢皆白也。塵變馬驪黃。不作還鄉意，羈人應斷腸。

〔註69〕

〈神山在鹿兒峽北〉，說：

林立眾峯俱到天，傳聞此地有神仙。名山三在蠻夷國，方士之書猶
信然。〔註70〕

〈鐵漿館〉，說：

稍出盧龍塞，回看萬壑青。曠原開磧口，別道入松亭。此館以前屬奚，
山溪深險，以北屬契丹，稍平衍，漸近磧矣。別一道自松亭關入幽州，甚徑易，敵
常秘，不欲使漢知。敵馬寒隨草，奚車夕戴星。奚人以車帳爲生，晝夜移徙。
忽悲田子泰，寂寞向千齡。〔註71〕

據此三首詩均可知此段路程仍是險峻的山路，因此使劉敞感受也頗爲深刻。
而從劉敞在〈鐵漿館〉詩中所作的注文，也可知其對遼地的山川形勢和民情，
頗有細心的觀察。

經過艱辛的跋涉，終於走出山區，劉敞特別作詩〈出山自檀州東北入山到鐵漿
館出山凡八程〉，說：

〔註67〕〔宋〕劉敞，〈柳河〉，收錄於傅璇琮等編，《全宋詩》（北京：北京大學，1988
年12月），卷488，頁5916。

〔註68〕傅樂煥，〈宋人使遼語錄行程考〉，「劉敞北使繞路的考証」，收錄於《遼史叢
考》，頁17～20。

〔註69〕〔宋〕劉敞，〈松子嶺〉，《全宋詩》，卷490，頁5943。

〔註70〕〔宋〕劉敞，〈神山〉，《公是集》，卷28，頁333。

〔註71〕〔宋〕劉敞，〈鐵漿館〉，《公是集》，卷22，頁256。

> 萬里亙東西，連峰隱朔陲。氣纏冰雪慘，險極鬼神爲。侷仄單車度，
> 盤桓壯士悲。今朝識天意，正欲限華夷。〔註72〕

而且在此路段，劉敞也作有〈富谷老人臧自用云本京師兵士咸平中沒番五十餘年矣〉詩，說：

> 白髮衰翁雙涕零，曾隨諸將戰咸平。一來隴右迷歸路，卻問中華似
> 隔生。思報漢恩身已朽。恥埋邊壤死無名。今朝縱觀非他意，得見
> 官儀眼自明。〔註73〕

可見劉敞爲性情中人，得知宋兵臧自用在早年宋遼戰役中被俘，留居遼地五十餘年的遭遇，心中感觸良深，因此特別作此詩以記之。

劉敞將至中京之前，曾作〈壽山由中京南，云多老人往往百餘歲〉一詩，說：

> 白隰見層峰白隰即中京，巉巖倚碧空。上多千歲木，下有百年翁。櫟
> 社不材永，東陵非義終太史公云：「盜跖日殺不辜，竟以壽終。」吾聞仁且
> 壽，故在太平中。《爾雅》：距齊州以東至日出，爲太平。太平之人，仁也。
> 〔註74〕

由於在壽山有多位超過百歲以上的長壽老人，使劉敞印象深刻，因此作此詩，也顯示出劉敞在使遼途中對於遼地民情的觀察與感想。

劉敞抵達遼中京時，與正在南返的呂公弼相逢，因此作〈逢呂侍郎〉詩，說：

> 北鴈南鳬不自期，異鄉交臂復分飛。壯心已折霜侵鬢，徂歲相看淚
> 滿衣。絕幕陰多逢日少，滯林行苦見人稀。子年意緒君諳識，況乃
> 登臨遠送歸。〔註75〕

由於呂公弼爲祭奠使，比劉敞提前從宋汴京啓程赴遼，因而此時其正在返宋途中，恰好與仍須往前行的劉敞相遇，也使劉敞不禁產生羨慕之情。

另外，筆者要特別指出的是，劉敞大約是行至遼中京之前的路段，適值冬至日，因爲筆者查出宋仁宗至和二年（一〇五五年）冬至日是十一月二十四日（陽曆十二月十六日），因此依照此日的行程，劉敞應該是正好前進至此一路段。而且劉敞作有下列三首詩，〈至日早起〉，說：

〔註72〕〔宋〕劉敞，〈出山〉，《公是集》，卷21，頁248。
〔註73〕〔宋〕劉敞，〈富谷老人臧自用云本京師兵士咸平中沒番五十餘年矣〉，《公是集》，卷25，頁301。
〔註74〕〔宋〕劉敞，〈壽山〉，《公是集》，卷19，頁220。
〔註75〕〔宋〕劉敞，〈逢呂侍郎〉，《公是集》，卷23，頁269。

至日應添一線長，漢儀憶奉萬年觴。鳴珂列炬隨丞相，長劍高冠滿
未央。法從此時瞻玉座，侍臣獨許近清光。輶軒今出荒山外，厭見
塵沙萬里黃。〔註76〕

〈冬至〉，說：

殊方喜及固陰消，積雪層冰意亦聊。就日稍欣南極永，觀雲尚恨帝
鄉遙。閉關自信天心復，吹律應知玉琯調。留滯能無越鄉戀，甘泉
受計萬神朝。〔註77〕

〈冬至〉，說：

寒事欲無幾，春歸方有期。嘉辰正須醉，愛日為君遲。〔註78〕

顯然因為冬至日是中國冬天民俗的重要節日，而劉敞自覺此時其卻遠離家
國，行走於嚴寒的異國途中，因此心中不禁有許多感觸。

（四）經臨都館、麀子嶺、黑河館，抵遼上京

由於此年冬天，遼道宗的駐帳地是在上京，因此劉敞過了中京之後，必
須再往前行。據薛映《薛映記》，說：「自中京正北八十里至臨都館，又四十
里至官窯館，又七十里至松山館，又七十里至崇信館，又九十里至廣寧館，
又五十里至姚（家）寨館，又五十里至咸寧館，又三十里度潢水石橋，……
又五十里至保和館，度黑水河，七十里至宣化館，又五十里至長泰館，……
又四十里至上京臨潢府。」〔註79〕以及沈括《熙寧使虜圖抄》，說：「臨都館，
南距中京七十里，……崇信館，南距臨都館四十里。……松山館，東南距崇
信館六十里。……自（松山）館稍西北行十許里，乃東折，濟駱馬河，河廣
數丈，東南與陰涼河會，……麀駝氈帳，西南距陰涼河七十里。……廣寧館，
南距麀駝帳九十里。……會星館，南距廣寧館五十里。……咸熙氈帳，東距
會星館七十里。……保和館，西南距咸熙館九十里。自（保和）館北行數里，
有路北出走上京。稍西又數里，濟黑水，水廣百餘步，絕水有百餘家，墁瓦
屋相半，築垣周之，曰黑河州。過州西北行十餘里，……又三十餘里至中
頓，……逾頓，西北三十里餘至牛山帳。……牛山氈帳館，南距保和館九十
里。……鍋窯氈帳館，南距牛山帳館八十里。……自帳稍西北行平川間二十

〔註76〕〔宋〕劉敞，〈至日早起〉，《公是集》，卷23，頁278。
〔註77〕〔宋〕劉敞，〈冬至〉，《公是集》，卷23，頁278。
〔註78〕〔宋〕劉敞，〈冬至〉，《公是集》，卷27，頁323。
〔註79〕〔宋〕薛映，《薛映記》，收錄於趙永春，《奉使遼金行程錄》，頁32～33。

餘里，涉沙陁，乃行磧間十餘里至中頓。過頓，西北二十里，……乃轉趨東北，道西一里許慶州，……過慶州東北十里，經黑水鎮，濟黑河至大河帳，……大河氈帳館，東南距鍋窖帳七十里，……牛心山氈帳，西南距里河帳八十里，……至新添帳，帳之東南有土山，……所謂永安山也。新添氈帳，西南距牛心山帳六十里。……頓程帳東南距新添帳六十里，帳西北又三十里至單于庭。」〔註80〕此為當時薛映至遼上京，以及沈括經過上京附近，前往遼道宗駐帳地永安山的路程。但是劉敞在經過臨都館之後，接下來所經過的館驛，卻與薛映、沈括二人行程上所提到的館驛名稱並不相同，而且也未見有其他宋使節在使遼詩中提及。

因為根據劉敞的使遼詩，他在過了臨都館之後，又經過麃子嶺、黑河館，抵達遼上京，並且有作詩〈臨都館〉，說：

> 攬轡歲空盡，蕭條萬里間。向來貂已敝，此去鬢宜班。雪沒前王帳，
> <small>自注：中京，契丹前王廷也。</small>沙連右地山。<small>自注：上京，契丹右地也。</small>星回陽
> 氣復，吾亦至幾還。〔註81〕

〈宿麃子嶺穹廬中此嶺無水，往來驛人常擔水自隨也〉，說：

> 千山雪遠帳廬寒，一半冰消塞井乾。憶臥衡門甘泌水，可憐孤枕未
> 曾安。〔註82〕

〈麃子嶺帳館寄隱直〉，說：

> 離腸易感歲華催，更席龍沙望紫台。持節不眠宵自永，聽笳無事淚
> 空摧。扁舟何處山陰雪，驛使他年嶺上梅。欲寄一書愁已亂，天邊
> 應候客星回。〔註83〕

〈黑河館連日大風〉，說：

> 空桐倚不周，近戴北斗魁。上天限中外，自古常風霾。我行迫隆冬，
> 周覽窮荒回。魑魅醜正直，共工負其材。初如百萬兵，鳴鼓天上來。
> 日月慘不光，星辰為之頹。又如海水翻，洪洞奔天臺。四顧無復人，
> 但聽萬壑雷。搖山墮危石，略野荒纖荄。鳥雀失食悲，虎豹亡群哀。
> 大叫不自聞，卻行尚欲摧。而我仗漢節，何由脫氛埃。先王外荒服，

〔註80〕〔宋〕沈括，《熙寧使虜圖抄》，收錄於趙永春，《奉使遼金行程錄》，頁89～91。

〔註81〕〔宋〕劉敞，〈臨都館〉，《全宋詩》，卷490，頁5942。

〔註82〕〔宋〕劉敞，〈宿麃子嶺穹廬中〉，《公是集》，卷28，頁326。

〔註83〕〔宋〕劉敞，〈麃子嶺帳館寄隱直〉，《公是集》，卷24，頁281。

赤子棄草菜。陰奸竊號令，天網殊恢恢。我車傷崔嵬，我馬勞虺隤。

感彼雞鳴詩，聊以慰永懷。〔註84〕

按，關於「麃子嶺」，據《遼史》〈游幸表〉，說：「（遼興宗）重熙七年九月，射鹿于麃子嶺。」〔註85〕而據賈敬顏〈沈括《熙寧使契丹圖抄》疏証稿〉，說：「麃子嶺帳或麃子嶺穹廬，自是麃駝帳。」〔註86〕以及蔣祖怡、張滌雲《全遼詩話》，說：「麃子嶺穹廬，疑即沈括《熙寧使遼圖抄》中之麃駝帳，位于由中京赴上京中途，松山館以北七十里處。」〔註87〕至於「黑河館」，據賈敬顏在〈沈括《熙寧使契丹圖抄》疏証稿〉提到「里河帳」，說：「里河不可解。里疑黑之誤。黑河帳又必前文大河帳之異名，或大河帳乃黑河帳之訛書。劉敞有〈黑河館連日大風〉詩（《公是集》卷九）。黑河館即黑河帳。」〔註88〕以上為學者對「麃子嶺」、「黑河館」的說法，可供讀者做參考。另按，筆者曾發表過〈遼皇帝接見宋使節的地點〉〔註89〕一文，提到除了劉敞同一梯次的宋使節，是在宋仁宗至和二年前往遼上京之外，尚有薛映、張士遜、李行簡、馮元、張宗益、蘇頌等宋使節，在不同的時間前往遼上京。其中目前能見及薛映所撰的《薛映記》以及蘇頌所撰的〈前使遼詩〉、〈後使遼詩〉〔註90〕也都未提到麃子嶺、黑河館。因此為何目的地相同，而所經館驛名稱卻不相同的問題，尚有待日後學者加以考証確定。筆者在此再提出另一類似的問題，即是劉敞有一首使遼詩〈金山館〉，說：

出塞二千里，荒亭無四鄰。貪烏飢攫肉，狡兔急投人。短短西隅日，

冥冥北路塵。腰間丈二組，空愧漢廷臣。〔註91〕

但是「金山館」的名稱，在其他宋使節的《使遼語錄》和使遼詩中也是均未見有提及者。

〔註84〕〔宋〕劉敞，〈黑河館連日大風〉，《公是集》，卷9，頁96～97。

〔註85〕〔元〕脫脫，《遼史》，卷68，表第6，游幸表，頁1064～1065。

〔註86〕賈敬顏，〈沈括《熙寧使契丹圖抄》疏証稿〉，收錄於《五代宋金元人邊疆行記十三種疏証稿》（北京：中華書局，2004年8月），頁159。

〔註87〕蔣祖怡、張滌雲編，《全遼詩話》（長沙：岳麓書社，1992年5月），頁278。

〔註88〕賈敬顏，〈沈括《熙寧使契丹圖抄》疏証稿〉，收錄於《五代宋金元人邊疆行記十三種疏証稿》，頁167。

〔註89〕蔣武雄，〈遼皇帝接見宋使節的地點〉，《東吳歷史學報》第14期（台北：東吳大學，2005年12月），頁223～252。

〔註90〕〔宋〕蘇頌，《前使遼詩》、《後使遼詩》，《蘇魏公文集》（台北：青友出版社，1960年），卷13，頁1～7。

〔註91〕〔宋〕劉敞，〈金山館〉，《公是集》，卷22，頁256。

（五）賀遼法天皇太后生辰，與後至的歐陽修相逢

劉敞出使遼國，既然其主要任務是要祝賀遼法天皇太后的生日，因此除了晉見遼道宗之外，其晉見遼皇太后、朝賀遼皇太后生辰，以及向遼皇太后辭行等禮儀，當然也是其此行重要的交聘活動。而關於宋使節晉見遼皇太后的禮儀，據《遼史》〈禮志〉「宋使見皇太后儀」，說：

> 宋使賀生辰、正旦。至日，臣僚昧爽入朝，使者至幕刺。臣僚班齊，
> 皇太后御殿坐。……中書令、大王西階上殿，奏宋使并從人牓子訖，
> 就位立。……次引宋使副六人於東洞門入，丹墀內面殿齊立。閤使
> 自東階下，受書匣，使人捧書匣者皆跪，閤使搢笏立，受書匣。自
> 東階上殿，欄內鞠躬，奏「封全」訖，授樞密開封。宰臣對皇太后
> 讀訖，引使副六人東階上殿，欄內立。使者搢生辰節大使少前，使
> 者俛伏跪，附起居訖，起，復位立。次引賀皇太后正旦大使，附起
> 居，如前儀。皇太后宣問「南朝皇帝聖躬萬福」，舍人搢生辰大使并
> 皇太后正旦大使少前，皆跪，唯生辰大使奏「來時聖躬萬福」，皆俛
> 伏，興。引東階下殿，丹墀內面殿齊立。……先引宋使副西階下殿，
> 西洞門出，次搢臣僚出畢，報閤門無事。皇太后起。〔註92〕

《遼史》〈禮志〉「皇太后生辰朝賀儀」，則提到宋使節和遼臣一起朝賀皇太后生辰的情形，說：

> 至日，臣僚入朝，國使至幕，班齊，如常儀。皇太后昇殿坐，皇帝
> 東面側坐。契丹舍人殿上通名，契丹、漢人臣僚，宋使副綴翰林學
> 士班，東西兩洞門入，合班稱賀，班首上殿祝壽，分班引出，皆如
> 正旦之儀。……契丹臣僚謝宣宴，引上殿就位立，漢人臣僚并宋使
> 副東洞門入，面西謝宣宴，如正旦儀。贊各上殿祗候，臣僚、使副
> 上殿就位立，亦如之。……若皇帝親賜使相、臣僚、宋使副酒，皆
> 立飲。皇帝昇坐，贊應坐臣僚并使副皆拜，稱「萬歲」。……應聖節，
> 宋遣使來賀生辰、正旦，始制此儀。〔註93〕

及至宋使節祝賀遼皇太后生辰的交聘活動結束之後，其必須向遼皇太后辭行，因此據《遼史》〈禮志〉「賀生辰正旦宋使朝辭太后儀」，說：

〔註92〕〔元〕脫脫，《遼史》，卷51，志第20，禮志4，賓儀，頁848～850。
〔註93〕〔元〕脫脫，《遼史》，卷53，志第22，禮志6，嘉儀下，頁867～868。

臣僚、使副班齊，如曲宴儀。皇太后升殿坐，殿前契丹文武起居、
上殿畢。宰臣奏宋使副、從人朝辭牓子畢，就位立。舍人引使副北
洞門入，面南鞠躬。……殿上揖應坐臣僚并使副就位鞠躬。贊拜，
稱「萬歲」。贊各就坐。行湯、行茶畢，揖臣僚并南使起立，與應坐
臣僚鞠躬。贊拜，稱「萬歲」。贊各祇候，立。引使副六人於欄內拜
跪，受書匣畢，直起立，揖少前，鞠躬，受傳答語訖，退。於北階
下殿，丹墀內面殿鞠躬。舍人贊「各好去」，引出。臣僚出。〔註94〕

以上三項記載，筆者認爲在劉敞《使遼語錄》失傳的情況下，應可以做爲我
們了解劉敞在遼上京，祝賀遼法天太后生辰交聘活動的參考。

　　在劉敞抵達遼上京約八、九天之後，也就是其祝賀遼法天太后生辰的交
聘活動接近尾聲時，歐陽修也抵達遼上京。當時劉敞爲「契丹國母生辰使」，
據《遼史》〈道宗本紀〉，說：「十二月……戊子（五日），應聖節，上太皇太
后壽。」〔註95〕因此劉敞可能是在十二月五日之前一兩天到達遼上京。至於
歐陽修是「賀契丹登寶位使」，據《遼史》〈道宗本紀〉，說：「十二月……丙
申（十三日），宋遣歐陽修等來賀即位。」〔註96〕可知歐陽修應該是在十二
月十三日前一兩天抵達遼上京。而據《長編》卷二六二，說：「故事：使者
留京，不過十日。」〔註97〕這表示當時宋遼兩國的使節在對方京城（或遼皇
帝駐帳地）進行交聘活動時，逗留的日數最多不能超過十天。〔註98〕因此大
概在劉敞將要啓程返宋離開遼上京的前兩三天，與剛抵達遼上京的歐陽修相
逢。這眞是難得的情形，因爲兩人經過長途的跋涉之後，終於在異國的京城
相逢了，使兩人的心情都很興奮、激動。劉敞在〈逢永叔〉詩有特別的描述，
說：

絕域逢君喜暫留，舉杯相屬問刀頭。久持漢節旄空盡，獨拜穹廬死
可羞。醉裏歲華驚易老，愁邊溝水愴分流。玉關生入知無恨，不願
張騫博望侯。〔註99〕

〔註94〕〔元〕脫脫，《遼史》，卷51，志第20，禮志4，賓儀，頁852～853。

〔註95〕〔元〕脫脫，《遼史》，卷21，本紀第21，道宗1，頁253。

〔註96〕註同前。

〔註97〕〔宋〕李燾，《長編》，卷262，宋神宗熙寧八年四月丙寅條，頁6。

〔註98〕可參閱蔣武雄，〈宋遼使節逗留對方京城日數的探討〉，《空大人文學報》第12
　　　　期（台北：空中大學人文學系，2003年12月），頁197～212。

〔註99〕〔宋〕劉敞，〈逢永叔〉，《公是集》，卷23，頁268。

而歐陽修在回國之後,作詩〈重贈劉原父〉,也提到:

> 憶昨君當使北時,我往別君飲君家。……自言我亦隨往矣,行即逢
> 君何恨邪?豈知前後不相及,歲月匆匆行無涯。古北嶺口踏新雪,
> 馬盂山西看落霞。風雲暮慘失道路,磵谷夜靜聞麎麚。行迷方向但
> 看日,度盡山險方逾沙。客心漸遠誠易感,見君雖晚喜莫加。我後
> 君歸只十日,君先躍馬未足誇。新年花發見回雁,歸路柳暗藏嬌鴉。
> 而今春物已爛漫,念昔草木冰未芽。〔註100〕

從這兩首詩,我們可以感受到劉敞與歐陽修彼此之間確實有深厚的友誼,而
且其兩人在遼上京相逢,是一件多麼令他們珍惜與難忘的事情。

(六)南返,與歐陽修辭別,離遼上京,返經中京、鹿兒館、柳河館、古北口

　　前文提到劉敞約在十二月五日的前一兩天抵達遼上京,因此依據當時宋
遼外交慣例,使節最多只能逗留對方京城十天來計算,可以推測劉敞約在十
二月十日之後兩三天,離開遼上京,準備返宋。而歐陽修則至少逗留至十二
月二十日左右才啓程返宋離開遼上京。因此劉敞作詩〈留別永叔〉,說:

> 回車欲度幕南庭,此地那知眼界青。老覺鬢毛俱種種,醉看風物盡
> 冥冥。平時慟哭休論事,遠別悲歌更忍聽。且共春風同入塞,憶君
> 時計短長亭。〔註101〕

顯現出兩人離別依依的情懷。

　　劉敞離遼上京時,曾作詩〈過臨潢口號〉,說:

> 雲消歸路暖無塵,試學章臺走馬身。塞柳關榆莫相惱,小園桃李解
> 迎人。〔註102〕

按,此處「臨潢」應是指遼上京臨潢府,而且從此首詩的內容,可知劉敞已
經從遼上京啓程返宋,因此其心情頗爲輕鬆,並且想像著家中庭園的桃李,
屆時將迎接他的歸來。

　　劉敞離遼上京,在返至遼中京的途中,與擔任正旦使,正在前往遼上京
的范鎮(范景仁)、李復圭(李審言)相遇。因此劉敞有作詩〈姚家寨道中逢
李諫議〉,說:

〔註100〕同註15。
〔註101〕〔宋〕劉敞,〈留別永叔〉,《公是集》,卷23,頁275。
〔註102〕〔宋〕劉敞,〈過臨潢口號〉,《公是集》,卷28,頁326。

蕭蕭歸騎歷崔嵬，一見塵中耳目開。授里同為萬里使，望雲先識二星回。北荒鵬躍南溟去，西極馬循東道來。世上應無此別遠，留連彊盡手中杯。〔註103〕

以及〈逢范景仁李審言二諫議〉，說：

怪來原隰滿光華，不意相逢天一涯。久別班荊情未易，少留傾蓋日空斜。山連木葉千峯雪，地逼龍城萬里沙。深愧壯心輕遠適，自嫌憔悴聽悲笳。〔註104〕

另外，劉敞既然已經結束在遼上京的交聘活動，行走於返宋的途中，使他急於向宋朝廷和家人報平安，因此當其返經遼中京時，作詩〈過中京走馬上平安奏狀〉，說：

載驅冬歲拯河源，北廷在橫（潢）水北，云自天潢也。狀奏今朝款帝閽。目斷白雲浮魏闕，心先飛騎向中原。揣摩詎試衡人術，感激空銜國士恩。猶使匈奴戴黃屋，南歸慚弔陸生魂。〔註105〕

以及〈過中京後寄和貢兩弟〉詩，說：

歸鞍躒躞弄輕塵，滿眼韶光破宿雲。去國幾愁歌白紵，上天真喜望緹群。華林雪盡鶯先囀，廣陌風多草競薰。我欲還家千日飲，益須釀酒張吾軍。〔註106〕

而在返經鹿兒館時，劉敞也作〈朱橋鹿兒館前〉詩，說：

朱橋柳映潭，忽見似江南。風物依然是，登臨昔所諳。犬聲寒隔水，山氣晚成嵐。留恨無人境，幽奇不盡探。〔註107〕

顯然劉敞的心情在此時充滿了欣喜的感覺。

不久，劉敞在返經柳河館時，作詩〈柳河〉，說：

相望不容三日行，多岐無奈百長亭。欲知河柳春來綠，正似山松雪後青。〔註108〕

關於此首〈柳河〉詩，筆者另查閱《全宋詩》卷四八八，也有收錄〈柳河〉詩，內容相同，但是在詩題下有注文，說：「名賢本、明抄本等題作〈十二月

〔註103〕〔宋〕劉敞，〈姚家寨道中逢李諫議〉，《公是集》，卷23，頁266～267。
〔註104〕〔宋〕劉敞，〈逢范景仁李審言二諫議〉，《公是集》，卷23，頁267。
〔註105〕〔宋〕劉敞，〈過中京走馬上平安奏狀〉，《公是集》，卷24，頁281。
〔註106〕〔宋〕劉敞，〈過中京後寄和貢兩弟〉，《公是集》，卷25，頁289～290。
〔註107〕〔宋〕劉敞，〈朱橋〉，《公是集》，卷20，頁228。
〔註108〕〔宋〕劉敞，〈柳河〉，《公是集》，卷28，頁333。

二十七日宿柳河館，聞永叔是日宿松山，作七言寄之〉。……。」〔註109〕可知此爲〈柳河〉詩的另一詩題。筆者再查閱《宋百家詩存》，也查得劉敞此一首詩的詩題，爲〈十二月二十七日宿柳河館，聞永叔是日宿松山，作七言寄之〉，只是內容稍有不同，其說：

> 相望不容三日行，多岐無奈百長亭。欲知河柳春來綠，正似松山雪
>
> 後青。〔註110〕

雖然有「山松」與「松山」的不同，但是我們從以上所論，已可知該日劉敞宿於柳河館，並且聞知歐陽修也在返宋的行程上，已行至松山館，因此作此首詩寄予歐陽修。另外，劉敞在柳河館時，也作有〈山暖柳河館〉詩，說：

> 通谷近中原，初陽生舊年。欣欣林動色，漠漠野浮烟。鳴雉飛朝日，
>
> 新芽發暖泉。東風彊人意，車馬亦翩翩。〔註111〕

此首詩顯現出其在返國途中，心情放鬆，而且又遇暖天，因此詩中內容頗有寒盡春來的感覺。

劉敞返經柳河館之後，過兩天返至古北口，因爲正值除夕日，因此作〈古北口守歲二首〉詩，說：

> 春渡遼東海，星回幕北天。悠悠鄉國別，明日便經年。
>
> 山盡寒隨盡，燕北諸山盡于此春歸客亦歸。一杯分歲酒，送臘強依依。
>
> 〔註112〕

翌日即是元旦，劉敞從古北口出發，又作有〈元日發古北口寄禹玉直孺昌言三閣老初入燕境〉詩，說：

> 桂酒椒盤共發春，山川雖舊物華新。仲尼魯史王正月，秦帝河圖歲
>
> 甲寅。今年歲至甲寅，與河圖天元同。玉殿聳聞斠白獸，火城想見接清塵。
>
> 應憐二使星安在，北斗杓端析木津。〔註113〕

〔註109〕〔宋〕劉敞，〈柳河〉，收錄於《全宋詩》，卷488，頁5916。

〔註110〕〔宋〕劉敞〈十二月二十七日宿柳河館，聞永叔是日宿松山，作七言寄之〉，收錄於曹廷棟編，《宋百家詩存》，《文淵閣四庫全書》（台北：台灣商務印書館，1983年10月），卷4，頁44。

〔註111〕〔宋〕劉敞，〈山暖〉，《公是集》，卷21，頁249。

〔註112〕〔宋〕劉敞，〈古北口守歲二首〉，《公是集》，卷27，頁324。

〔註113〕〔宋〕劉敞，〈元日發古北口寄禹玉直孺昌言三閣老〉，《公是集》，卷25，頁294。

（七）經檀州、順州，返抵宋邊鎮雄州，再至冀州

劉敞返經遼檀州時，作有〈檀州正月二日〉詩，說：

> 窮谷回看盡，孤城平望遙。自古北口山至此都盡市聲衢日集，此州衢日市
> 集海蓋平時消。每旦海氣如霧，至午消盡，土人謂之海蓋冠帶才通漢，山川
> 更入遼。春風解冰雪，最覺馬蹄驕。〔註114〕

從詩題的注文「正月二日」，可知其行程在此時已返行至此地，而且從此首詩的內容也可知其已經行至平地，並且逐漸接近宋邊境，因此又作有〈順州聞角〉詩，說：

> 北山三千里，歸來已近邊。如何聞鼓角，晨坐更悽然。〔註115〕

另外，劉敞返經遼南京附近時，曾作詩〈紅玉誰家女燕中記所見〉，說：

> 紅玉誰家女，雙瞳如水流。映花看漢使，不覺墜搔頭。紅玉誰家女，
> 明豔奪青春。羞人不得語，含笑卻成嚬。翠霞金縷衣，獨立黟斜暉。
> 無奈春風蕩，吹人只欲飛。春風能吹衣，不能解人意。使我為朝雲，
> 與君從此逝。〔註116〕

此首詩顯現出劉敞浪漫一面的感情，也因為是在返宋的途中，才有如此的雅興吧？

劉敞在此路段，也作〈答張給事中途中微雪見寄四韻〉詩，說：

> 空行萬里塞，不見六花飛。自北庭回，三十餘程，未嘗見雪今日傳清唱，
> 端來點客衣。度關迷馬色，拂樹散春暉。不減山陰興，從軍中夜歸。
> 〔註117〕

依據此首詩中的注文「自北庭回，三十餘程」，可知劉敞作此詩，應是正行走於返程幽州至白溝驛的路段。

及至劉敞進入宋本國境內，返抵宋邊鎮雄州時，有作詩〈雄州留寄醉翁〔歐陽修〕〉，說：

> 沙漠惟逢雪，燕谿不見春。聊將曾折柳，留待未歸人。〔註118〕

按，劉敞應該是在一月七日返抵雄州，因為據後來也曾擔任生辰使的蘇轍，在其使遼詩〈贈知雄州王崇拯二首〉，其中有一句，說：「使君約我南來飲，

〔註114〕〔宋〕劉敞，〈檀州〉，《公是集》，卷19，頁214。
〔註115〕〔宋〕劉敞，〈順州聞角〉，《公是集》，卷27，頁319。
〔註116〕〔宋〕劉敞，〈紅玉誰家女〉，《公是集》，卷27，頁321。
〔註117〕〔宋〕劉敞，〈答張給事中途中微雪見寄四韻〉，《公是集》，卷22，頁261。
〔註118〕〔宋〕劉敞，〈雄州留寄醉翁〉，《公是集》，卷27，頁323。

人日河橋柳正黃。」在此句之下有注文，說：「生辰使例以人日還至雄州。」〔註119〕而「人日」即是一月七日。

劉敞返經雄州之後，即進入宋本國境內，後來行至冀州時，有友人為其接風，因此撰有〈冀州正月十六日飲席〉詩，說：

> 月缺雪殘雲亂飛，千燈相照續長輝。寒歎短夜禁杯酒，春入東風試舞衣。老惜佳辰經歲得，醉驚陳跡出門非。漁陽鼓節尤悲壯，知我心從萬里歸。〔註120〕

據前文提到劉敞從宋汴京啟程赴遼，約十天時間行至冀州，因此據此推測劉敞返至宋汴京時，應該是在宋仁宗至和三年（此年九月，改元嘉祐）正月二十六日左右。

四、結　論

綜合以上對劉敞使遼行程的討論，筆者有下列幾點體認：

（一）期待有輯錄完整的使遼詩出版——從以上的討論，使我們體認到，在劉敞《使遼語錄》未能傳至今世的情況下，幸好其有留存約五十首的使遼詩，使我們得以大概知道其使遼的行程、事蹟與感懷，可見使遼詩在研究宋遼外交與遼代史事上，確實具有很高的史料價值。但是目前有關收錄使遼詩的書籍，例如蔣祖怡、張滌雲所編《全遼詩話》〔註121〕與趙永春所編《奉使遼金行程錄》，都只收錄了某些宋使節的某些使遼詩，並沒有完整的全部加以收錄，筆者認為可能也是面臨本文前言中所述及的問題吧？因此筆者非常期待日後有學者能突破此些困難，輯錄完整的使遼詩出版，則將是一件令人可喜的事情。

（二）使遼路程是一段令人身心俱疲的艱辛行程——當時宋朝廷每年所派的使遼生辰使、正旦使，往往是在冬天赴遼，因此在嚴寒天氣之下，往返跋涉數千里，對其身心而言，均是一種煎熬。筆者曾撰有〈從宋人使北詩論使遼旅程的艱辛〉〔註122〕一文，即是在強調宋使節在使遼時身心的感受。而我們從劉敞所作詩〈苦寒行〉，說：

〔註119〕〔宋〕蘇轍，〈贈知雄州王崇拯二首〉，《欒城集》（台北：台灣商務印書館，四部叢刊初編本，1965年12月），卷16，頁194。

〔註120〕〔宋〕劉敞，〈冀州正月十六日飲席〉，《公是集》，卷24，頁281～282。

〔註121〕蔣祖怡、張滌雲編，《全遼詩話》，頁265～333。

〔註122〕可參閱蔣武雄，〈從宋人使北詩論使遼旅程的艱辛〉，收錄於《史學與文獻》（三），（台北：東吳大學歷史系，2001年4月），頁99～117。

驅馬涉長磧，千里徑無草。天寒日光淡，積雪常杲杲。勁風裂肌膚，
狐狢甚魯縞。況我被甲鎧，寢遲起常早。崔嵬陟高山，日落尚遠道。
人生各有命，豈憚事退討。飲冰傷心骨，重趼如巨棗。義深自勗勵，
身賤寧要好。親戚何可逢，功名未自保。少年慕壯健，我獨貴踈老。
〔註 123〕

以及〈馬上口占〉詩，也可以體會這種情形，其說：

冰澗縱橫水，風松高下聲。遠遊應易老，跋馬更凝情。〔註 124〕

可見劉敞認為在冰天雪地中艱辛遠行，在身心俱疲的情況下，尤其容易催人
老。

另外，宋使節遠離家國，其思鄉之情也常牽掛於心中，例如劉敞在返程
途中，曾作〈寄書〉詩，訴說自己返回家園的情形，其說：

十里一反顧，五里一徘徊。悠悠三千里，莫知我心哀。客愁紛無涯，
歲月忽如擲。人生莫自料，皓首豈易測。節旄未落歸去來，天遣春
風隨我回。入朝寧食建業水，還家卻賦南山雷。婦能秦聲妾趙舞，
稚子可使行久杯。急須為樂娛日夜，何事憔悴淹塵埃。行矣乎，歸
去來。〔註 125〕

還有我們從前文所舉劉敞的使遼詩，可以發現有多首均述及其思鄉的情懷，
因此在詩中特別提到「惟記長安白日邊」、「更覺長安遠」。但是他作〈在北得
家書〉詩，卻說：

論從定約欲車回，笑領雙魚手自開。便覺長安近于日，不聞人自日
邊來。〔註 126〕

顯然當劉敞得到家書時，反而在欣喜中覺得宋汴京也並沒有多遠，至少不比
太陽遠。這種心境的轉變，使我們益加體認劉敞行走於使遼途中，其鄉愁應
該是很濃厚的。

　　（三）宋使節在使遼往返途中彼此的互動——由於宋遼交聘活動頻繁，
使宋使節在往返途中彼此的互動，不僅包括同行使副的互動，也包括與同梯
次卻不同行的使副的互動。因此從前文的討論，我們可發現在劉敞的使遼詩

〔註 123〕〔宋〕劉敞，〈苦寒行〉，《公是集》，卷 15，頁 162。
〔註 124〕〔宋〕劉敞，〈馬上口占〉，《公是集》，卷 27，頁 323。
〔註 125〕〔宋〕劉敞，〈寄書〉，《公是集》，卷 16，頁 184。
〔註 126〕〔宋〕劉敞，〈在北得家書〉，《公是集》，卷 29，頁 344。

中，有多首詩是寄予同梯次但不同行的使副，包括歐陽修、呂公弼、張揽、王道恭、范鎮、李復圭等人。

至於劉敞在使遼往返途中，與同行的副使竇舜卿（字希元）因為所見所聞相同，比較有同樣的感受，因此有幾首詩是呈示給同行的副使竇舜卿，例如作〈觀兒童逐兔輒失之戲呈希元二首〉詩，說：

> 碧眼兒童誇絕倫，競馳犇兔麋飛塵。俯身捷下重岡去，空聽弦歌不見人。滿目蒼山宿草衰，雪殘深谷正多岐。莫將弓箭窮飛走，笑殺黃鬚鄴下兒。竇相州人，髭亦黃。〔註127〕

以及〈自入北界虜人候迎供帳每進益恭少嘗至契丹者皆云異他日示陳副使希元〉，說：

> 和親雖復用諸儒，聖德由來北服胡。天子今成大父行，匈奴自號兒單于。女真守燎羈圍馬，渤海西道奚前驅。塞外始知漢使貴，留犁撓酒直區區。〔註128〕

甚至於在返回宋國之後，劉敞還作詩〈持禮北庭回示希元併寄之翰彥猷當世〉，說：

> 肅承朝命謁穹廬，卻臥空牀涕滿裾。不敢復論天下事，更能重讀篋中書。男兒戰死自無恨，國勢倒懸誰為攄。我本不來人彊我，百年空使愧相如。〔註129〕

記述他和竇舜卿當時兩人一起出使遼國的心志。

〔註127〕〔宋〕劉敞，〈觀兒童逐兔輒失之戲呈希元二首〉，《公是集》，卷29，頁346。

〔註128〕〔宋〕劉敞，〈自入北界虜人候迎供帳每進益恭少嘗至契丹者皆云異他日示陳副使希元〉，收錄於《全宋詩》，卷490，頁5939。關於此一首詩的詩題，蔣祖怡、張滌雲在《全遼詩話》中，說：「此處或有誤。是年劉敞副使乃文思副使竇舜卿。而陳希元為陳堯佐字，曾于宋真宗天禧二年（1018年）為賀遼正旦使，并非副使，亦不合。或許劉敞同行者中有另一姓陳字希元者，亦或此人代竇舜卿為副使赴遼，史籍失載。」（蔣祖怡、張滌雲編，《全遼詩話》，頁279）筆者認為，蔣、張二人在此段注文所作的推測有誤，因為該詩題「……示陳副使希元」，「陳」字可作「呈」字解，而「副使希元」，即是與劉敞同行的副使竇舜卿，因為其字為「希元」。因此可知劉敞當時作此詩，乃是示呈竇舜卿（字希元），而非示陳副使希元（陳堯佐），也無尚有一位陳希元代替竇舜卿為副使赴遼。

〔註129〕〔宋〕劉敞，〈持禮北庭回示希元併寄之翰彥猷當世〉，《公是集》，卷25，頁293。

徵引書目

一、史料

1. 〔宋〕王稱，《東都事略》，台北：文海出版社，1979 年。

2. 〔宋〕包拯，《包孝肅公奏議》，台北：新興書局，1960 年。

3. 〔宋〕李燾，《續資治通鑑長編》，上海：上海古籍出版社，1986 年。

4. 〔宋〕周煇，《清波雜志》，收錄於《唐宋史料筆記叢刊》，北京：中華書局，1994 年。

5. 〔宋〕路振，《乘軺錄》，收錄於趙永春，《奉使遼金行程錄》，吉林：吉林文史出版社，1995 年。

6. 〔宋〕歐陽修《歐陽文忠公文集》（一）《居士集》，台北：台灣商務印書館，1965 年。

7. 〔宋〕劉敞，《公是集》，台北：新文豐出版公司，1984 年。

8. 〔宋〕蘇頌，《蘇魏公文集》，台北：青友出版社，1960 年。

9. 〔宋〕蘇轍，《欒城集》，台北：台灣商務印書館，四部叢刊初編本，1965 年。

10. 〔元〕脫脫，《遼史》，台北：鼎文書局，1978 年。

11. 〔元〕脫脫，《宋史》，台北：鼎文書局，1978 年。

12. 〔清〕曹廷棟編，《宋百家詩存》，《文淵閣四庫全書》，台北：台灣商務印書館，1983 年。

13. 傅璇琮等編，《全宋詩》，北京：北京大學，1988 年。

14. 蔣祖怡、張滌雲編，《全遼詩話》，長沙：岳麓書社，1992 年。

二、近人著作

1. 王民信，《沈括熙寧使虜圖抄箋証》，台北：學海出版社，1976 年。

2. 傅樂煥，《遼史叢考》，北京：中華書局，1984 年。

3. 賈敬顏，《五代宋金元人邊疆行記十三種疏証稿》，北京：中華書局，2004 年。

4. 聶崇岐，《宋史叢考》（下），台北：華世出版社，1986 年。

三、論文

1. 王文楚，〈宋遼驛路及其改遷〉，《歷史地理》第 11 輯，上海：上海人民出版社，1993 年 6 月。

2. 王文楚，〈宋東京至遼南京驛路〉，《古代交通地理叢考》，北京：中華書局，1996 年。

3. 王民信，〈宋朝時期留存的契丹地理資料〉，《書目季刊》8：1，台北：書目季刊出版社，1964 年 6 月。

4. 傅樂煥，〈宋人使遼語錄行程考〉，收錄於傅樂煥，《遼史叢考》，北京：中華書局，1984 年。

5. 賈敬顏，〈沈括《熙寧使契丹圖抄》疏証稿〉，收錄於《五代宋金元人邊疆行記十三種疏証稿》，北京：中華書局，2004 年 8 月。

6. 趙永春，〈宋人出使遼金「語錄」研究〉，《史學史研究》1996 年 3 期。

7. 劉浦江，〈宋代使臣語錄考〉，收錄於《10～13 世紀中國文化的碰撞與融合》，上海：上海人民出版社，2006 年。

8. 蔣武雄，〈從宋人使北詩論使遼旅程的艱辛〉，收錄於《史學與文獻》（三），台北：東吳大學歷史系，2001 年 4 月。

9. 蔣武雄，〈歐陽修使遼行程考〉，《東吳歷史學報》第 8 期，台北，2002 年 3 月。

10. 蔣武雄，〈宋遼使節逗留對方京城日數的探討〉，《空大人文學報》第 12 期，台北：空中大學人文學系 2003 年 12 月。

11. 蔣武雄，〈遼皇帝接見宋使節的地點〉，《東吳歷史學報》第 14 期，台北：東吳大學，2005 年 12 月。

12. 聶崇岐，〈宋遼交聘考〉，收錄於《宋史叢考》（下），台北：華世出版社，1986 年。

13. Wright,David Curtis. *Sung-Liao diplomatic practices*（Princeton:Princeton University Ph.D.Dissertation,1993），

14. Wright, David Curtis, *From war to Diplomatic Parity in Eleventh-Century China: Sung's Foreign Relations With Kitan Lia*o（Boston: Brill Academic Pub,2005）

（《東吳歷史學報》第 30 期，民國 102 年 12 月）

宋臣韓縝與宋遼劃界交涉始末

摘　要

　　在宋遼河東劃界交涉的過程中，宋神宗與韓縝是全程參與者，因此本文專就韓縝受宋神宗的指示，如何與遼方進行交涉、會勘，以及後來如何受到指責，加以論述，並且在結論中，提到宋遼劃界交涉過程中，宋神宗是宋朝方面的主持者、指揮者、詔令者、批示者、決策者，而韓縝是奉詔令、批示的執行者、會勘者、交涉者，因此宋神宗與韓縝二人應對宋朝棄地負責。但是畢竟在當時遼強宋弱的形勢下，宋朝君臣最後只好做出讓步的決定。而在結束劃界交涉後，因為宋朝廷新舊黨爭，造成新黨勢衰，舊黨勢興，遂使新黨人士在宋神宗時期的所作所為，包括宋遼劃界交涉方面的表現，也都被加以否定與指責，甚至於在史書檔案文獻中留下許多偏頗、失真的言論記載。因此在今日，我們很有可能受此些史料誤導的情況下，要來論定宋朝的君臣哪一兩位必須為宋遼河東劃界交涉事件負責，似乎都必須持著保留的態度。

關鍵詞：宋、遼、韓縝、外交、劃界交涉。

一、前　言

　　關於在宋神宗（1048～1085）熙寧六年（遼道宗咸雍九年，一○七三年）至九年（遼道宗（1032～1101）大康二年，一○七六年）之間，宋遼兩國所進行的河東劃界交涉，可說是宋遼外交關係史上的一件大事。因此長期以來有許多學者曾經針對此一史實，從幾個面向作了深入的探討，例如有專從遼國角度論述宋遼劃界交涉的原因、〔註1〕有討論宋國最後棄地是五百里或七百里、〔註2〕有論述沈括（1031～1099）與宋遼劃界交涉、〔註3〕有研究熙寧變法和宋遼劃界交涉的關係、〔註4〕有從邊界地理考據角度論熙寧劃界事件、〔註5〕也有從政治與地理概念分析宋遼劃界。〔註6〕

　　然而學者們討論最熱絡的，是為王安石（1021～1086）作辯誣，認為王安石並不是應該為宋國棄地事件負責的人，〔註7〕而是宋神宗和韓縝（1019～1097）才對。關於這種說法，鄧廣銘在《北宋政治改革家王安石》第五章〈王安石對待敵國外患的決策〉，說：

> 關於代北三州重劃地界的交涉，到此，基本上已告結束，而且，基本上是以屈從契丹的要求之處為多。其中每一步驟和每一細節，全都在宋神宗的親自過問和授意之下進行的。……假如韓縝的這種「辱命蹙國」的行徑確實是秉承著王安石的「風旨」而幹出來的，則在蘇轍、呂陶兩人的奏章中斷無把王安石放過不提之理；兩人既全未

〔註1〕毛利英介，〈一○七四から七六年におけるキタイ（遼）、宋間の地界交涉發生の原因について――特にキタイ側の視點から〉，《東洋史研究》第62卷第4號，2004年3月，頁1～31。

〔註2〕李之勤，〈熙寧年間宋遼河東邊界交涉研究―王安石棄地數百里說質疑〉，《山西大學學報》（哲學社會科學版），1980年第1期，頁18～24。

〔註3〕彭鳳萍，〈淺析沈括使遼地界誤朝說〉，《益陽師專學報》第22卷第1期，2001年1月，頁60～62。

〔註4〕郭洪敏，〈論熙寧變法與宋遼劃界〉，（東北師範大學碩士論文，2005年5月）。

〔註5〕彭山杉，〈封陲之守――宋遼河東熙寧劃界諸層面〉，（復旦大學歷史碩士論文，2012年4月）。

〔註6〕藍克利，〈政治與地理論辯～1075年的宋遼邊界談判〉，收錄於《慶祝鄧廣銘教授九十華誕論文集》（石家莊：河北教育出版社，1997年），頁182～197。

〔註7〕例如有李之勤，〈熙寧年間宋遼河東邊界交涉研究――王安石棄地數百里說質疑〉，《山西大學學報》（哲學社會科學版），1980年第1期，頁18～24；〈最早誣蔑王安石棄地的不是邵伯恩而是蘇轍〉，《西北大學學報》（哲學社會科學版），1980年第3期，頁65～69。

提及，可知這事只能由韓縝負責。至於指定韓縝去負責結束這次地界之爭，并指示他對契丹採取讓步政策的，則是宋神宗，……。總之，韓縝辦理這次交涉，只是秉承了神宗的旨意，而絕對沒有秉承什麼「荊公（王安石）風旨」。〔註8〕

鄧先生這段話雖然是爲王安石做辯駁，但是也很明顯地提出該爲棄地事件負責的人，其實就是宋神宗和韓縝兩人。

陶晉生在《宋遼關係史研究》第六章〈王安石的對遼外交政策〉，說：

值得注意的是從這一次討論（一○七五年七月十六日丙子）以後，直到韓縝與契丹使人談出結果，即一○七六年（熙寧九年）十一月，《長編》中不再記載宋遼交涉中王安石的意見，祇有神宗批給韓縝的詔書和御札。而王安石也在最後協議達成之前，同年的十月，已經第二次罷相了。十一月，韓縝沿分水嶺重畫地界後，結束了畫界交涉。……史料顯示的是神宗完全直接主持大計，指揮韓縝。〔註9〕

另外，陶晉生在〈宋遼邊界交涉的問題〉，也說：

從宋方決策的經過來看，盡管多數人反對棄地，最後神宗還是對遼人讓步。當時皇帝握有最後的裁決大權，從邊界糾紛也可以看出這個問題。〔註10〕

陶先生這兩段話也是指出在劃界交涉過程中，是由宋「神宗完全直接主持大計，指揮韓縝」。

郭洪敏在其碩士論文〈論熙寧變法和宋遼畫界〉〔摘要〕，則說：

1、……。2、……從時間上看，王安石在劃界談判進行的時候，已經不在宋神宗的權力中心內了，他的意見不可能左右宋遼劃界的結果；此時的宋神宗各方面日趨成熟，完全有能力掌握變法和談判。因此宋神宗才是在劃界事件中起主導作用的人，割地棄土的千古罪名不該由王安石來背負。3、宋神宗作爲北宋比較有作爲的皇帝，一直以英明神武，勵精圖治著稱，不允許有人懷疑他，但是「劃界棄

〔註8〕 鄧廣銘，《北宋政治改革家王安石》（北京：北京人民出版社，1975年），頁260～271。

〔註9〕 陶晉生，〈王安石的對遼外交政策〉，《宋遼關係史研究》（台北：聯經出版事業公司，1990年），頁153～156。

〔註10〕 陶晉生，〈宋遼邊界交涉的問題〉，《宋遼關係史研究》（北京：中華書局，2008年），頁139。

地」這樣的大事必須要有人承擔責任，於是在當時黨爭激烈，變法派失勢的情況下，王安石成了替罪羊。〔註11〕

而在〈結語〉中，也說：

> 在畫界過程中，北宋王朝在有大量證據的情況下，接受了遼朝無理要求，劃定了國界，損失了國家領土。而所有這一切最終都是在宋神宗的主導下進行的，而王安石卻替他背負了這千古的罵名。〔註12〕

郭女士這兩段話也是強調「宋神宗才是在劃界事件中起主導作用的人」。

雖然也有學者認為王安石還是必須為棄地負責，〔註13〕但是從以上幾位學者的說法，我們可知當時宋遼劃界交涉，最後造成宋國棄地的結果，其實最該負責的是宋神宗和受其詔示指揮與遼臣談判終致棄地的韓縝。筆者也頗認同此一說法，但是當筆者詳閱學者們此一方面的討論時，卻發現學者們對於當時宋神宗在宋遼劃界交涉事件上的態度如何，其對韓縝有何詔示，而韓縝有哪些作為，以及韓縝後來受到哪些人如何的指責，諸如此類的問題似乎並未加以詳細論述，以致使此一說法尚有一些不明之處。因此筆者特別以〈宋臣韓縝與宋遼劃界交涉始末〉為題，專就韓縝在宋神宗的指示下，如何進行宋遼劃界交涉的過程，作一比較詳細的論述。也就是筆者認為在整個宋遼河東劃界交涉事件中，韓縝其實是涉入最深的宋臣，因為其在宋神宗的詔令下，不僅曾兩次擔任館伴使與遼使爭辯；也曾為此事件出使遼國；甚至直接至河東與遼臣一起進行劃勘地界的工作，把最後的結果向宋神宗做報告。因此從韓縝的角度來了解宋遼河東劃界交涉的史實，應是一個值得嘗試的方向與做法。至於王安石和沈括在劃界交涉過程中的言行表現，因為已經有多位學者作過討論與評價，因此筆者在本文中即儘量不予論述。

二、宋遼劃界交涉的背景

關於所謂的「河東地界」，以宋國而言，是指代州、寧化軍、岢嵐軍、火

〔註11〕郭洪敏，〈論熙寧變法和宋遼畫界〉，〔摘要〕，頁1。

〔註12〕郭洪敏，〈論熙寧變法和宋遼畫界〉，頁28。

〔註13〕《東方飛龍的日記》，〈司馬光、王安石到底誰棄地〉，http：//www.douban.com/note/332049639/2014-02-23。該文論述頗嚴謹，引據多本史書，具有參考價值和可用性。

山軍等與遼邊境接壤的地區；以遼國而言，則是指蔚州、應州、朔州等與宋邊境交界的地區。起初在宋真宗（968～1022）時期，宋遼兩國是將此地區設為禁地，禁止雙方民戶居住和耕種，以做為避免衝突的緩衝地區。但是至宋仁宗（1010～1063）時期，雙方開始在此地區發生邊界糾紛，例如在宋仁宗慶曆元年（遼興宗（1016～1055）重熙十年，一○四一年）五月十一日，「代州言：『陽武寨有北界人侵耕禁地，蓋由前寨主彌文寶等失巡防所致。請自今緣邊諸寨有失巡防致北界侵耕者，準透漏賊盜條論罪。』從之。」〔註14〕同年十二月五日，「代州言：『契丹舊封界在蘇直等見耕之地，而近輒移文，欲以故買馬城為界，慮寖有侵耕不便。』詔本府牒論之。」〔註15〕可見遼人確實曾經侵耕河東禁地。甚至於在慶曆五年（遼興宗重熙十四年，一○四五年）二月，歐陽修（1007～1072）上書中，也提到此事，說：「代州、岢嵐、寧化、火山四州軍緣邊地既不耕，荒無定主，而敵得以侵占，往時代州陽武寨為蘇直等爭界，訟久不決，卒侵地二三十里。」〔註16〕

而當時兩國處理的情況，據後來沈括在宋神宗熙寧八年（遼道宗咸雍十一年，一○七五年）使遼時，說：「最先北朝重熙十一年，北朝差教練使王守源、副巡檢張永、勾印官曹文秀；南朝差陽武寨都監翟殿直、崞縣令教練使吳岊同行定奪，以黃嵬大山腳下為界，自後順義軍累有公牒，皆稱黃嵬大山腳下為界，……。」〔註17〕雖然是由宋遼兩國官員共同定奪侵界事宜，但是其實等於遼方將其邊界往南延伸二十里。〔註18〕

至宋仁宗皇祐五年（遼興宗重熙二十二年，一○五三年）正月，韓琦（1008～1075）知并州，曾特別立石於黃嵬為界。據《續資治通鑑長編》（以下簡稱《長編》）卷一七四，說：「……韓琦為武康節度使知并州。……琦至并州，……寧化軍天池顯應廟在禁地中，久不葺，契丹冒有之。琦遣鈐轄蘇安靜抵境上，召其酋豪論曰：『爾嘗求我修池神廟，得爾國移文固在，今曷為見侵也？』契丹無以對，遂歸我冷泉村。代州陽武寨地，舊用黃嵬山麓為界，契丹侵耕不

〔註14〕〔宋〕李燾，《續資治通鑑長編》（以下簡稱《長編》）（北京：中華書局，2008年），卷132，宋仁宗慶曆元年五月己未條，頁3123。

〔註15〕〔宋〕李燾，《長編》，卷134，宋仁宗慶曆元年十二月庚辰條，頁3205。

〔註16〕〔宋〕李燾，《長編》，卷154，宋仁宗慶曆五年二月甲寅條，頁3748～3749。

〔註17〕〔宋〕李燾，《長編》，卷265，宋神宗熙寧八年六月壬子條注引沈括《入國別錄》，頁6499。

〔註18〕彭山杉，〈封陲之守——宋遼河東熙寧劃界諸層面〉，頁32。

已。琦又遣安靜塹地立石限之，自此不敢耕山上。黃嵬山，據行狀及家傳即六蕃嶺也。」〔註19〕可知韓琦不僅堅決阻止遼人侵界，也索回被遼人侵占的冷泉村和天池，並且在黃嵬山北腳「塹地立石限之」。

但是至宋仁宗嘉祐元年（遼道宗（1032～1101）清寧二年，一〇五六年）十二月，遼賀正旦使蕭扈等人至宋國，反而提及宋人侵北界一事，據《長編》卷一八四，說：

> ……蕭扈……來賀正旦。扈等言武陽寨、天池廟侵北界。中書樞密
> 院按舊籍，陽武寨地本以六蕃嶺為界，康定中，北界耕戶轟再友、
> 蘇直等南侵嶺二十餘里，代州累移文朔州，而朝廷以和好存大體，
> 命徙石峰。未幾，又過石峰之南，遂開塹以為限，天池廟屬寧化軍
> 橫嶺鋪。慶曆中，北界耕戶杜思榮侵入冷泉村，近亦有石峰為表。
> 乃詔館伴使王洙以圖及本末諭扈等。〔註20〕

《宋會要輯稿》記載此事，也說：

> 二年正月，詔以河東地界圖示契丹人使。初，蕭扈等來賀正，乃言
> 陽武寨、天池廟侵北界土田。二府按，代州陽武寨舊以六蕃嶺為界。
> 康定中，北界人戶轟再支、蘇直等南侵嶺二十餘里，本州累移文朔
> 州，朝廷以南北和好，務存大體，正令代州別立石峰為界。比年，
> 又過石峰之南，尋又開塹以為限。天池廟本屬寧化軍橫嶺鋪，慶曆
> 中嘗有北界人杜思榮侵耕冷泉谷，近年亦標石峰。詔館伴使王洙以
> 圖及本末諭之。〔註21〕

對於遼使蕭扈所提的宋人侵地問題，宋方能由館伴使王洙（997～1057）以河東地界圖為輔助，向遼使蕭扈說明爭議的始末，顯然宋朝廷對於慶曆以來十多年的河東地界爭議狀況頗有掌握與了解。

然而遼朝廷仍然認為宋人侵占了遼界，例如遼道宗就曾經與大臣耶律頗的討論此事。據《遼史》〈耶律頗的傳〉，說：「上（遼道宗）獵大牢古山，（耶律）頗的謁于行宮。帝問邊事，對曰：『自應州南境至天池，皆我耕牧之地。清寧間，邊將不謹，為宋所侵，烽堠內移，似非所宜。』道宗然之，拜北面

〔註19〕〔宋〕李燾，《長編》卷174，宋仁宗皇祐五年正月壬戌條，頁4194。

〔註20〕〔宋〕李燾，《長編》卷184，宋仁宗嘉祐元年十二月癸酉條，頁4462。

〔註21〕〔清〕徐松，《宋會要輯稿》（北京：中華書局，1997年），第196冊，蕃夷二之18。

林牙。後遣人使宋，得其侵地，命頗的往定疆界。」〔註22〕可見遼朝廷對於宋人侵佔河東禁地的認定，與日後派遣使節蕭禧至宋朝廷進行河東劃界交涉頗有關聯。

三、韓縝第一次與遼使蕭禧交涉河東劃界的過程

初在宋神宗熙寧六年（遼道宗咸雍九年，一〇七三年）十一月，因為「契丹欲爭蔚、應、朔之州地界，事有萌芽，上（宋神宗）深以為憂」。〔註23〕因此在熙寧七年正月九日，宋神宗「詔知忻州蕭士元、秘書丞呂大忠（1020～1066），與北界差來人議定岢嵐軍地界」。〔註24〕可知此時宋神宗對於遼欲爭蔚、應、朔三州地界的企圖，早已有所知，並且也已初步安排大臣準備與遼使臣議定地界。

另外，宋神宗也預先派韓縝擔任館伴使，據《宋會要輯稿》，說：「熙寧七年二月，大遼國遣泛使蕭禧議地界，命天章閣待制韓縝、樞密副都承旨張誠一為館伴。」〔註25〕《長編》卷二五〇，也說：「宋神宗熙寧七年（遼道宗咸雍十年，一〇七四年）二月壬申（四日），……知瀛州天章閣待制韓縝同提舉在京諸司庫務，仍詔縝以瀛州事付河北東路都轉運使劉瑾，亟乘驛赴闕。時契丹將遣泛使蕭禧來，召縝館伴故也。」〔註26〕這是韓縝接觸宋遼劃界交涉的開始。而據《舊聞證誤》記載此事，說：「熙寧六年，北人遣蕭禧來議地界事，（宋神宗）詔韓玉汝（韓縝）館伴。至驛，神宗令李舜舉以朱筆畫一圖子示禧，依此分撥。舜舉初不與館伴議，遽出圖，韓急顧舜舉，取置懷袖。禧果欲索看，韓云：『李御藥（李舜舉）自與某論它事。』即已，因入奏，面陳山川形勢，纖悉皆繫利害，不可輕許。神宗云：『卿言大是，朕思慮初不至此。』闕書名。當出趙子崧《朝野遺事》。又《韓莊敏遺事》，見李燾《長編》注。」〔註27〕可見一開始韓縝在宋神宗的心目中，是一位在宋遼劃界交涉的事務上，頗為恰當的人選。

〔註22〕〔元〕脫脫，《遼史》（北京：中華書局，1974年），卷86，列傳第16，耶律頗的，頁1328。
〔註23〕〔宋〕李燾，《長編》，卷248，宋神宗熙寧六年十一月戊午條，頁6046。
〔註24〕〔宋〕李燾《長編》，卷249，宋神宗熙寧七年正月丁未條，頁6067。
〔註25〕〔清〕徐松，《宋會要輯稿》，第196冊，蕃夷二之21。
〔註26〕〔宋〕李燾，《長編》，卷250，宋神宗熙寧七年二月壬申條，頁6084。
〔註27〕〔宋〕李心傳，《舊聞證誤》（北京：中華書局，1991年），卷2，頁29。

　　但是當時因爲宋朝廷諜報誤導的緣故，使宋神宗誤以爲蕭禧此次前來，是要重新商議索求關南地，因此宋神宗在二月八日，「召對輔臣于天章閣，以諜報契丹欲復求關南地」。〔註28〕另據《長編》卷二五一，說：「先是，執政多以爲蕭禧來，必復求關南地。王安石曰：『敵情誠難知，然契丹果如此，非得計，恐不至此。此不過以我用兵於他夷，或漸見輕侮，故生事遣使，示存舊態而已。既示存舊態而已，則必不敢大段非理干求，亦慮激成我怒，別致釁隙也。』（蕭）禧書未折（拆），上（宋神宗）猶以爲疑。安石謂必無它，或是爭河東疆界耳。及折（拆）書，果然。」〔註29〕由於宋對遼用諜成效不佳，〔註30〕因此使宋朝君臣在尙未看到蕭禧所致國書的內容之前，對於蕭禧此行的目的無法明確掌握，誤認爲初在宋仁宗慶曆二年（遼興宗重熙十一年，一〇四二年），遼曾經派使節耶律仁先（1013～1072）、劉六符來求關南地，後來因宋增加歲幣而未果，〔註31〕則此次遼朝廷派蕭禧前來，應該是擬再度提出對關南地的要求。

　　及至三月十九日，蕭禧來致國書，見於崇政殿，宋神宗和朝廷大臣才知其國書內容，說：

　　　……其蔚、應、朔三州土田一帶疆里，祇自早歲曾遣使人止於舊封，俾安舖舍，庶南北永標於定限，往來悉絕於姦徒。洎覽舉申，輒有侵擾，於全屬當朝地分，或營修戍壘，或存止居民，皆是守邊之冗員，不顧睦鄰之大體，妄圖功賞，深越封陲。今屬省巡，遂令案視，備究端實，諒難寢停。至於縷細之緣由，分白之事理，已具聞達。盡合拆移，既未見從，故宜伸報。……據侵入當界地里所起舖形之處，合差官員同共檢照，早令毀撤，卻於久來元定界至再安置外，其餘邊境更有生創事端，委差去使臣到日，一就理會，如此，則豈惟疆場之內不見侵踰，兼於信誓之間且無違爽，茲實便穩，顒俟準依。〔註32〕

〔註28〕〔宋〕李燾，《長編》，卷250，宋神宗熙寧七年二月丙子條，頁6087。
〔註29〕〔宋〕李燾，《長編》，卷251，宋神宗熙寧七年三月丙辰條，頁6122。
〔註30〕可參閱蔣武雄，〈宋對遼用諜幾個問題的探討〉，《東吳歷史學報》10（台北：東吳大學，民國92年12月），頁1～18。
〔註31〕可參閱蔣武雄，〈劉六符兄弟與遼宋外交〉，《中央人文學報》第57期（中壢：中央大學，民國103年4月），頁1～40。
〔註32〕〔宋〕李燾，《長編》，卷251，宋神宗熙寧七年三月丙辰條，頁6122。

也就是至此時宋神宗和朝廷大臣才知道蕭禧所致國書的內容，並沒有提及關南地一事，反而是提出了新的地界爭議。

關於遼國書中所稱，宋國在邊地築城的爭端，以及希望宋遼兩國共派官員會勘地界的事宜，其實在宋神宗看來，都不如遼之前索求關南地的事件嚴重。因此當宋神宗得知蕭禧所致國書的內容之後，其心情即放鬆不少，據《長編》卷二五一，描述宋神宗當時的反應，以及和蕭禧的對話，說：

> 上（宋神宗）諭（蕭）禧曰：「此細事，疆吏可了，何須遣使？待令一職官往彼計會，北朝一職官對定，如何？」禧曰：「聖旨如此，即不錯。」上問禧復有何事，禧言：「雄州展托關城，違誓書。」上曰：「誓書但云不得創築城池，未嘗禁展托。然此亦細事，要令拆去亦可。」禧曰：「北朝只欲南朝久遠不違誓書。」上曰：「若北朝能長保盟好，極爲美事。」又問禧復有何事，禧曰：「無他事也。」〔註33〕

從這一段有關宋神宗與蕭禧對於邊地築城以及重新劃界的對話，我們可感覺到，宋神宗認爲只要遼國不強求宋國割地，則其他紛爭均屬細小之事。而且也讓我們了解到，日後宋神宗在處理宋遼劃界交涉的事務上，其實從一開始他就已經抱持著這樣的心態。甚至於這段對話，當時還引起了蕭禧誤認爲宋神宗已經允諾願將宋人侵占之地劃還於遼，據《龍川略志》，說：「及北使至，上親臨軒，喻之曰：『此小事，即指揮邊吏分畫。』使者出，告人曰：『上許我矣。』有司欲與之辨，卒莫能得。」〔註34〕

至於宋神宗處理劃界交涉事宜的作法，據《宋史》〈神宗本紀〉，說：「熙寧七年（遼道宗咸雍十年，一○七四年）三月……丙辰（十九日），遼遣林牙蕭禧來言河東疆界，命太常少卿劉忱議之。……甲子（二十七日），遣使報聘于遼。」〔註35〕可知是分成兩路進行。其中一路是在三月二十五日，「命權判三司開拆司太常少卿劉忱（1021～？）河東路商量地界，知忻州禮賓使蕭士元，檢詳樞密院兵房文字秘書丞呂大忠同商量地界。忱子襄州司戶參軍唐老隨行，書寫機宜文字」。〔註36〕也就是派遣劉忱、蕭士元、呂大忠等人至河東

〔註33〕〔宋〕李燾，《長編》，卷251，宋神宗熙寧七年三月丙辰條，頁6122～6123。

〔註34〕〔宋〕蘇轍，《龍川略志》（北京：中華書局，1982年），卷第4，〈契丹來議和親〉，頁20～21。

〔註35〕〔元〕脫脫，《宋史》（北京：中華書局，1974年），卷15，本紀第15，神宗2，頁285。

〔註36〕〔宋〕李燾，《長編》，卷251，宋神宗熙寧七年三月壬戌條，頁6132。

與遼臣實地會勘地界。而在三月二十六日，當蕭禧請辭於崇政殿時，宋神宗也特別面諭蕭禧，有關宋國派員會勘地界進行的情形，說：「蔚、應、朔三州地界，俟修職官與北朝職官就地頭檢視定奪。」〔註37〕另外，在由蕭禧帶回遼國的宋國書中，也提到「況經界之間，勢形可指，方州之內，圖籍俱存，當遣官司，各加覆視」。〔註38〕至於《舊聞證誤》則說：「熙寧七年三月丙辰（十九日），遼主遣興復軍節度使蕭禧來求蔚、應、朔三州並邊之田。先是，正月丁未（九日），命知忻州蕭士元，樞密院兵房檢詳文字呂大忠與北人議地界。禧既至，後五日，又命太常少卿劉忱同商量。癸亥（二十六日），（蕭禧）入辭，報書曰：『竊惟兩朝撫有萬宇，豈以尺土之地而輕累世之懽？當遣官司各加覆視，儻事由夙昔，固難徇從，或誠有侵逾，豈恡改正。』」〔註39〕這幾項記載都顯示，宋神宗願意派遣官員，和遼臣一起到蔚、應、朔三州地界處進行會勘，然後再做進一步的討論。

但是在派遣劉忱至河東與遼臣會勘地界時，宋神宗又再度顯現出其對於處理宋遼劃界交涉事宜息事寧人的態度。首先據《東都事略》，說：「至熙寧七年，遣蕭禧來，言代北對境有侵地，請遣使同分割。神宗許之，遣太常少卿劉忱為使，秘書丞呂大忠為副。已而大忠丁家難，有詔起復。忱對使（便）殿奏曰：『臣受命以來，在樞府考核文據，未見本朝有尺寸侵虜地。臣既辱使指，當以死拒之。』忱出疆，神宗手敕曰：『虜理屈則忿，卿姑如所欲與之。』忱不奉詔。」〔註40〕以及《太平治蹟統類》，說：「（劉）忱等入辭，對便殿。忱曰：『臣受命以來，在樞府考校文據，未見本朝有尺寸侵虜地。且鴈門者，古名限塞，且跬步不可輕棄，何欲委五百里之疆，以資敵乎？臣既辱使指，當以死報之，惟陛下主臣之言，幸甚。』上韙之。忱已行，上手敕曰：『虜理危則忿，卿姑如所欲與之。』忱不奉詔。」〔註41〕另外，《邵氏聞見錄》也有類似的記載，說：「熙寧七年春，契丹遣汎使蕭禧來言：『代北對境有侵地，請遣使同分畫。』神宗許之，而難其人。執政議遣太常少卿、判三司開拆司

〔註37〕〔宋〕李燾，《長編》，卷251，宋神宗熙寧七年三月癸亥條，頁6135。
〔註38〕〔宋〕李燾，《長編》，卷251，宋神宗熙寧七年三月癸亥條，頁6136。
〔註39〕〔宋〕李心傳，《舊聞證誤》，卷2，頁29～30。
〔註40〕〔宋〕王稱，《東都事略》（台北：文海出版社，1979年），卷第123，附錄一，頁8。
〔註41〕〔宋〕彭百川，《太平治蹟統類》（台北：成文出版社，1966年），卷16，〈神宗朝議契丹地界〉，頁10～11。

劉忱為使，忱對便殿曰：『臣受命以來，在樞府考核文據，未見本朝有尺寸侵
虜地。且雁門者古名限塞，雖跬步不可棄，奈何欲委五百里之疆，以資敵乎？
臣既辱使指，當以死拒之，惟陛下主臣之言，幸甚。』帝韙之。忱出疆，帝
手敕曰：『虜理屈則忿，卿姑如所欲與之。』忱不奉詔。」〔註42〕筆者在此處
特別引述三項相似的史書記載，是想要強調宋神宗在宋遼雙方尚未真正進行
會勘地界時，其心態竟然已經是「虜理屈則忿，卿姑如所欲與之」，這不禁使
我們在此時也約略可以知道，宋遼劃界交涉的最後結果是如何了。

　　另一路的進行，則是宋神宗認為在進行派人會勘商量地界的同時，也應該
派遣使節至遼朝廷，告知宋朝廷對於此事的處理態度與做法，因此在三月二十
七日，以「兵部郎中天章閣待制韓縝假龍圖閣直學士給事中，為回謝遼國使」。
〔註43〕《舊聞證誤》也說：「甲子（二十七日），遣天章閣待制河北都轉運使韓
縝報聘。」〔註44〕而《琬琰集刪存》〈韓太保縝傳〉則有提到韓縝此行的任務，
說：「詔（韓）縝齎文牓地圖至虜庭，見戎主，面陳本末。」〔註45〕

　　韓縝在接受出使遼國的任務之後，除了進行準備國書、交聘禮物，以及
使節團人事安排等事宜之外，其最重要的準備工作，就是必須對有爭議的地
界先進行了解，以及知道宋神宗處理此一事件的原則與做法。當時即有「（呂）
大忠乞命樞密院錄前後詔據文字，命（韓）縝齎至北庭，使遼主知本末」。〔註
46〕另據《長編》卷二五二，說：「四月甲午（二十七日），河東路同商量地界
秘書丞呂大忠言：『伏見北使蕭禧至闕，爭辨地界，聞遣韓縝報聘，乞下樞密
院錄前後詔據文字，令縝齎至敵庭，庶令北朝稍知始末。』」。〔註47〕宋神宗
接受呂大忠此一建議，立即「詔（韓）縝詳（呂）大忠所奏，及照驗文字地
圖以往」。〔註48〕並且指示韓縝，說：

　　　俟至彼面言，自通好以來，本朝遵守舊規，未嘗先起爭端。誠以祖
　　　宗誓約，各欲傳之子孫，長無窮已。如白溝館驛，本待兩朝信使往
　　　來，隨宜增蓋屋宇，及安牆眼。此乃常事，北朝不欲久留，已令毀

〔註42〕〔宋〕邵伯溫，《邵氏聞見錄》（北京：中華書局，1983年），卷第4，頁31。
〔註43〕〔宋〕李燾，《長編》，卷251，宋神宗熙寧七年三月甲子條，頁6137。
〔註44〕〔宋〕李心傳，《舊聞證誤》，卷2，頁30。
〔註45〕〔宋〕李清臣，《琬琰集刪存》（台北：成文出版社，1966年），收錄於哈佛燕
　　　京學社引得特刊第12冊，〈韓太保縝傳〉，卷3，頁53。
〔註46〕〔宋〕李心傳，《舊聞證誤》，卷2，頁30。
〔註47〕〔宋〕李燾，《長編》，卷252，宋神宗熙寧七年四月甲午條，頁6176。
〔註48〕〔宋〕李燾，《長編》，卷252，宋神宗熙寧七年四月甲午條，頁6176。

拆。雄州舊有關城，歲久頹圮，元檢工料六十餘萬，十餘年來，才
役數萬人，又非創築，於誓書無妨，亦已往修。河東界至，前後已
經分畫，北朝更欲辨正，不欲相違。已專遣人與北朝差來官商量。
然恐北朝所差官不肯依理同議，對執爭占，失兩朝敦守歡好之禮。
如蘇直等莊一帶地，前此南北各已遣官定奪標界分白。歲月未久，
又欲變移。彼此大國，須存信約，如此展轉，何以準憑。雖委所遣
官商量，恐北朝未悉知，須至略陳本末。大意如此，更委（韓）縝
隨宜應答。〔註49〕

可見當時宋神宗對於派遣韓縝使遼的任務寄望很深，殷切希望遼朝廷能明白
「築城」、「侵地」、「劃界」的原委與宋國處理的情形。

因此在七月二十一日，當韓縝使遼尚未回到宋國境時，宋神宗即批示：「已
遣劉忱往河東與北人議地界，今韓縝方使敵，慮於敵帳議論有涉。今商量事
節，宜令縝回至雄州，先遣王宣齎一行語錄赴闕」。〔註50〕顯然宋神宗一直牽
掛著韓縝和遼朝廷討論兩國地界的事，不知其結果如何？因此特別指示當韓
縝回至宋國邊鎮雄州時，希望即由王宣先把韓縝的使遼語錄（又稱行程錄）
儘快地送到汴京，以便宋神宗和朝廷大臣能及早掌握遼國關於河東劃界的想
法與做法。

但是卻事與願違，出乎宋神宗與韓縝的意料之外，據《宋史》〈韓縝傳〉，
說：「熙寧七年，遼使蕭禧來議代北地界，召縝館客，遂報聘，令持圖牒致遼
主，不克見而還。」〔註51〕以及《長編》卷二五二，說：「（韓）縝至敵庭，
不果致，但與押燕蕃相李相熙略相酬對而還」。〔註52〕可知當時韓縝使遼，雖
然有到達該年遼道宗夏捺鉢的駐帳地——納葛濼，但是並未得到遼道宗的召
見，只是與遼宰相李相熙聊表酬謝而已，可見韓縝這一路進行得並不順利。

在此筆者擬另外附帶提及韓縝此次使遼的一則軼事，據《桐蔭舊話》，說：
「契丹使每歲至中國，索食料，多不時珍異之物，州縣撓動。（莊敏）公（韓
縝，字玉汝）之使虜，入其境稍深，則必索豬肉及胃臟之屬，從者莫能曉，
蓋燕北第產羊，俗不畜豬，驛司馳騎，疲於奔命，無日不加箠楚，所以困之
爾。既回程，與送伴者飲，率盡酒，然公翊日乘騎如故，初不病醒也。蓋取

〔註49〕〔宋〕李燾，《長編》，卷252，宋神宗熙寧七年四月甲午條，頁6176～6177。
〔註50〕〔宋〕李燾，《長編》，卷254，宋神宗熙寧七年七月戊午條，頁6224。
〔註51〕〔元〕脫脫，《宋史》，卷315，列傳第74，韓縝，頁10310。
〔註52〕〔宋〕李燾，《長編》，卷252，宋神宗熙寧七年四月甲午條，頁6177。

隨行大盃酌勸之，伴者不能勝，屢至委頓，臨別痛飲達旦。及敘違馬上，幾不能相揖。後聞虜中責伴者失儀，沙袋擊之至死。」〔註53〕筆者在數年前，曾發表〈宋使節在遼的飲食活動〉一文，〔註54〕提到宋使節在遼境沿路以及在遼皇帝駐帳地接受酒宴招待的情形。而韓縝此行使遼，雖然身負重任，但是竟然未稍微抑制其對酒肉的嗜好，〔註55〕以致於使遼國的服侍者疲於奔命，甚至於造成送伴者因失儀受罰而死。

至於會勘商量河東地界的進行情形，據《長編》卷二五二提到，四月「丁酉（三十日），……遼主遣其樞密副使同中書門下平章事蕭素、樞密直學士梁穎議河東地界于代州境上」，〔註56〕而據《長編》卷二五四記載，在七月二十二日，宋神宗也批示，說：「已遣劉忱往河東與北人議地界，……。」〔註57〕可知至此時宋遼兩國朝廷均已派遣官員前往河東會勘商量地界。

但是就宋國而言，這一路也進行得不順利，過程一波三折。首先是宋國相關人員的更動，據《長編》卷二五六，說：「九月戊申（十三日），……詔劉忱、蕭士元會蕭素、梁穎于大黃平，以呂大忠丁父憂不至也。」〔註58〕可知當時比較熟悉河東地界的呂大忠因為父親過世，因此只由劉忱和蕭士元前往與遼官員會勘河東地界。

其次是發生宋遼兩方人員的座位之爭，當時蕭素「以平章事，欲正南面坐，自云北朝使相有此廟坐儀，餘乃序官坐，仍欲以墩分高下，（劉）忱等皆不從，移文詰難，自七月至于是月（九月）。事聞，乃得國信所言：『至和元年，國信使蕭德帶平章事，與館接使，行馬坐次皆分賓主，以報。』素、穎

〔註53〕〔宋〕韓元吉，《桐陰舊話》，收錄於《百部叢書集成・古今說海》（台北：藝文印書館，1965年），頁6。

〔註54〕關於宋使節使遼的飲食活動，可參閱蔣武雄，〈宋使節在遼的飲食活動〉，《東吳歷史學報》16（台北：東吳大學，民國95年12月），頁1～24。

〔註55〕關於韓縝對酒肉的喜愛，據《邵氏聞見後錄》，說：「韓玉汝平生喜飾廚傳，一飲啖可兼數人。出帥長安，錢穆四行詞云：『喜廉頗之能飯』，玉汝不悅。」〔宋〕邵博，《邵氏聞見後錄》（北京：中華書局，1983年），卷第30，頁238；以及《曲洧舊聞》，說：「韓玉汝丞相喜事口腹，每食必殫極精侈。性嗜鴿，必白者而後食，或以他色給之，輒能辨其非，世以為異。」朱弁，《曲洧舊聞》（北京：中華書局，2002年），〈符朗韓玉汝知味〉，頁227。此二項史料可做為韓縝使遼時飲食事蹟的參考。

〔註56〕〔宋〕李燾，《長編》，卷252，宋神宗熙寧七年四月丁酉條，頁6180。

〔註57〕〔宋〕李燾，《長編》，卷254，宋神宗熙寧七年七月戊午條，頁6224。

〔註58〕〔宋〕李燾，《長編》，卷256，宋神宗熙寧七年九月戊申條，頁6252～6253。

乃不敢爭」。〔註59〕《舊聞證誤》也說:「(蕭)素自以使相,欲主南面,(劉)忱等不許。事聞,九月戊申(十三日),詔忱與素等會於大黃平,用賓主禮相見。」〔註60〕這顯示出會勘商量地界的氣氛一開始即不是很融洽。

再其次是雙方人員對於地界的商量有不同的意見,相持不下。本來在九月十三日,宋神宗曾「詔劉忱等與北人會議,天池廟、黃嵬山麓土斷有明據,可以理譬喻之。其餘地界如數議不諧,可以南北堡鋪中間為兩不耕地;又不可,則許以中間畫界,其中間無空地,即以堡鋪外為界。」〔註61〕可知宋神宗的本意是願意讓步的。

但是遼方所想要的並不止於此,據《長編》卷二五八,說:

> 宋神宗熙寧七年(遼道宗咸雍十年,一○七四年)十一月丙申(二日),入內供奉官李舜舉言:「劉忱等與蕭素、梁穎商量地界,語不條暢,縱有開發,多失機會。已具奏乞移文理辨,望早裁處。」詔改差呂大忠替蕭士元。初,大忠既受命,以父憂去。是歲九月,詔奪喪,權衣墨服,與劉忱密議,不與北人相見。至是,以舜舉奏,罷士元還忻州,起復大忠為西上閤門副使,知石州,與北人相見。如大忠請,許不聽樂,候食畢會議。……先是,素、穎頗倔強,未肯見忱及士元。一日,蕃人忽引兵萬眾入代州界,焚鋪屋,與官軍相射。既而素、穎徑入橫都谷,施帳幕,邀忱等相見,忱等不往。又欲設次於西陘東谷,忱等以侵地愈深不許,竟會於大黃平,不知「竟會於大黃平」是何月日,據呂大忠集乃十月二十二日,但恐非初會。西陘東谷,即車場溝。凡三、四見。初議指蔚、應、朔三州分水嶺土壟為界,忱等偕素、穎行視,無土壟,素、穎但云以分水嶺為界。蓋山皆有分水嶺,槩言分水嶺為界,則至時可以周取,此其微意也。與忱等相持久之,議不能決。及大忠至,屢以理折素、穎,素、穎稍屈,然訖不肯從大忠等議也。〔註62〕

可知遼臣蕭素、梁穎堅持以蔚、應、朔三州的分水嶺為界,甚至以軍隊侵入代州相威脅。而宋神宗以劉忱、蕭士元與遼官員商量河東地界未能說明清楚,因此改派呂大忠取代蕭士元,但是遼官員仍然不肯依從呂大忠的說法。

〔註59〕〔宋〕李燾,《長編》,卷256,宋神宗熙寧七年九月戊申條,頁6253。

〔註60〕〔宋〕李心傳,《舊聞證誤》,卷2,頁30。

〔註61〕〔宋〕李燾,《長編》,卷256,宋神宗熙寧七年九月戊申條,頁6253。

〔註62〕〔宋〕李燾,《長編》,卷258,宋神宗熙寧七年十一月丙申條,頁6286～6287。

　　至十二月，雙方使臣又進行了數次的會議，據《長編》卷二五八，說：「宋神宗熙寧七年（遼道宗咸雍十年，一○七四年）十二月，……是月戊辰（五日）、辛未（八日），劉忱、呂大忠與蕭素、梁穎再會於大黃平。大忠屢折穎，穎不能堪，遂獨以語觸大忠，謂大忠不當取棹子，閱文字，且截斷其語，仍對之搖膝，因道相鼠及鸚鵡、猩猩等章句。大忠忍弗與校，但具奏乞歸奉几筵。素、穎既再會議，再屈，乃言：『待親去帳前取稟，別遣使來。』由是惟以公牒往還，不復會議。尋詔忱、大忠赴闕。」〔註63〕顯然在這幾個月當中，從九月至十二月，劉忱等人與遼官員對於河東劃界到底以何處為界，仍然有不同意見，彼此相持不下，久不能決。因此最後宋神宗詔令劉忱等人回朝，雙方代表不再會面，只以公牒往還。

四、韓縝第二次與遼使蕭禧交涉河東劃界的過程

　　至熙寧八年（遼道宗大康元年，一○七五年）二月，遼朝廷以去年會勘商量河東地界未獲得結果，因此又再度派蕭禧第二次使宋，據《長編》卷二六○，說：「熙寧八年二月甲申（二十二日），……先是，敵以河東地界議久不決，復使蕭禧來。詔太常少卿向宗儒、皇城使兼閤門通事舍人王澤接伴。」〔註64〕另據《長編》卷二六二，說：「初，蕭素、梁穎既與劉忱、呂大忠會議地界，久不能決，故遣蕭禧復來，命韓縝、王師約為館伴。」〔註65〕可知蕭禧再度使宋的目的，即是復議河東地界，而宋朝廷也再派韓縝為館伴使。

　　蕭禧在三月初到達宋汴京，據《長編》卷二六一，說：

> 三月庚子（八日），遼主（遼道宗）再遣林牙興復軍節度使蕭禧來致書，見於紫宸殿。書曰：「……乃者蕭禧才迴，韓縝續至，薦承函翰，備識誠悰，言有侵踰，理須改正。斯見和成之義，且無遺拒之辭。尋命官僚同行檢照，於文驗則甚為顯白，其鋪形則盡合拆移。近覽所司之奏陳，載詳茲事之縷細，謂劉忱等雖曾會議，未見準依，自夏及冬，以日逮月，或假他故，或飾虛言，殊無了絕之期，止有遷延之意。若非再憑緘幅，更遣使人，實虞詭曲以相蒙，固罄端倪而具達。更希精鑒，遐亮至懷，早委邊臣，各加審視，則安戍壘，俾

〔註63〕〔宋〕李燾，《長編》，卷258，宋神宗熙寧七年十二月條，頁6306。
〔註64〕〔宋〕李燾，《長編》，卷260，宋神宗熙寧八年二月甲申條，頁6344。
〔註65〕〔宋〕李燾，《長編》，卷262，宋神宗熙寧八年四月丙寅條，頁6376。

返舊常，一則庶靡爽於鄰歡，一則表永敦於世契。……。」〔註66〕
顯然遼朝廷認為關於遼宋河東商量地界延遲未決，乃是因為宋國有意遷延，
因此派蕭禧再度前來，就是希望宋國派使節至遼，明確的告知宋朝廷對此事
的態度與做法，並且也希望宋國早日派遣官員至河東會勘商量地界，使此次
交涉能有個結果。

其實當時宋神宗也急於解決此事，因此在當日（三月八日），宋神宗即「批
付韓縝等：『聞蕭禧今日見罷歸館，意甚不樂。來日會食次，卿等可且以歡和
接之。早來垂拱殿已曾再三諭卿等，以自雁門寨新鋪以西直接古長城，便是
邊人指為分水嶺，及蕭禧齎來箚子，內地理亦合。因何適來禧叩問南朝，指
分水嶺係近裏地分，要得的確所在？卿等可執定指示與禧，令曉然準信。』」
〔註67〕並且在隔日（三月九日），「召輔臣對資政殿，命兵部郎中天章閣待制
韓縝，西上閣門使樞密副都承旨張誠一，乘驛往河東及遼人會識地界，速結
絕以聞」。〔註68〕可見宋神宗確實想趕快了結此事。

另外，為了讓蕭禧知道宋朝廷將會改派官員前往河東會勘商量地界，宋
神宗在三月十七日批示，說：「昨日擬定廻付蕭禧箚子，雖有『已差官商量結
絕』之語，尚慮禧以未有辦劃明白指揮，不肯承受，卿等可詳議。」〔註69〕
中書樞密院即回應，說：「北書既云『早委邊臣，各加審視，別安戍壘，俾返
舊常』，審視見有無侵越遠近，然後可別安戍壘。今慮劉忱等堅執前議，難有
商量。所以改差官，令計會遼國所差官商量結絕，即於北書之意，別無違阻，
惟是蕭禧於北書意外堅求果決，恐難徇從。臣等議欲止依昨日擬定。」〔註70〕

因此據《長編》卷二六一提到，在同一天即「罷呂大忠河東路同商量地
界。先是，大忠屢求罷，上（宋神宗）雖許，猶須蕭禧還，乃聽終喪。已而
上召執政議，大忠與劉忱俱入對，上意頗欲從敵所請，眾未及對，大忠進曰：
『敵他日若遣魏王英弼來盡索關南地，陛下將欲從之乎？』忱復進曰：『大忠
所言，社稷至計也，願陛下熟思之。』上默然。於是改命韓縝，令大忠反喪
服」。〔註71〕《宋史》〈呂大忠傳〉，也說：「已而復使蕭禧來求代北地，神宗

〔註66〕〔宋〕李燾，《長編》，卷261，宋神宗熙寧八年三月庚子條，頁6358。
〔註67〕〔宋〕李燾，《長編》，卷261，宋神宗熙寧八年三月庚子條，頁6358。
〔註68〕〔宋〕李燾，《長編》，卷261，宋神宗熙寧八年三月辛丑條，頁6359。
〔註69〕〔宋〕李燾，《長編》，卷261，宋神宗熙寧八年三月己酉條，頁6360。
〔註70〕〔宋〕李燾，《長編》，卷261，宋神宗熙寧八年三月己酉條，頁6360。
〔註71〕〔宋〕李燾，《長編》，卷261，宋神宗熙寧八年三月己酉條，頁6361。

召執政與大忠、忱議，將從其請。大忠曰：『彼遣一使來，即與地五百里，若使魏王英弼來求關南，則何如？』神宗曰：『卿是何言也？』對曰：『陛下既以臣言為不然，恐不可啓其漸。』忱曰：『大忠之言，社稷大計，願陛下熟思之。』執政知不可奪，議卒不決，罷忱還三司，大忠亦終喪制。」〔註72〕另外，《邵氏聞見錄》則說：「初以祕書丞呂公大忠為副使，命下，大忠丁家艱，詔起復，未行，公亦使回。虜又遣蕭禧來，帝開天章閣，召執政與忱、大忠同對資政殿，論難久之。帝曰：『凡虜爭一事尙不肯已，今兩遣使，豈有中輟之理？卿等為朝廷固惜疆境，誠是也，然何以弭患？』大忠進曰：『彼遣使相來，即與代北之地，若有一使曰魏王英弼者，來求關南之地，則如何？』帝曰：『卿是何言也？』大忠曰：『陛下既以臣言為不然，今代北安可啓其漸？』忱進曰：『大忠之言，社稷大計，願陛下熟思之。』執政皆知不可奪，罷忱為三司鹽鐵判官，大忠亦乞終喪制。」〔註73〕由以上三史書所記載，可知劉忱和呂大忠對於如何處理劃界交涉的看法與宋神宗不同，因此宋神宗改派韓縝擔任。據《宋史》〈韓縝傳〉，說：「熙寧七年，遼使蕭禧來議代北地界，召縝館客，……禧再至，復館之。詔乘驛詣河東，與禧分畫，以分水嶺為界。」〔註74〕可知韓縝至此時又受命即將前往河東與遼國官員一起會勘地界。

至於韓縝在第二次館伴蕭禧期間，與蕭禧論辯河東地界問題，也進行得不順利，當時「（韓）縝等日與（蕭）禧論難，禧但執以分水嶺為界，然亦不別白何處為分水嶺也」。〔註75〕而宋神宗也「詔諭以兩朝和好年深，今既欲委邊臣各加審視，尙慮（劉）忱等所奏未得周悉，已改差（韓）縝同張誠一乘驛詣境上，和會商量。令禧以此歸報，禧不受命。又遣內侍李憲齎詔示之，許以長連城、六蕃嶺為界，而徙并邊遠探鋪舍于近裏。……而禧猶不從，執議如初」。〔註76〕可知宋神宗雖然向蕭禧示以誠意，也願作讓步，但是蕭禧仍然不願意接受。並且在未能得到滿意的結果之前，一直逗留於宋汴京，至「四月五日丙寅入辭，越一日戊辰（七日），猶不肯行也」，〔註77〕使宋神宗不得

〔註72〕 〔元〕脫脫，《宋史》，卷340，列傳卷第99，呂大忠，頁10845。
〔註73〕 〔宋〕邵伯溫，《邵氏聞見錄》，卷第4，頁31。
〔註74〕 〔元〕脫脫，《宋史》（北京：中華書局，1977年），卷315，列傳第74，韓縝，頁10310。
〔註75〕 〔宋〕李燾，《長編》，卷262，宋神宗熙寧八年四月丙寅條，頁6376。
〔註76〕 〔宋〕李燾，《長編》，卷262，宋神宗熙寧八年四月丙寅條，頁6377。
〔註77〕 〔宋〕李燾，《長編》，卷262，宋神宗熙寧八年四月丙寅條，頁6379。

不又「詔：『國家與契丹通和年深，終不欲以疆場細故有傷歡好大體。既許以治平年蓋鋪處依舊址修蓋。務從和會，即更不論有無照證，若不指定分水處，即恐檢視之時，難爲辯撥。一，李福蠻地，許以見開壕塹處分水嶺爲界。一，水峪內義兒馬鋪并三小鋪，即挪移近南，以見安新鋪山頭分水嶺爲界。一，自西陘寨地方，以第一、第二、第三、第四、第五遠探、白草鋪山頭分水嶺向西接石長連城爲界。一，黃嵬山地已經仁宗朝差官與北界官吏於聶再友等已侵耕地外，標立四至訖。及天池廟，順義軍牒稱地理係屬甯化軍，並無可商議。一，瓦窖塢地，前來兩界官司商量未了，今已指揮韓縝等一就檢視，辯撥處以分水嶺爲界。』上遣使者持報書示禧，禧乃辭去。」〔註78〕宋神宗這一詔示，等於明確表示宋朝廷願意配合遼所提「以分水嶺爲界」，因此蕭禧在獲得滿意的回應之後，才啓程返遼。《舊聞證誤》也說：「時（蕭）禧留京師已踰月，上許遼人見開濠塹及置鋪所在分水嶺爲界，又以報告示之。丙寅（五日），禧乃辭去，……。」〔註79〕

在此筆者擬討論蕭禧久留宋汴京，以及辭而不行一事，據《長編》卷二六二，說：「故事使者留京不過十日，禧至以三月庚子（八日），（四月五日）既入辭，猶不行，與縝等爭論或至夜分，留京師幾一月。」〔註80〕可知韓縝在館伴蕭禧期間，曾多次辛苦地與蕭禧爭論河東地界之事，而且蕭禧爲了等待得到宋朝廷滿意的回應，竟然違反宋遼使節只能逗留於對方京城十天的慣例，逗留於宋汴京幾近一個月之久。有關此種情形，筆者曾撰〈宋遼使節逗留於對方京城日數的探討〉一文，並且在該文中論及蕭禧此舉尤屬違例。〔註81〕

而在這段期間，宋神宗以「蕭禧久留不肯還，故遣（沈）括詣敵廷面議」，〔註82〕以及中書樞密院也強調，「分水嶺既不可許，蕭禧又未肯辭，欲通兩國之情，則泛使不可不遣，……。」〔註83〕因此在三月二十一日，宋朝廷以「右正言知制誥沈括假翰林院侍讀學士爲回謝遼國使，西上閤門使榮州刺史李評

〔註78〕〔宋〕李燾，《長編》，卷262，宋神宗熙寧八年四月丙寅條，頁6378。
〔註79〕〔宋〕李心傳，《舊聞證誤》，卷2，頁30～31。
〔註80〕〔宋〕李燾，《長編》，卷262，宋神宗熙寧八年四月丙寅條，頁6378～6379。
〔註81〕可參閱蔣武雄，〈宋遼使節逗留於對方京城日數的探討〉，《空大人文學報》第12期（臺北：空中大學，民國92年12月），頁197～212。
〔註82〕〔宋〕李燾，《長編》，卷261，宋神宗熙寧八年三月癸丑條，頁6362。
〔註83〕〔宋〕李燾，《長編》，卷261，宋神宗熙寧八年三月甲寅條，頁6363。

假四方館使副之。」〔註84〕當時沈括在啓程赴遼之前,「於樞密院閱案牘,得契丹頃歲始議地畔,書指石長城爲分,今所爭乃黃嵬山,相遠三十餘里」。〔註85〕因此根據沈括《入國別錄》的記載,可知從五月二十九日至六月四日,他和遼方與會者有館伴使林牙興復軍節度使蕭禧、始平軍節度使耶律壽、副使樞密院直學士右諫議大夫梁穎、樞密副使楊益戒等人,先後共會面商量六次,爲宋朝保住了黃嵬大山,不以黃嵬山分水嶺爲界。《宋史》〈沈括傳〉,也特別提到:「凡六會,契丹知不可奪,遂舍黃嵬而以天池請。」〔註86〕

五、宋神宗對韓縝至河東會勘商量地界的指示與結果

至五月中旬,韓縝赴河東與遼官員商量地界時,宋神宗曾特別指示韓縝有關商量地界的原則與辦法,據《長編》卷二六四,說:

> 五月癸酉(十三日),上(宋神宗)批付韓縝等:「勘會昨朝辭日,曾面諭卿等,候卿到邊上,先約與北人於水峪地分相見分畫訖,將以次地分商量。今得卿等今月十九日奏,與蕭禧、穎相見,因何卻將東至團山鋪,西至瓦窰塢一起並與北人議定,遂致貪婪麻谷地分,不肯了當,可速分析奏聞。其水峪以次地分,不管更致促迫,須候一處開壕立埭,一切了當,方得躬親往彼按視分畫。」〔註87〕

> 五月甲戌(十四日),……上(宋神宗)批付韓縝等:「今月十三日,據走馬承受所奏,有陽武石砆所寨續起遣弓箭手三百餘户一千餘口,見無處安存。及卿等與禧、穎相見日,逐不住添展地土,致北人旋旋侵逾,不肯休止等事。未知上項弓箭手因何又有起遣,及添展地土有何道理,是不是慶曆中撥與,後來卻有侵過之處,疾速勘會聞奏。」〔註88〕

從以上宋神宗對韓縝的兩項批付,可知宋神宗原先指示韓縝「先去分劃雁門寨水峪地界,然後依次到蔚州、朔州等,逐個劃界,但談判剛開始,韓縝等人就迫於壓力,先分劃了崞縣爭議地界,甚至還與遼人商討是否一概以分水

〔註84〕〔宋〕李燾,《長編》,卷261,宋神宗熙寧八年三月癸丑條,頁6362。
〔註85〕〔宋〕李燾,《長編》,卷261,宋神宗熙寧八年三月辛酉條,頁6367。
〔註86〕〔元〕脫脫,《宋史》,卷331,列傳第90,沈括,頁10655。
〔註87〕〔宋〕李燾,《長編》,卷264,宋神宗熙寧八年五月癸酉條,頁6463。
〔註88〕〔宋〕李燾,《長編》,卷264,宋神宗熙寧八年五月甲戌條,頁6465。

嶺劃界，從而將原本不屬爭議的麻谷地分，列入劃界議程」。〔註89〕並且也顯示至此時宋神宗對於韓縝的辦事態度轉而不太放心，因此希望韓縝要細心確實，隨時「疾速勘會聞奏」。

宋神宗對於韓縝有這樣的要求，一則是因為宋遼兩國的河東劃界交涉正在逐步的推展，不希望發生差錯；另一則是宋神宗對於韓縝的辦事態度已逐漸不能放心，這可從以下的記載得知，例如據《石林詩話》，說：「元豐初，虜人來議地界。韓丞相玉汝（韓縝）自樞密院都承旨出分畫。玉汝有愛妾劉氏，將行，劇飲通夕，且作樂府詞留別。翌日，神宗已密知，忽中批步軍司遣兵為般家追送之。玉汝初莫測所因，久之方知其自樂府發也。蓋上以恩禮待下，雖閨門之私，亦恤之如此，故中外士大夫無不樂盡其力。劉貢父（劉攽 1023～1089），玉汝姻黨，即作小詩寄之，以戲云：『票姚不復顧家為，誰謂東山久不歸？卷耳幸容携婉孌，皇華何啻有光輝。』玉汝之詞，由此亦遂盛傳於天下。」〔註90〕這一項軼事顯示出宋神宗對於韓縝河東之行，頗不放心，因此特別關注，進而能掌握其動向。另外，據《長編》卷二六五，也說：「六月乙巳（十五日），韓縝奏乞面陳利害，上（宋神宗）謂王安石曰：『（韓）縝但要入京耳，必無甚利害。』安石曰：『恐有親見利害，須面陳。』上曰：『縝前因北使來，便云敵必生事，後有何事？縝善張皇妄說耳。』」〔註91〕這一段記載更清楚反映出宋神宗對於韓縝至河東劃界一事很關注，但是因為韓縝「善張皇妄說耳」，因此又顯得不太放心。

當時在進行分劃河東地界之際，宋方的人事安排還是不很穩定，頻頻換人，據《長編》卷二六五，說：「六月戊午（二十八日），太原府走馬承受樂士宣言：『地界司韓縝、周永清，今在太原府，如縝、永清赴代州日，臣當同往，或令臣先往。』上（宋神宗）批：『代州等處地界既按視了當，亦無可預議者，可速指揮永清還代州。』此據御集六月二十八日事。按永清以四月十七日受命，本傳云：『永清不願行，固遣之，俄復命李評同往，永清上章陳利害，以母病乞還。』按是年七月十八日始命李評同分畫，此時永清已還代州矣，本傳似差誤，當考。」〔註92〕另外，如同前文所言，宋神宗對於韓縝擔

〔註89〕 彭山杉，〈封疆之守——宋遼河東熙寧劃界諸層面〉，頁54。

〔註90〕 〔宋〕葉夢得，《石林詩話》，收錄於《百部叢書集成·百川學海》（台北：藝文印書館，1965年），頁5。

〔註91〕 〔宋〕李燾，《長編》，卷265，宋神宗熙寧八年六月乙巳條，頁6486～6487。

〔註92〕 〔宋〕李燾，《長編》，卷265，宋神宗熙寧八年六月戊午條，頁6517。

任商量河東地界的工作不太放心，因此曾想換人，據《長編》卷二六六，說：
「四方館使榮州刺史李評河東同分畫地界，評使遼甫還，上（宋神宗）復遣
之，尋有詔促評起發。又欲罷韓縝，輔臣僉以爲不須罷，乃已。」〔註93〕可
見宋神宗曾有意以李評取代韓縝，但是因爲新黨朝臣的反對，因此宋神宗只
好停止此一想法。

　　至七月十六日，當「韓縝等圖上河東緣邊山川、地形、堡鋪分畫利害」〔註
94〕時，宋神宗曾加以指示，詔「雙井水峪、瓦窰塢分畫地開壕立堠，增置鋪
屋控扼處，並依奏。石門子鋪如在三小鋪外，更不拆移。其見安新鋪以東，
接胡谷寨地元非分畫處，若北人言及，即以此拒之。如固爭執，奏取其旨。
其白草鋪，西接古長城，先從北與之議，毋得過分畫地界。其古長城以北弓
箭手地，聽割移」。〔註95〕但是至七月二十八日，宋神宗仍未見韓縝迴報進行
的情形，又批示：「契勘河東分畫地界所，已兩次承準北人公牒，欲於雙井地
分期約相見。至今韓縝等未見迴報，可速降指揮令具約定何月日，與北人相
見，急遞以聞。」〔註96〕而在八月三日，「河東經略司言：『準分畫地界所牒，
已差晉州、麟州、代州通判赴所當勾當公事，及委使臣馬仲良等五人準備使
喚，已發遣去訖。』」〔註97〕但是宋神宗認爲不必增加人員，反而必須精簡人
員，因此批示，說：「契勘分畫地界，開壕立堠，自有諸寨使臣及逐處巡檢。
未知用許多文武官作何使喚？可箚與韓縝等令留合用勾當的確人外，餘並放
令歸本任。」〔註98〕從以上幾則引文，可知宋神宗對於河東會勘商量劃界的
情況、進度和人事如何都能有所了解。

　　至此年九月，宋遼分劃河東地界的會勘工作逐漸進入緊鑼密鼓的階
段，因此宋神宗在此月份，曾先後兩次批示韓縝等人。一在九月十三日批
付，說：

　　　今月六日，得卿等繳奏北人來牒，豈嵐軍地分見守把界壕，非元初分
　　　立界至處所。詳料北敵之意，必以卿等累督其先開立蘆茅山以西壕
　　　堠，疑已尚有準擬分畫之地，謂我含而不洩，幸而議不及之，急欲承

〔註93〕〔宋〕李燾，《長編》，卷266，宋神宗熙寧八年七月戊寅條，頁6527。
〔註94〕〔宋〕李燾，《長編》，卷266，宋神宗熙寧八年七月丙子條，頁6526。
〔註95〕〔宋〕李燾，《長編》，卷266，宋神宗熙寧八年七月丙子條，頁6526。
〔註96〕〔宋〕李燾，《長編》，卷266，宋神宗熙寧八年七月戊子條，頁6537。
〔註97〕〔宋〕李燾，《長編》，卷267，宋神宗熙寧八年八月壬辰條，頁6541。
〔註98〕〔宋〕李燾，《長編》，卷267，宋神宗熙寧八年八月壬辰條，頁6541～6542。

就了當，故復反覆侵貪，不肯休已。敵情若此，苟不以堅緩持之，不惟草域川地決不可與，深恐侵淫滋長，邀求大事，遂致爭競，難保盟約。卿等宜示以持久不易之意，庶幾姦貪或能阻止。昨降指揮，令卿等暫般挈家屬在彼，可速依準，庶北人伺知，信我不憚持久。前日降出雄州繳奏北界涿州來牒一道，稱：「準樞密院箚子，據山西都鈐轄司申，近巡歷緣山口鋪有雙井地蔡家口，南人阻擋北界人旅過往等事，已降付樞密院訖。」看詳上件北牒乃是昨據邊報北廷差官特來按視，欲有爭理疆事，今之來牒乃開端耳。已後次第必須相繼迤邐，漸漸加緊理會。故今應接之始，不可不謹。卿可於本房取索子細看詳，照對前後文字，與樞臣面議，審擬一回牒進呈。〔註99〕

此時韓縝正與遼人分劃岢嵐軍瓦窰塢的部分，宋神宗認爲雖然原先已答應可依分水嶺爲界，但是仍指示韓縝在實地勘查時要明確，不要被遼方從中擴大向南延伸，並且希望韓縝能「堅緩持之」。

另一次是在九月二十九日，宋神宗批付韓縝等人，說：

今月十四日，據走馬承受奏，於今月十日有燕復等引領北人來黃嵬大山第四鋪，開立壕堠次，卻有弓箭手三百餘人執持弓箭棒杖趕打北人。及貼黃稱，地界司見勾將官馮勝下防拓兵級，欲要處置等事，勘會除古長城內有起遣著人戶，朝廷已令標撥與地土外，未知因何又起遣著若干人數，可疾速分析聞奏。其弓箭手爭鬧事，仍須婉順開諭，不得麤率，妄有處置。〔註100〕

此時協助韓縝的燕復正引領遼臣在黃嵬大山進行分劃地界，卻發生宋方弓箭手三百餘人趕打遼臣，因此宋神宗特別希望韓縝能「婉順開諭」。

至十月一日，宋神宗「命龍圖閣直學士樞密都承旨曾孝寬（1025～1090）往河東分畫地界所計議公事」。因爲當「時李評言義興冶、胡谷、茹越、大石四寨堡鋪分界，與韓縝所上畫圖不同，故遣孝寬往審閱」。及至「孝寬請差官案視改正而歸，仍詔孝寬有申陳事具奏，從入內內侍者進入。及孝寬以圖籍案視，而并邊未嘗侵北境，乃奏曰：『國家所以待敵人者，恩與信也。恩不可縱，信不可失，苟細事不較，則將有大於此者矣。宜如故便。』」〔註101〕可知

〔註99〕〔宋〕李燾，《長編》，卷268，宋神宗熙寧八年九月壬申條，頁6568。
〔註100〕〔宋〕李燾，《長編》，卷268，宋神宗熙寧八年九月戊子條，頁6580。
〔註101〕〔宋〕李燾，《長編》，卷269，宋神宗熙寧八年十月己丑條，頁6582。

此時有關代州北義興冶、胡谷、茹越、大石四寨分界已完成分劃，但是「與韓縝所上畫圖不同」，因此宋神宗特別派遣曾孝寬前往視察、改正。

至十月十四日與十一月四日，因為負責分劃地界的遼臣有所更換，宋神宗曾先後批付韓縝，據《長編》卷二六九，說：「今月九日，得卿等繳奏北人來牒，卻改差蕭禧代耶律壽分畫地界事，未知遼人之意何在？可火急體量奏來。所有疆議，今後宜再三思慮應接，無見露憚於持久，爲遼人窺度，致浸淫生事，卒難了絕。」〔註102〕另據《長編》卷二七○，說：「說：「聞（蕭）禧、（梁）穎近已離麻谷鋪，北往靈邱縣去。觀北人之意，必是別處移牒，或遣使促議。卿等宜更就彼斟酌人情，方便羈縻留連，勿使悻然絕議北去，卻恐意外別致生事，朝廷難爲酬答。」〔註103〕可知宋神宗要韓縝特別注意遼方更換人員的意圖何在？並且也要韓縝「勿使悻然絕議北去」。

至十一月二十八日，宋神宗對於尚未分劃的地界，曾批示說：「『中書樞密院同議代北疆事，可來日就旬休於東府詳議進呈，不可更遲疑滅裂。』乃議定東水嶺一帶從雁門寨北過分畫，西陘地令接古長城處分畫，瓦窰塢地令案視分水嶺所在分畫，麻谷寨水窰鋪當折移，令韓縝等先勘會聞奏。」〔註104〕這等於是一個方案，讓韓縝在處理尚未分劃的地界時，能有所依據。

及至十二月六日，據《長編》卷二七一，說：「上批付韓縝等：『今月二日據雄州繳到北界來牒，坐到牙帳指揮仰仗韓縝等所立旗表去處，於麻谷以北界分畫。尋已令樞密院箚子付卿等去訖，可疾速細詳北界牒內事節，如見（蕭）禧、（梁）穎，更切和會商量，勿致謗張，庶早見了絕。』韓縝等言：『北界理辨疆界，蕭素、梁穎已歸牙帳，乞暫赴闕奏稟。』詔縝案視畫圖，齎赴闕。」〔註105〕以及熙寧九年（一○七六年）正月六日，《長編》卷二七一，說：「上批：『河東分畫地界公事韓縝、李評，候北使辭訖，可降與今來合分畫去處文字，仰遵守施行，仍早令起發。』」〔註106〕據此二段記載，可知宋遼河東分劃地界一事，在此時已獲得初步的結果，宋神宗並且命令韓縝回京報告時，要攜帶相關的地圖與詳細的文字說明。

〔註102〕〔宋〕李燾，《長編》，卷269，宋神宗熙寧八年十月壬寅條，頁6602。
〔註103〕〔宋〕李燾，《長編》，卷270，宋神宗熙寧八年十一月壬戌條，頁6620。
〔註104〕〔宋〕李燾，《長編》，卷270，宋神宗熙寧八年十一月丙戌條，頁6628。
〔註105〕〔宋〕李燾，《長編》，卷271，宋神宗熙寧八年十二月癸巳條，頁6637。
〔註106〕〔宋〕李燾，《長編》，卷272，宋神宗熙寧九年正月癸亥條，頁6657。

但是實際上此時尚有寧化軍天池地界和岢嵐軍瓦窰塢地界尚未劃定，因此在熙寧九年二月九日，宋神宗「批：『河北分畫地界，其天池一項，近韓縝等已嘗申明奏請，朝廷雖已回降指揮，恐亦未至明顯，縝等到彼，不免又須逐旋奏稟，必是復致稽緩。可檢會近降指揮再議與一處分，仍令縝往寧化軍按視聞奏。』」〔註107〕以及六月十八日，宋神宗「批：『北人見爭理瓦窰塢地分，可速降指揮下韓縝等令子細遍行檢視，詳悉畫一地圖聞奏。其堡鋪、山川、人戶、壯丁及水流所向，並須一一貼黃聲說，不得小有鹵莽漏落。』」〔註108〕顯然這兩處尚未劃定的地區，至此年六月也逐漸有個結果。因此在八月二十二日，宋神宗曾批示「近迴北界理會河東疆事牒，宜錄一本箚下韓縝等照會」。〔註109〕

疆界一事既然已至劃定階段，則地面上堡壘的爭執就比較容易解決，因此宋神宗在十月二日，「詔：『麻谷寨地令韓縝等牒與蕭禧係通好以前興建，終不可拆移，雖相見必難商量，候降本朝牒去文字，即約日相見。』」〔註110〕另外，在十月十一日，河東分畫地界分所奏：「準北界理辨疆界所牒，遠探鋪侵礙當界地步，并本所回牒本奏聞。」〔註111〕宋神宗批示：「宜令韓縝等選委從京將帶去官二員，令躬親詣北人所指去處，更切子細檢視，恐後來實有侵逾，即依理速行改正訖奏。」〔註112〕這均顯示宋遼河東劃界的交涉，至此時已可謂告一段落，只剩地面堡壘的問題仍待解決。

因此至十一月二十五日，韓縝正式向宋神宗作報告，據《長編》卷二七九，說：「韓縝等言與北人分畫瓦窰塢地界。詔依水流南北分水嶺分畫。此據密院時政記十一月二十五日事。但恨不詳，姑存之。當考。韓縝棄地七百里，或緣此。六月十八日，上批當考。蘇轍劾韓縝章，有云縝昔奉使定契丹地界，舉祖宗山河七百餘里，以資敵國，坐使中華之俗陷沒方外，敵得乘高以瞰并代，朝廷雖有勁兵良卒，無所復施，章在元祐元年閏二月甲午。又云，訪聞河東，當日割地與遼，邊民數千家墳墓、田業皆入異域，驅迫內徙，哭聲振天，至今父老痛入骨髓，而沿邊嶮要，舉以資敵。此乃萬世之深慮，縝以一死為謝，猶未塞責。章在閏二月甲辰。又呂陶章云云，在閏二月末，轍又有章，在三月戊辰，其論

〔註107〕〔宋〕李燾，《長編》，卷273，宋神宗熙寧九年二月乙未條，頁6681。
〔註108〕〔宋〕李燾，《長編》，卷276，宋神宗熙寧九年六月壬寅條，頁6749。
〔註109〕〔宋〕李燾，《長編》，卷277，宋神宗熙寧九年八月丁未條，頁6778。
〔註110〕〔宋〕李燾，《長編》，卷278，宋神宗熙寧九年十月乙酉條，頁6793。
〔註111〕〔宋〕李燾，《長編》，卷278，宋神宗熙寧九年十月甲午條，頁6798。
〔註112〕〔宋〕李燾，《長編》，卷278，宋神宗熙寧九年十月甲午條，頁6799。

割地事尤詳。」〔註113〕韓縝所提，即是瓦窯塢地界也以分水嶺予以劃定，因此至此時宋遼劃界交涉確實終於有個結果，但是根據此段引文的註語，提到後來蘇轍對韓縝的彈劾，則顯示宋人在與遼的劃界交涉中，應是棄地了較多的區域。

六、韓縝在宋遼劃界之後所遭受的指責

有關遼國當初所提擬與宋國交涉地界、壕堠、舖舍等事宜，既然至熙寧九年年底，均已獲得解決，因此宋神宗在熙寧十年（一〇七七年）五月二十六日，特別「詔韓縝等：『昨已與北人分畫緣邊界至，其山谷、地名、壕堠、舖舍相去遠近等，並圖畫簽貼，及與北人對答語錄編進入。』」〔註114〕可知宋神宗希望把此一交涉的過程與結果做成檔案，以便可供日後的參考。而至十二月十七日，「韓縝等上與遼人往復公移及相見語錄并地圖，詔縝同呂大忠以耶律榮等齎來文字、館伴所語錄、及劉忱等案視疆場與北人論議、及朝廷前後指揮，分門編錄以聞。」〔註115〕也讓我們知道韓縝等人已把此一檔案完成建檔，並且呈上給宋神宗。

另外在此同時，宋神宗也對相關人員給予獎勵，例如在六月十四日，「賜天章閣待制韓縝、四方館使榮州刺史李評衣帶及銀、絹各百五十，縝仍許服金帶，以分畫河東地界之勞也。其準備差使、供備庫副使燕復等各減磨勘年有差。」〔註116〕《宋史》〈韓縝傳〉，也說：「（宋神宗）詔（韓縝）乘驛詣河東，與（蕭）禧分畫，以分水嶺為界。復命，賜襲衣、金帶，為樞密都承旨，還龍圖閣直學士。」〔註117〕可見韓縝因為能依宋神宗指示，完成與遼會勘畫界的任務，因此所受賞賜頗為豐厚。

至於在處罰方面，則有七月十七日，「樞密院奏：『知忻州蕭士元、持服秘書丞呂大忠昨按視河東地界，內有不於圖子上貼畫出所指地名及分水嶺去處，未當事理。』詔：『蕭士元、呂大忠累經赦恩，並特放罪。』河東分畫地界所燕復等檢踏天池西南無橫嶺地名，後再檢視，有故寨嶺亦名橫嶺。詔復等所得減年磨勘內各除一年。」〔註118〕

〔註113〕〔宋〕李燾，《長編》，卷279，宋神宗熙寧九年十一月丁丑條，頁6825。
〔註114〕〔宋〕李燾，《長編》，卷282，宋神宗熙寧十年五月乙亥條，頁6918。
〔註115〕〔宋〕李燾，《長編》，卷286，宋神宗熙寧十年十二月癸巳條，頁6999。
〔註116〕〔宋〕李燾，《長編》，卷283，宋神宗熙寧十年六月壬寅條，頁6927。
〔註117〕〔元〕脫脫，《宋史》，卷315，列傳卷第74，韓縝，頁10315。
〔註118〕〔宋〕李燾，《長編》，卷283，宋神宗熙寧十年七月乙丑條，頁6937。

　　但是至元豐八年（一〇八五年）三月戊戌（五日），宋神宗死了之後未久，朝廷大臣的新舊黨爭開始有了很大的變化，尤其是新黨的失勢，使屬於新黨的韓縝備受多位舊黨人士的指責。

　　關於此一情況，筆者在此僅舉其議論內容有涉及河東劃界交涉以致於棄地的部分。首先據《舊聞證補》說：「蓋自（熙寧）七年之春至（熙寧）十年之冬，前後歷四年，而地界始畢，凡東西棄地七百餘里。其後元祐間台諫累章劾（縝）奉使辱國而罷相者，此也。」〔註119〕以及《宋史》〈韓縝傳〉，說：「（宋哲宗）元祐元年（一〇八六年），御史中丞劉摯（1030～1098）、諫官孫覺（1028～1090）、蘇轍（1039～1112）、王覿（1036～1103），論縝才鄙望輕，在先朝為奉使，割地六百里以遺契丹，邊人怨之切骨，不可使居相位。章數十上，罷為觀文殿大學士、知潁昌府。」〔註120〕綜合此二項史料，可略知當時御史中丞與諫官等朝臣，頗以韓縝在宋遼劃界交涉上，棄地六、七百餘里為理由，強調其不可擔任宰相。這也是舊黨人士攻擊韓縝的基本論調。

　　至於詳細的情形，有左諫議大夫孫覺，在宋哲宗元祐元年二月甲申二十五日，說：「臣竊見左僕射蔡確（1037～1093）、右僕射韓縝兩人，皆非以德進者也。或以典治獄事，或以分畫邊界而至執政官。……韓縝不學無術，士大夫不以輔相期之。先朝常以北敵爭地事付之，眾謂縝必辱命，已而果然，無故割地，其長七百餘里，以遺北敵，邊人怨之切骨，以為奪我祖父之地，棄之敵人，非獨惜其地也，又歸怒於朝廷。敵人得地之後，日益桀傲。今縝為右僕射，臣見北使來朝，問知其官，各相顧微笑，意以為中國無人，乃使是人為相也，蓋有輕中國之心，每輒驕慢。……伏乞皇帝陛下、太皇太后陛下，以災異之故罷免（蔡）確、縝，別選有德有言眾所畏服者，使稱其位。外足以鎮撫四夷，內足以悚動天下，以懷徠桀傲不軌之心，不勝幸甚。」〔註121〕

　　閏二月甲申（疑原書有誤，當作癸巳（五日）），（右司諫）（蘇）轍言：「如（韓）縝昔奉使定契丹地界，舉祖宗山河七百餘里以資敵國，坐使中華之俗，陷沒契丹。敵人得乘高以瞰并、代，朝廷雖有勁兵良將，無所復施。……。」〔註122〕

〔註119〕〔宋〕李心傳，《舊聞證補》，卷2，頁31。

〔註120〕〔元〕脫脫，《宋史》，卷315，列傳第74，韓縝，頁10311。

〔註121〕〔宋〕李燾，《長編》，卷366，宋哲宗元祐元年二月甲申條，頁8810～8811。

〔註122〕〔宋〕李燾，《長編》，卷368，宋哲宗元祐元年閏二月甲申條，頁8867。

閏二月甲辰十六日，右司諫蘇轍言：「臣近三上章，乞罷免右僕射韓縝，至今未蒙施行。……又河東定地界一事，獨擅其責。臣聞縝定界時，多與邊人燕復者商議，復勸成其事，舉祖宗七百里之地以資寇讎，復有力焉。復本河東兩界首人，親戚多在北境，其心不可知，而縝與狎暱，不持一錢，托令買馬，及事發，乃云方欲還錢。如此而可，則凡天下犯贓之人，無事恣意受之，有事則云方欲還主，便不書罪，則是天下更無贓吏矣。復之心跡，眾所疑畏，縝為大臣，曾不為國深慮，私相往還，至受賄遺。正使縝先將金錢令人買馬，亦須托良善士人，不當及復，而況不持一錢，將何證明知是欲還而未及。欺謾苟免，略不知愧。訪聞河東當日割地與敵，邊民數千家、墳墓、田業皆入異域，驅迫內徙，哭聲振天，至今父老痛入骨髓。而沿邊險要，舉以資敵，此乃萬世之深慮，縝以一死為謝，猶未塞責。」〔註123〕又言：「……先帝初使呂大忠商量地界，大忠果敢有謀，堅執不與。北使自知別無的確證驗，已似懾伏。而縝闇懦，遂壞此事。乞取問大忠及當時知次第人，即見詣實。」〔註124〕

另外，閏二月，殿中侍御史呂陶（1028～1104）也曾言：『伏見韓縝……奉使河東日，肆為醜行，形於翰墨，為邊臣燕復所把持，乃至呼復為兄，而護庇其過失，……。其使河東日，實為北使梁允（梁穎）所屈，遂割吾境上形勝之地數百里以資敵人，使吾沿邊弓箭手、熟戶等，去墳墓桑梓之日，哀號怨憤，所不忍聞。乃奪官員職田并五臺寺家田以處之。其襟要控扼去處，多為彼有，辱命蹙國，罪當萬死。先帝志在收復幽燕，不欲聖機漏露，一切包忍。既而梁允以拓土之功，歸其國為兩府，吾亦用韓縝以示不疑耳。其實非大用也。……。』」〔註125〕

三月戊辰十一日，右司諫蘇轍言：「……今外夷蓄謀，安危未分，折衝禦侮，專在輔弼。去歲敵使入朝，見（韓）縝在位，使副相顧，反脣微笑。此何意也？誠見縝無狀，舉祖宗七百里之地，無故與之。今其為政，我之利也，故喜而竊笑耳。啟姦辱國，必始于是。敵人地界之謀，出于耶律用正，今以為相，以闢國七百里而相用正，理固當爾。而朝廷以蹙國七百里而相縝，臣愚所未喻也。……及韓縝定地界，皆割與之。主戶約一千五百餘戶，客戶三四倍之，驅

〔註123〕 〔宋〕李燾，《長編》，卷369，宋哲宗元祐元年閏二月甲辰條，頁8901～8902。
〔註124〕 〔宋〕李燾，《長編》，卷369，宋哲宗元祐元年閏二月甲辰條，頁8902。
〔註125〕 〔宋〕李燾，《長編》，卷370，宋哲宗元祐元年閏二月條，頁8960。

迫內徙，墳墓廬舍及所種田禾皆委之而南。老幼慟哭，所不忍聞，遂以天池嶺爲界。……敵使梁永、蕭禧，本以橫山下大川爲界，至七蕃嶺下，乃徙入漢地圍裏。此嶺凡二十八里，意欲自此直至分水嶺界。……使縝稍有臣子忠孝不負本朝之心，則七百里之地，必不至陷于寇讎之境也。……。」〔註126〕

是月（三月），右正言王覿奏：「……而韓縝者，猶得偃然以當宰相之任，此非臣之所喻也。……縝之定地界，棄地于北敵者長數百里，……其乖繆如此，而能爲陛下鎮服四夷乎？……。」〔註127〕

從以上諸所引，可知韓縝在此數個月中，確實備受舊黨人士的批評與指責，尤其是把韓縝在宋遼河東劃界交涉上的不當，列爲不適任宰相的理由之一。因此至四月初，宋哲宗對此事加以處置，據《長編》卷三七四，說：

> （元祐元年）夏四月己丑，正議大夫、守尚書右僕射、兼中書侍郎韓縝爲光祿大夫、觀文殿大學士、知潁昌府。臺諫前後論縝過惡甚眾，皆留中不出。內批：「縝自以爲不才，恐妨賢路，故乞出。視矜功要名而去者爲得進退之體，故有遷官之異，宜於制詞中聲說此意。」制辭略曰：「至誠屢抗於封章，自訟恐妨於賢路，異乎矜功要名而去，尤得難進易退之體焉。」矜功要名，蓋指蔡確、章惇也。……及韓縝罷，即遣中使召（文）彥博，蓋用（司馬）光奏云。〔註128〕

顯然至此時，韓縝在各方指責之下，只好自我請辭，而宋哲宗也立即予以批准。

七、結 論

綜合以上的論述，筆者認爲如果要討論誰該爲宋朝廷在宋遼河東劃界交涉事件上，負起棄地的責任，很明顯的，應是宋神宗和韓縝二人。因爲王安石、沈括、劉忱、蕭士元、呂大忠、李評、曾孝寬等人，其實都只是階段性的接觸與介入，只有宋神宗和韓縝兩人是全程參與者。也就是在宋遼劃界交涉的過程中，宋神宗是宋朝方面的主持者、指揮者、詔令者、批示者、決策者，而韓縝是奉詔令、批示的執行者、會勘者、交涉者。因此如謂誰該爲宋

〔註126〕〔宋〕李燾，《長編》，卷371，宋哲宗元祐元年三月戊辰條，頁8988～8989。
〔註127〕〔宋〕李燾，《長編》，卷373，宋哲宗元祐元年三月條，頁9046。
〔註128〕〔宋〕李燾，《長編》，卷374，宋哲宗元祐元年四月己丑條，頁9053～9054。

朝棄地負責，則應屬宋神宗與韓縝二人。誠如彭山杉在其碩士論文〈封陲之守——宋遼河東熙寧劃界諸層面〉〔結論〕，所說：

> 這種中央決策層逐漸捲入界爭的趨勢，可從宋神宗對河東劃界的參與度中窺見一斑。在熙寧七年蕭禧使宋前，神宗並未直接過問河東爭界事，泛使蕭禧初次朝見，神宗一度揣測遼人的真實目的是慶曆年爭執過的關南十縣，而非僻遠無聞的代北邊界，……。

> 然而，隨著遼人的軍事施壓和蕭禧第二次使宋，河東爭界驟然緊迫，神宗為此開天章閣專門討論爭界事宜，甚至特意下詔問韓琦、曾公亮等老臣意見，在此後韓縝主持的劃界過程中，神宗至〔自〕始至終保持與韓縝溝通，直接參與到實際的指揮和決策中，這與之前「令一職官往彼計會」的解決方法，有明顯反差。神宗對劃界過程中的遙控指揮，甚至達到事無巨細、錙銖必聞的地步。筆者以為，神宗皇帝對河東界爭的參與程度，絲毫不亞於王安石、韓縝、沈括等大臣，多數爭議地段的劃界決策，均直接出自神宗聖旨，由韓縝執行，後世所謂韓縝「失地七百里」、王安石「失地五百里」，多少有為尊者諱的意味。〔註129〕

可見該為宋朝棄地負責之人，應是宋神宗和韓縝二人，但是因為宋神宗是皇帝，臣子們不敢論其非，因此在史書的記載中，我們很少見到宋臣們對宋神宗在此事件上的表現加以批評、指責。及至宋神宗死後，在宋哲宗元祐年間，主持變法的新黨勢力衰減，舊黨聲勢崛起，遂把對棄地失策與惡果的責任，都加在屬於新黨的王安石、韓縝身上。

　　筆者認為當時因為有新舊黨爭，因此留存至今的史書記載，頗有批評、指責對方，而肯定、稱讚己方的言論。這都有可能或多或少地造成我們在研究宋遼河東劃界交涉事件時，被誤導而做出錯誤、偏差的判斷和論述，就以韓縝事蹟為例，據《舊聞證補》說：「蓋自七年之春至十年之冬，前後歷四年，而地界始畢，凡東西棄地七百餘里。其後元祐間台諫累章劾〔縝〕奉使辱國而罷相者，此也。伯山（趙子崧？～1132）謂玉汝〔韓縝〕館客時持不許之論，上以為然，全失其實。」〔註130〕這是一段否定韓縝在劃界交涉表現的言論，但是《舊聞證補》又引《韓莊敏遺事》，說：「地界事久不決，神宗令近璫劉

〔註129〕彭山杉，〈封陲之守——宋遼河東熙寧劃界諸層面〉〔結論〕，頁67。
〔註130〕〔宋〕李心傳，《舊聞證補》，卷2，頁31。

惟簡齋手箚責韓玉汝云：『疆事訪問文彥博（1006～1097）、曾公亮（998～1078），皆言南北通好百年，生靈得以休息。有所求請，當且隨宜應副。朝廷已許，而卿猶固執，萬一北虜生事，卿家族可保否？』韓具奏：『敵情無厭，累朝以來常患應接太遽，致今得遂狡謀，臣不敢以家族為慮，上誤國事。』上察其忠，賜以御服貂裘。闕書名。出《韓莊敏遺事》。」〔註131〕這卻是一則肯定韓縝在劃界事件表現的記載。顯然在南宋時期，對於韓縝在劃界事件上，即已受北宋留下記錄的影響，而有不同的描述與評價。因此筆者認為在今天假如我們要指出或苛責某一兩人必須為此事件負責，可能都不是很恰當與正確的說法，當然也包括筆者的本文在內。

總之，宋朝的君臣不論是宋神宗、王安石、沈括、韓縝、劉忱、蕭士元、呂大忠、李評、曾孝寬等相關人士，其實在整個宋遼河東劃界交涉的過程中，都曾經努力地想要為宋朝保住疆土以及想要維持宋遼的和平，這應該是我們可以確定的。但是畢竟在當時遼強宋弱的形勢下，宋朝君臣最後只好做出讓步的決定。而在結束劃界交涉後，因為宋朝廷新舊黨爭，造成新黨勢衰，舊黨勢興，遂使新黨人士在宋神宗時期的所作所為，包括宋遼劃界交涉方面的表現，也都被加以否定與指責，甚至於在史書檔案文獻中留下許多偏頗、失真的言論記載。因此在今日，我們很有可能受此些史料誤導的情況下，要來論定宋朝的君臣哪一兩位必須為宋遼河東劃界交涉事件負責，似乎都必須持著保留的態度。

徵引書目

一、史料

1. 〔宋〕王稱，《東都事略》，台北：文海出版社，1979 年。
2. 〔宋〕朱弁，《曲洧舊聞》，北京：中華書局，2002 年。
3. 〔宋〕李燾，《續資治通鑑長編》，北京：中華書局，2008 年。
4. 〔宋〕李清臣，《琬琰集刪存》，台北：成文出版社，1966 年。
5. 〔宋〕邵博，《邵氏聞見後錄》，北京：中華書局，1983 年。
6. 〔宋〕邵伯溫，《邵氏聞見錄》，北京：中華書局，1983 年。
7. 〔宋〕彭百川，《太平治蹟統類》，台北：成文出版社，1966 年。

〔註131〕〔宋〕李心傳，《舊聞證補》，卷 2，頁 31。

8.〔宋〕葉夢得，《石林詩話》，收錄於《百部叢書集成・百川學海》，台北：藝文印書館，1965 年。

9.〔宋〕韓元吉，《桐陰舊話》，收錄於《百部叢書集成・古今說海》，台北：藝文印書館，1965 年。

10〔宋〕蘇轍，《龍川略志》，北京：中華書局，1982 年。

11.〔元〕脫脫，《遼史》，北京：中華書局，1974 年。

12.〔元〕脫脫，《宋史》，北京：中華書局，1974 年。

13.〔清〕徐松，《宋會要輯稿》，北京：中華書局，1997 年。

二、近人著作

1. 陶晉生，《宋遼關係史研究》，台北：聯經出版事業公司，1990 年。

2. 陶晉生，《宋遼關係史研究》，北京：中華書局，2008 年。

3. 鄧廣銘，《北宋政治改革家王安石》，北京：北京人民出版社，1975 年。

三、論文

1. 毛利英介，〈一〇七四から七六年におけるキタイ（遼）、宋間の地界交涉發生の原因について——特にキタイ側の視點から〉，《東洋史研究》第 62 卷第 4 號，2004 年 3 月。

2. 李之勤，〈熙寧年間宋遼河東邊界交涉研究——王安石棄地數百里說質疑〉，《山西大學學報》（哲學社會科學版），1980 年第 1 期。

3. 李之勤，〈最早誣蔑王安石棄地的不是邵伯恩而是蘇轍〉，《西北大學學報》（哲學社會科學版），1980 年第 3 期。

4. 陶晉生，〈王安石的對遼外交政策〉，《宋遼關係史研究》，台北：聯經出版事業公司，1990 年。

5. 陶晉生，〈宋遼邊界交涉的問題〉，《宋遼關係史研究》，北京：中華書局，2008 年。

6. 郭洪敏，〈論熙寧變法與宋遼劃界〉，東北師範大學碩士論文，2005 年 5 月。

7. 彭山杉，〈封陲之守——宋遼河東熙寧劃界諸層面〉，復旦大學歷史碩士論文，2012 年 4 月。

8. 彭鳳萍，〈淺析沈括使遼地界誤朝說〉，《益陽師專學報》第 22 卷第 1 期，2001 年 1 月。

9. 蔣武雄，〈宋對遼用諜幾個問題的探討〉，《東吳歷史學報》10，台北：東吳大學，民國 92 年 12 月。

10. 蔣武雄，〈宋遼使節逗留於對方京城日數的探討〉，《空大人文學報》第 12 期，台北：空中大學，民國 92 年 12 月。

11. 蔣武雄，〈宋使節在遼的飲食活動〉，《東吳歷史學報》16，台北：東吳大學，民國 95 年 12 月。

12. 蔣武雄，〈劉六符兄弟與遼宋外交〉，《中央人文學報》第 57 期，中壢：中央大學，民國 103 年 4 月。

13. 藍克利，〈政治與地理論辯——1075 年的宋遼邊界談判〉，收錄於《慶祝鄧廣銘教授九十華誕論文集》，石家莊：河北教育出版社，1997 年。

14. 《東方飛龍的日記》，〈司馬光、王安石到底誰棄地〉，http：//www.douban.com/note/332049639/2014-02-23.

（《東吳歷史學報》第 35 期，民國 105 年 6 月）

宋臣彭汝礪使遼的行程

摘　要

　　宋臣彭汝礪出使遼國時，所作的使遼詩目前約留存有六十首，因此雖然其《使遼語錄》已經失傳，但是我們仍然可以根據其使遼詩，知道其在使遼行程中的所見、所聞、所感，並且了解宋遼兩國在和平外交狀態下，雙方所進行的交聘活動。

關鍵詞：彭汝礪、宋、遼、外交、使節

一、前　言

　　關於宋遼的和平外交關係史可以分爲兩個階段，一是在宋太祖（927～976）開寶七年（遼景宗（948～982）保寧六年，西元 974 年），與遼建立起短暫的和平外交關係，〔註 1〕但是只維持了六年的時間，即因爲宋太宗（939～997）在太平興國四年（遼景宗保寧十一年，979 年），發動征遼之役，使兩國的和平外交關係中斷，又形成交戰對峙的狀態。〔註 2〕第二階段則是斷交之後二十五年，即宋眞宗（968～1022）景德元年（遼聖宗（971～1031）統和二十二年，1004 年），與遼簽訂澶淵盟約，建立起長期的和平外交關係，雙方也又恢復了互派使節，進行交聘的活動。〔註 3〕

　　當時宋使節從遼返回宋汴京之後，依照規定均須撰寫一份使遼報告繳交於國信所，稱爲《使遼語錄》（又稱《行程錄》、《奉使錄》、《使北錄》、《使北記》），其內容包括宋使節使遼期間與遼君臣應對酬答的情形，以及沿途所經過的城鎮、驛站，或所見所聞。另外，許多宋使節也會在往返遼境途中，以其敏銳的觀察力、感受力，撰寫使遼詩（又稱使北詩），描述沿途的自然風光、行程遙遠的艱辛、北國氣候的寒冷、思念家國的鄉愁，以及遼地的民情風俗等。因此在今天我們假如要研究宋遼外交的史實，除了可以參考《宋會要輯稿》、〔註 4〕《續資治通鑑長編》、〔註 5〕《宋史》、〔註 6〕《遼史》、〔註 7〕《契丹國志》〔註 8〕等基本史料的相關記載之外，最直接的參考史料應該就是《使遼語錄》和使遼詩了，因爲它們可謂是屬於第一手史料。

〔註 1〕可參閱蔣武雄，〈宋滅北漢之前與遼的交聘活動〉，《東吳歷史學報》11（台北：東吳大學，2004 年 6 月），頁 1～27。

〔註 2〕可參閱王曉波，〈宋太祖時期宋遼關係的變化〉，《宋代文化研究》7（成都：巴蜀書社，1998 年 5 月），頁 222～237。

〔註 3〕關於宋遼訂立澶淵盟約之後，兩國的交聘活動與使節任務，可參閱聶崇岐，〈宋遼交聘考〉，收錄於《宋史叢考》（下）（台北：華世出版社，1986 年），頁 283～375；黃鳳岐，〈遼宋交聘及其有關制度〉，《社會科學輯刊》1985 年第 2 期，頁 95～99；賈玉英，〈宋遼交聘制度之管窺〉，收錄於張希清等人主編，《澶淵盟約新論》（上海：上海人民出版社，2007 年），頁 388～399。

〔註 4〕〔清〕徐松，《宋會要輯稿》（北京：中華書局，1997 年）。

〔註 5〕〔宋〕李燾，《續資治通鑑長編》（上海：上海古籍出版社，1986 年）。

〔註 6〕〔元〕脫脫，《宋史》（台北：鼎文書局，1978 年）。

〔註 7〕〔元〕脫脫，《遼史》（台北：鼎文書局，1978 年）。

〔註 8〕〔宋〕葉隆禮，《契丹國志》，收錄於《遼史彙編》（七）（台北：鼎文書局，1973 年）。

　　但是非常可惜的是，留存至今的《使遼語錄》非常少，據傅樂煥（1913～1966）在〈宋人使遼語錄行程考〉指出：「使臣年年派遣，《語錄》自也不斷的出現，因此當時的人對於這種同時人的記載，習以爲常，當作官樣文章，並不特別的重視。因此，其流傳下來的本來不多，而保存到現在的，尤其是少而又少，這實是一件非常可惜的事情。……統計以上所舉共得十四種。宋遼約和百餘年，加之以例外的使臣，《語錄》之數，當不下於數百種。這眞可謂十不存一了。然而即此殘餘的十幾種中，其保存到現在的也還不到一半。據我所知，今存的只有七種〈實際上只六種〉，即：（路振 957～1014）《乘軺錄》……《王沂公（王曾 977～1038）上契丹事》……《薛映（951～1024）記》……《富鄭公（富弼 1004～1083）行程錄》……《宋綬（991～1040）上契丹事》……《陳襄（1017～1080）神宗皇帝即位使遼語錄》……《張舜民（生卒年不詳）使遼錄》……就中路振、陳襄兩者乃近年所新發見，《張舜民使遼錄》只殘餘下記契丹風俗的幾條，今皆暫置不談。其餘四種中，王曾記白溝〈宋遼國界〉到中京一段，富弼及薛映皆記中京到上京一段，宋綬記中京到木葉山一段，過去所恃以考證宋遼交通的材料，僅此而已。」〔註9〕另外，劉浦江在〈宋代使臣語錄考〉，也說：「……以上共計 26 種，前 21 種爲宋人使遼之入國語錄，其中 9 種今有足本或殘本傳世。後 5 種爲北宋之接伴送伴語錄，其中僅《元祐七年賀正旦使接送伴語錄》有殘本存世。」〔註10〕此二位學者對於《使遼語錄》殘存的種類、數目，雖然所言不太一致，但是我們已經可以了解，當時宋使節所撰的《使遼語錄》，留存至今者確實少之又少，而且又多有殘缺。

　　至於使遼詩，從宋遼長達一百多年的和平外交關係史來看，當時出使遼國的宋臣，至少約有七、八百位，〔註11〕因此應該也是撰寫了很多的使遼詩。但

〔註9〕傅樂煥，〈宋人使遼語錄行程考〉，收錄於《遼史叢考》（北京：中華書局，1984年），頁2、6～7。

〔註10〕劉浦江，〈宋代使臣語錄考〉，收錄於張希清主編，《10～13世紀中國文化的碰撞與融合》（上海：上海人民出版社，2006年），頁282。

〔註11〕在宋遼一百多年的和平外交史當中，兩國互派使節的人數，據傅樂煥，〈宋遼聘使表稿〉，說：「宋遼約和自澶淵之盟（1005年）迄燕雲之役（1122年）凡一百十八年。益以開寶迄太平興國間之和平（974～979年，凡六年），綜凡一百二十四年，估計全部聘使約一千六百餘人，《長編》、《遼史》所載者約一千一百五十人，以其他文籍補苴者一百四十餘人，待考者尚有三百二、三十人。」（「三」附考，甲、聘使統計），收錄於《遼史叢考》，頁232。另可參閱吳曉

是實際上，使遼詩留存至今者並不多，其中留存比較完整而又比較多首者，有劉敞（1019～1068）、歐陽修（1007～1072）、蘇頌（1020～1101）、蘇轍（1039～1112）、彭汝礪（1042～1095）等人。〔註12〕其他使節則往往只有數首使遼詩留傳下來，甚至於有未傳之於後世者，例如宋代名臣包拯（999～1062）雖然曾經出使遼國，但是只留傳其奏議集錄的部分，而其詩歌文章卻未被整理編輯成詩文集，因此在 1998 年出版的《全宋詩》，竟然也只收錄包拯所作的一首詩〈書端州郡齋壁〉，至於其使遼詩與《使遼語錄》在今日則都無法見及。〔註13〕

幸運的是，有關彭汝礪的使遼詩，在其《鄱陽集》〔註14〕中卻收錄約有六十首之多，是目前宋使節留存使遼詩最多者，因此雖然彭汝礪當時所撰的《使遼語錄》已經失傳，我們還是可以根據其使遼詩的詩題與內容，再輔以其他宋使節的《使遼語錄》、使遼詩，來探討其使遼的行程。

然而筆者要特別指出的是，擬從宋使節的使遼詩對其使遼行程作探討，實際上還是存在著某些程度的困難。因為古代文人的詩歌由其本人或他人編成詩文集時，往往是依古詩、律詩、絕句加以分類編成，因此有可能把該位使節所寫的使遼詩先後順序予以打散，分別列在古詩、律詩、絕句各項當中。以致於增加了我們在研究宋使節使遼行程問題上的困難，不僅有時無法確定其行至何地或返至何地作該首使遼詩，甚至於有時竟然無法判定其是否為一首使遼詩。

萍，〈宋朝朝廷遣使表〉，《宋代外交制度研究》（合肥：安徽人民出版社，2006年），頁 286～313。

〔註12〕宋臣使遼詩留存至今，較完整且較多者，例如劉敞約有二十七首、歐陽修約有十餘首、蘇頌有〈前使遼詩〉三十首，〈後使遼詩〉二十八首、蘇轍約有二十八首、彭汝礪約有六十首。另外，筆者撰有〈歐陽修使遼行程考〉，《東吳歷史學報》8（台北：東吳大學，2002 年 3 月），頁 1～27；〈蘇轍使遼始末〉，《東吳歷史學報》13（台北：東吳大學，2005 年 6 月），頁 17～43；〈韓琦與宋遼外交的探討〉，《東吳歷史學報》19（台北：東吳大學，2008 年 6 月），頁 47～76；〈從宋臣陳襄《神宗皇帝即位使遼語錄》論其使遼事蹟〉，《史匯》15（中壢：中央大學，2011 年 12 月），頁 1～22；〈宋臣劉敞使遼的行程〉，《東吳歷史學報》30（台北：東吳大學，2013 年 12 月），頁 1～40，此五篇文章可供讀者參考。

〔註13〕〔宋〕包拯，〈書端州郡齋壁〉，收錄於傅璇琮主編，《全宋詩》（北京：北京大學出版社，1998 年），卷 226，頁 2641。按，筆者曾撰〈包拯使遼事蹟的探討〉（未刊稿），知其本人的史料在今日只存《孝肅包公奏議》（也稱《包孝肅公奏議》或《包拯集》）（台北：台灣商務印書館，1966 年），而缺文集、詩集，深以為憾。

〔註14〕〔宋〕彭汝礪，《鄱陽集》（台北：台灣商務印書館，1970 年）。但是本文所引彭汝礪使遼詩，則是引自《全宋詩》所收錄者。

而彭汝礪所撰的詩集《鄱陽集》即有這一類的問題，據清人紀昀所編的《欽定四庫全書總目》，提到《鄱陽集》，說：「今《易義》、《詩義》已不傳。此本乃其詩集，亦止十二卷，非其完帙。又編次錯互，如古體中誤入律詩一首，律詩中誤入古體一首。〈武岡驛〉一首，有錄無詩。〈寄佛印〉一首，前後兩見，頗多復混。殆其本集久佚，後人掇拾殘剩，復爲此編，故其淆雜如此歟？」〔註 15〕可知清人在整理彭汝礪殘餘的詩作時，即已因「非其完帙」、「編次錯互」、「頗多復混」、「掇拾殘剩」，而無法作恰當的分類排序。因此在今日彭汝礪《使遼語錄》已經失傳的情況下，我們要根據其已被打散的使遼詩，來判定該首使遼詩是在何時、何地、往程或回程所作？確實是有些困難。

二、彭汝礪使遼的派任與在本國境內的行程

（一）宋哲宗（1077～1100）元祐六年（遼道宗（1032～1101）大安七年，1091 年）閏八月二十四日，彭汝礪被派任為太皇太后祝賀遼道宗生辰國信使

此年彭汝礪五十歲。宋遼兩國自從在宋眞宗景德元年簽訂澶淵盟約之後，雙方即經常派遣使節進行交聘的活動。以宋國的使節任務來說，其中有一項即是擔任賀生辰國信使，前往遼國祝賀遼皇帝或遼太后的生日，簡稱爲生辰使。而彭汝礪在此年被宋朝廷派任爲生辰使的過程，據《續資治通鑑長編》卷四六四，說：

> 宋哲宗元祐六年（遼道宗大安七年，1091 年）八月乙巳（十八日），中書舍人韓川爲太皇太后賀遼主生辰使，皇城使康州刺史訾虎副之。刑部侍郎彭汝礪爲皇帝賀遼主生辰使，左藏庫使曹諮副之。吏部郎中趙偁爲太皇太后賀遼主正旦使，西京左藏庫使王鑒副之。司農少卿程博文爲皇帝賀遼主正旦使，左藏庫副使康卨副之。其後虎辭不行，以西上閤門副使宋球代之。閏八月八日川辭不行，以樞密都承旨劉安世代之。閏月十八安世辭，以中書舍人孫升代之。閏月二十四日升辭，以戶部侍郎韓宗道代之。閏月二十三日汝礪辭，以鴻臚卿高遵惠代之。閏月二十四日宗道又辭，乃復以命汝礪。九月二十四日，汝礪爲吏侍。〔註 16〕

〔註 15〕〔清〕紀昀，《欽定四庫全書總目》（北京：中華書局，1997 年），頁 2058。

〔註 16〕〔宋〕李燾，《續資治通鑑長編》，卷 464，宋哲宗元祐六年八月乙巳條，頁 11～12。

從這段引文可知，宋朝廷在此年八月十八日依照慣例，進行有關祝賀遼皇帝生辰與來年元旦的人選派任，其中彭汝礪本來是被派任為宋哲宗賀遼道宗生辰使。但是原先被派任為宋太皇太后賀遼道宗生辰使的人選，卻一再請辭，一再更換。甚至於連彭汝礪本人也請辭獲准，但是隔天卻又被派任為宋太皇太后賀遼道宗生辰使。〔註17〕這樣的過程顯示出，此年宋朝廷在選派生辰使出使遼國的人事案上，曾有一段頗為曲折的過程，以致於拖延了一個多月的時間，直至閏八月二十四日才定案。

彭汝礪被派任出使遼國的任務確定之後，宋朝廷即開始進行相關事宜的準備，包括國書的擬定、要贈予遼方的禮物，以及使節團的人事問題等，甚至於包括彭汝礪個人對家人在其使遼期間生活上的安排，因此大概又花了一個半月的時間，約在十月初才從宋汴京啟程赴遼。但是因為此年有「閏八月」的緣故，因此其啟程赴遼的日期，大致上與往年的生辰使一樣，並沒有耽擱延後，還是可以趕得上祝賀遼道宗十二月七日生辰的日期。根據傅樂煥〈宋遼聘使表稿〉「丙、遼帝后生辰改期受賀考」，說：「宋遼互賀，雙方遣使，例在賀期前三、二月。如賀正旦使，例遣於九月左右。大體命既下後，受命者尚準備一、二月，期前一月許始啟行。其時使臣逗留敵國都城例在十日左右，而沿途行程預有規定，無遲滯之虞，故無需早行也。考《長編》所記賀遼生辰聘使，自興宗之後，統命遣於八、九月間，與賀正旦使同時。則到遼亦應在十二月、一月之間。」〔註18〕另外，該文也提到遼道宗生辰原為八月七日，但是改期為十二月七日接受宋使節來賀。其原因是「……使臣供應之煩擾，（宋遼）兩國均視以為畏途。在中國重禮儀尚虛文，對此尚可安之，生活質樸簡單之塞外民族，自感不耐。而『國主自遠而至，躬親延接』一點，當亦為改期一大原因。蓋遼帝等終年遊獵，居處無定所。今為接待異國使人，須趕往三數地點，坐待無謂禮儀之舉行，其為苦事，可想像而知也。……是使臣之蒞臨，打斷其『鉤魚射鵝』之樂，加之以『拱手朝會』之苦，改賀之制在以上種種局勢下產生，事甚自然也。」〔註19〕因此彭汝礪約在十月初啟程赴遼，

〔註17〕有關宋朝大臣被派任為使遼的人選之後「辭不行」的情形，可參閱蔣武雄，〈宋遼對兩國使節病與死的處理〉，《東吳歷史學報》9（台北：東吳大學，2003年3月），頁81～95；韓利琴，〈北宋赴遼使節「辭不行」現象初探〉，《重慶交通大學學報》〔社科版〕11：1，2001年2月，頁79～82。

〔註18〕傅樂煥，〈宋遼聘使表稿〉，收錄於《遼史叢考》，頁241。

〔註19〕傅樂煥，〈宋遼聘使表稿〉，收錄於《遼史叢考》，頁244。

仍然可在遼道宗改期的生辰日期十二月七日之前到達其冬捺鉢駐帳地，進行
祝賀遼道宗生辰的交聘活動。

（二）彭汝礪使遼在本國境內的行程

　　宋與遼簽訂澶淵盟約之後，宋使節赴遼在本國境內的路線，據王文楚〈宋
遼驛路及其改遷〉〔註 20〕一文指出，在初期是從宋汴京出發，經過長垣縣、
書城縣、衛南縣、澶州、德清軍、大名府、永濟縣、臨清縣、恩州（原名貝
州）、冀州、深州、武強縣、樂壽縣、瀛州、莫州（東路）、高陽縣（西路）、
易水上瓦橋、雄州，最後到達邊驛白溝驛，接著即進入遼境。但是這一條路
線後來屢受黃河河道決溢改徙的影響，因此曾做了很大的調整，王文楚在該
文說：「雄州地處河北中部的北面，大名府位於河北平原中部的南面，與河北
平原中部的重要都市澶、恩、冀、深、瀛、莫諸州相聯，南通開封府，北達
析津府，構成了一條縱貫河北中部的宋遼驛路，成為宋都開封府和遼南京析
津府之間最近捷的一條通道。但是在宋境的這條驛路，遭受黃河決溢改徙的
嚴重危害，宋朝為使驛路暢通，不斷予以修治。」〔註21〕因此在宋神宗（1048
～1085）元豐五年（遼道宗大康八年，1082 年）之後，「新驛路從開封府北經
滑州，渡黃河浮橋，至通利軍，西北沿太行山東麓，經相州、磁州、邢州，
至趙州，東北抵瀛州，再北達雄州，這樣雖向西繞了一個大圈子，正避開了
黃河北流的嚴重影響，通行安全」。〔註22〕而彭汝礪是在驛路已經改遷十年之
後的宋哲宗元祐六年（遼道宗大安七年，1091 年）出使遼國，因此其北行赴
遼，在本國境內所行的路線是新驛路。

　　但是大致上來說，宋使節在《使遼語錄》中，對於在本國境內的行程，
往往是比較少提及。例如路振《乘軺錄》、〔註 23〕王曾《王沂公行程錄》、
〔註 24〕陳襄《神宗皇帝即位使遼語錄》、〔註25〕沈括（1031～1095）《熙寧使

〔註20〕王文楚，〈宋遼驛路及其改遷〉，《歷史地理》11（上海：上海人民出版社，1993
　　　　年 6 月），頁 64～74。該文作者另以〈宋東京至遼南京驛路〉，內容相似，發
　　　　表於《古代交通地理叢考》（北京：中華書局，1996 年），頁 237～254。

〔註21〕王文楚，〈宋遼驛路及其改遷〉，《歷史地理》11，頁 70。

〔註22〕王文楚，〈宋遼驛路及其改遷〉，《歷史地理》11，頁 72。

〔註23〕〔宋〕路振，《乘軺錄》，收錄於趙永春，《奉使遼金行程錄》（吉林：吉林文
　　　　史出版社，1995 年），頁 14～21。

〔註24〕〔宋〕王曾，《王沂公行程錄》，收錄於趙永春，《奉使遼金行程錄》，頁 28～
　　　　30。按，《王沂公行程錄》，又稱為《王曾行程錄》、《王沂公上契丹事》、《王
　　　　曾上契丹事》、《上契丹事》。

虜圖抄》〔註26〕等,都只記錄在遼境驛路的情形,而對於從宋汴京出發,直至宋邊境雄州白溝驛的行程卻都略而不述。類似此種情況也出現在宋使節所撰的使遼詩中,因此彭汝礪使遼在本國境內途中所作的詩歌並不多。

當時彭汝礪從宋汴京啓程之後,面對將要前往嚴寒異國的漫長行程,其心情頗爲複雜,因此作詩〈使虜有懷〉,說:

> 長年日戲老萊衣,不忍此身終日違。今日馬頭燕北去,不堪頻望白雲飛。白雲汝飛去何許,悠悠會到江南路。朔風吹淚灑大河,直與波瀾競競東注。〔註27〕

而在剛啓程之後不久,又作〈使遼〉詩,說:

> 北行未始過陳橋,仗節今朝使大遼。寒日擁雲初漠漠,急風招雪晚蕭蕭。江湖夢寐時之楚,象魏精誠日望堯。孤驛夜深誰可語,青燈黃卷慰無聊。〔註28〕

由此首詩可知,彭汝礪在出發當天,即經過距離宋汴京東北約四十里遠的陳橋驛,並且在此風雪交加的夜晚,使其倍覺孤單。

接著彭汝礪繼續往北行,經過長垣縣,曾作五言詩〈長垣路中〉兩首,說:

> 欲作圖南翼,卻乘之北轅。百年隨所值,萬事擬無言。短髮霜如白,孤心葉似丹。夜深何許夢,雙闕九重閽。
>
> 身似水中木,險夷惟所遭。不堪誇拙速,可復嘆賢勞。兩腳三冬少,塵頭一丈高。故鄉何處是,南望首重搔。〔註29〕

另作七言詩〈長垣路中〉,說:

> 鳳鳥不鳴今幾時,太平今日合來儀。湖塘羽族多如雪,恐是當年養鶴池。長垣,春秋時衛地,漢爲長垣縣,不知名所自。舊匡,我皇朝避太祖諱,復今名。縣北有鳳亭鄉,云常有鳳集于此。鶴城在縣北,云衛懿公嘗養鶴於此,有養鶴城。〔註30〕

〔註25〕 〔宋〕陳襄,《神宗皇帝即位使遼語錄》,收錄於趙永春,《奉使遼金行程錄》,頁58～68。

〔註26〕 〔宋〕沈括,《熙寧使虜圖抄》,收錄於趙永春,《奉使遼金行程錄》,頁85～91。

〔註27〕 〔宋〕彭汝礪,〈使虜有懷〉,收錄於傅璇琮主編《全宋詩》,卷896,頁10491。

〔註28〕 〔宋〕彭汝礪,〈使遼〉,收錄於傅璇琮主編《全宋詩》,卷897,頁10504。

〔註29〕 〔宋〕彭汝礪,〈長垣路中〉,收錄於傅璇琮主編《全宋詩》,卷901,頁10566。

〔註30〕 〔宋〕彭汝礪,〈長垣路中〉,收錄於傅璇琮主編《全宋詩》,卷904,頁10617。

以及〈長垣路中寄同官〉詩，說：

> 七千餘里未百里，一百二程今兩程。更遠此身須會到，長垣明日是
> 危城。〔註31〕

彭汝礪從汴京出發後，在行經長垣縣途中即作了四首詩，顯然其對於必須跋涉數千里的異國之行，在此時已經充滿了濃濃的抒懷情緒。

　　彭汝礪使遼北行，既然是走新驛路，因此必須行經相州、磁州。而筆者查閱彭汝礪的詩作有〈答相州司諫同年〉、〈磁州〉、〈與磁倅郭公域〉三首，但是從其內容，筆者卻無法確定其是否為使遼詩，只好姑且引述如下：

　　〈答相州司諫同年〉，說：

> 白簡風聲雨雪霜，幾回趨走並鵷行。清名久自還吾黨，治譽今尤慰
> 所望。時成之守相州。安穩慈親行小徑，光輝彩服侍華堂。我今不復
> 有此樂，一讀君詩三斷腸。成之詩云君今輸我侍萱堂。〔註32〕

按，詩中所言「成之」，是鄧孝甫的字號。因為彭汝礪與鄧孝甫曾同任司諫，兩人為多年舊識，因此是否彭汝礪在此次使遼北行，與在相州任官的鄧孝甫相逢，而特別作此詩提及其與鄧孝甫往日相處的情形，無法確定。

　　另外，彭汝礪作〈磁州〉詩，說：

> 初聞神鐵語，舊記滏陽名。取鐵冶，自三代以來取之，然日取日生，故人以
> 為神。在滏水之陽。地擅磁毛富，時無石鼓聲。磁出磁毛。石鼓，時有兵革，
> 則鳴。夕陽神武冢，秋水武安城。嘆息彼之子，奚為蝸角爭。〔註33〕

以及〈與磁倅郭公域〉詩，說 ：

> 熙寧天子作文功，揀點官師在學宮。璧水三年嗟我拙，蘭英一笑憶
> 君同。熙寧中，予作太學直講，公域作監丞，嘗同飲蘭英酒。青衫昔日俱強
> 壯，白髮今時已老翁。邂逅欲言渾不及，別離三四嘆西風。〔註34〕

此二首詩的詩題雖然均有提到「磁州」地名，但是並未述及彭汝礪在此次使遼的事情與心情，因此也無從判定是否為兩首使遼詩。

〔註31〕　〔宋〕彭汝礪，〈長垣路中寄同官〉，收錄於傅璇琮主編《全宋詩》，卷905，頁10637。

〔註32〕　〔宋〕彭汝礪，〈答相州司諫同年〉，收錄於傅璇琮主編《全宋詩》，卷900，頁10552。

〔註33〕　〔宋〕彭汝礪，〈磁州〉，收錄於傅璇琮主編《全宋詩》，卷902，頁10589。

〔註34〕　〔宋〕彭汝礪，〈與磁倅郭公域〉，收錄於傅璇琮主編《全宋詩》，卷902，頁10589。

三、彭汝礪使遼往返於遼國境內的行程

　　筆者認為擬討論彭汝礪在遼國境內往返的行程，應先確定其最終的目的地是在何處？因為遼皇帝的駐帳地每年每季都會隨著其本國特殊的捺鉢制度而有所不同，傅樂煥在〈宋人使遼語錄行程考〉「宋臣使遼路線系統表」中，說：「契丹本是一個遊牧的民族，但在吞併四鄰，尤其是掠奪得一部分中國領土人民之後，漸漸漢化，遂變成一個城居的國家，但同時他們還保存了一部分舊有的遊牧習慣。他們的君主雖則也有都城宮殿，卻絕不像中國君主，蟄居不出，而時時到各處去捕漁打獵。於是宋使見他的地方，也隨之漫無定所了。」〔註35〕另外，聶崇岐〈宋遼交聘考〉，也說：「宋之帝后，少出都城，受禮之處率在東京（汴京、開封）……。若遼則不然，其俗好漁獵，帝后居處，年每數徙，故受禮之處不一。」〔註36〕因此在長達一百多年的宋遼和平外交關係史當中，遼皇帝接見宋使節的地點就至少有十幾處之多。〔註37〕而此年冬季，遼道宗駐帳於何處？也就決定了彭汝礪此次使遼在遼國境內所行的路線與行程。

　　首先據《遼史》〈道宗本紀〉，說：「大安七年（宋哲宗元祐六年，1091年），……十一月庚子（十六日），（遼道宗）如藕絲淀。」〔註38〕這表示此年冬季，彭汝礪使遼時，遼道宗的駐帳地是在藕絲淀。而據傅樂煥〈廣平淀考〉的考証，說：「……此三處宋人記廣平淀者，《遼史》悉作藕絲淀，則廣平淀應即藕絲淀。……然此三年之記錄符合若此，謂藕絲淀即廣平淀，諒不遠於事實也。」〔註39〕因此可以知道彭汝礪在此年使遼，其目的地是至宋人所稱的「廣平淀」晉見遼道宗。另外再從其所作使遼詩〈廣平甸（淀）謂虜地險至此廣大而平易云〉，說：

〔註35〕傅樂煥，〈宋人使遼語錄行程考〉，收錄於《遼史叢考》，頁21。

〔註36〕聶崇岐，〈宋遼交聘考〉，收錄於《宋史叢考》（下），頁303。

〔註37〕關於遼皇帝接見宋使節的地點，據傅樂煥，〈宋人使遼語錄行程考〉，說：「歷來以為遼主接見宋使是在三兩個固定的地點，並已曾有人試對於到達此數地點所經的路線，加以考証過了。然而事實上，其接見的地點是漫無定處的，我們現在所可考知的，便已有十幾處，則路線至少亦在十條以上。」《遼史叢考》，頁2；另可參閱蔣武雄，〈遼皇帝接見宋使節的地點〉，《東吳歷史學報》14（台北：東吳大學，2005年12月），頁223～252。

〔註38〕〔元〕脫脫，《遼史》，卷25，本紀第25，道宗5，頁300。

〔註39〕傅樂煥，〈廣平淀考〉，收錄於《遼史叢考》，頁66。

四更起趁廣平朝，上下沙陀道路遙。洞入桃源花點綴，門橫葦箔草蕭條。時平主客文何縟，地大君臣氣已驕。莫善吾皇能尚德，將軍不用霍嫖姚。〔註40〕

以及此首詩的詩序，說：

初至單于行在，其門以蘆箔為藩垣，上不去其花以為飾，其上謂之羊箔門。作山棚，以木為牌，左曰紫府洞，右曰桃源洞，總謂之蓬萊宮。殿曰省方殿，其左金冠紫袍而立者數百人，問之多酋豪，其右青紫而立者數十人。山棚之前作花檻，有桃、杏、楊柳之類。前謂丹墀，自丹墀十步謂之龍墀殿，皆設青花氈。其階高二三尺，闊三尋，縱殺其半，由階而登，謂之御座。〔註41〕

更可以知道彭汝礪進入遼境後，最終目的地即是前往此年遼道宗冬捺鉢的駐帳地——廣平淀（藕絲淀），進行祝賀其生辰的交聘活動。

而關於彭汝礪前往廣平淀的路線，傅樂煥在〈宋人使遼語錄行程考〉「宋臣使遼路線系統表」中，列有當時宋使節前往幽州、清泉淀、炭山、九十九泉、北安州、中京、長泊、木葉山、上京、神恩泊、東京等地點晉見遼皇帝的路線和行經的館驛。〔註42〕可惜此表並未列舉廣平淀，但是根據傅樂煥〈廣平淀考〉，說：「《遼史》又每載諸帝駐木葉山，亦即指廣平淀一帶。……宋綬北使至木葉山，記在木葉山所見，與他人見自廣平淀者符合。蓋兩地相去非遙，或舉一葉以代廣平也。」〔註43〕這表示木葉山與廣平淀兩地相近，因此據傅樂煥在「宋臣使遼路線系統表」中所列，前往木葉山的路線是白溝—新城縣—涿州—良鄉縣—幽州—孫侯館—順州—檀州—金溝館—古北口館—新館—臥如來館—柳河館—打造部落館—牛山館—鹿兒峽館—鐵匠館—富谷館—通天館—中京—殺胡河館—榆林館—訥都烏館—香山子館—水泊館—張司空館—木葉山，〔註44〕則彭汝礪前往廣平淀的行程大致上應該也是沿著此一路線。

〔註40〕〔宋〕彭汝礪，〈廣平旬謂虜地險至此廣大而平易云〉，收錄於傅璇琮主編《全宋詩》，卷901，頁10553。

〔註41〕〔宋〕彭汝礪，〈廣平旬謂虜地險至此廣大而平易云〉，收錄於傅璇琮主編《全宋詩》，卷901，頁10553。

〔註42〕傅樂煥，〈宋人使遼語錄行程考〉，收錄於《遼史叢考》，頁28。

〔註43〕傅樂煥，〈廣平淀考〉，收錄於《遼史叢考》，頁73。

〔註44〕傅樂煥，〈宋人使遼語錄行程考〉，收錄於《遼史叢考》，頁28。

透過以上的論述，知道彭汝礪使遼的大概路線之後，接著筆者擬以其使遼詩爲主軸，再輔以其他宋使節的使遼詩和殘存的《使遼語錄》，包括路振《乘軺錄》、王曾《王沂公行程錄》、薛映《薛映記》（又稱《遼中境界》）、〔註45〕陳襄《神宗皇帝即位使遼語錄》、沈括《熙寧使虜圖抄》等，以及學者研究的成果，來探討彭汝礪使遼的行程。

（一）從白溝驛進入遼境，經新城縣、涿州、良鄉縣、幽州、孫侯館（望京館）、順州、檀州，至金溝館

據《包孝肅公奏議》〈請絕三番取索〉，說：「常年兩次國信使，自有久來體制，過界月日，亦須候接伴使副到雄州，方有過界之期。」〔註46〕可知宋使節至雄州白溝驛，必須等待遼國接伴使副前來迎接，才能進入遼國境內。因此當時彭汝礪行至雄州白溝驛之後，也是依照慣例在此地等待遼國接伴使副前來迎接，再一起進入遼國境內。關於迎接的程序，陳襄在《神宗皇帝即位使遼語錄》中，說：

> 臣襄等昨奉敕，差充皇帝登寶位北朝皇太后、皇帝國信使副，于五
> 月十日（宋英宗）治平四年（1067 年）到雄州白溝驛。十一日，接伴使
> 副泰州觀察使蕭好古、太常少卿楊規中差人傳語，送到主名、國諱、
> 官位，及請相見。臣等即時過白溝橋北，與接伴使副立馬相對。接
> 伴使副問：南朝皇帝聖體萬福？臣等亦依例，問其君及其母安否？
> 相揖。至于北亭，……。〔註47〕

根據此段記載，我們可以知道當時彭汝礪也是在白溝驛等待遼接伴使副前來迎接，而且彼此有了初步的寒暄、問候等互動之後，才一起進入遼國境內。

但是陳襄所述似乎有些簡化，因爲另外根據許亢宗《宣和乙巳奉使金國行程錄》的記載，可知當時宋遼兩國接伴使副在邊境迎接對方使節入境時，其實是有比較嚴謹的程序，其說：

> 行人并依《奉使契丹條例》，所至州，備車馬，護送至界首。前期具
> 國信使副職位、姓名，關牒虜界，備車馬人夫以待。虜中亦如期差

〔註45〕〔宋〕薛映，《薛映記》，收錄於趙永春，《奉使遼金行程錄》，頁 32～33。按，
　　　《薛映記》，又稱爲《虜中境界》、《遼中境界》。

〔註46〕〔宋〕包拯，《包孝肅公奏議》（台北：新興書局，1960 年），卷 5，〈請絕三
　　　番取索〉，頁 87。

〔註47〕〔宋〕陳襄，《神宗皇帝即位使遼語錄》，收錄於趙永春，《奉使遼金行程錄》，
　　　頁 59～60。

接伴使副于界首伺候。兩界各有幕次，行人先令引接資國信使副門
狀過彼，彼亦令引接以接伴使副門狀回示，仍請過界。于例，三請
方上馬，各于兩界心對立馬，引接互呈門狀，各舉鞭廬揖如儀，以
次行焉。〔註48〕

此段記載雖然是在敘述北宋末年，宋使節初次與剛興起的金國進行交聘活動
的情形，但是其迎接使節的禮儀仍然採行《奉使契丹條例》，因此可做為我們
了解宋遼迎接對方使節的參考。至於當時迎接彭汝礪的遼接伴使副是何人
呢？因為彭汝礪所撰的《使遼語錄》已經失傳，以及筆者查閱相關史書均未
見有記載，因此暫時無從查考。

　　彭汝礪從白溝驛進入遼國境內之後，根據前引傅樂煥在〈宋人使遼語錄
行程考〉「宋臣使遼路線系統表」中，所列宋使節的使遼路線，可知應是先經
過新城縣、涿州、良鄉縣，再經幽州、孫侯館（望京館）、順州、檀州，至金
溝館。關於此一路段，因為彭汝礪所撰的《使遼語錄》已經失傳，我們可根
據路振《乘軺錄》、〔註49〕王曾《王沂公行程錄》、〔註50〕沈括《熙寧使虜圖
抄》、〔註51〕以及陳襄《神宗皇帝即位使遼語錄》〔註52〕等四項《使遼語錄》

〔註48〕〔宋〕許亢宗，《宣和乙巳奉使金國行程錄》，收錄於趙永春，《奉使遼金行程
　　　　錄》，頁150。

〔註49〕〔宋〕路振，《乘軺錄》，收錄於趙永春，《奉使遼金行程錄》，頁14～17，說：
　　　　「（宋真宗大中祥符元年，遼聖宗統和二十六年，1008年）十二月四日，過白
　　　　溝河，……五日，自白溝河北行，至新城縣四十里，……六日，自新城縣北
　　　　行，至涿州六十里，……七日，自涿州北行，至良鄉縣六十里，……八日，
　　　　自良鄉縣北行，至幽州六十里。十日，自幽州北行，至孫侯館（望京館）五
　　　　十里。地無陵。……十一日，自孫侯館北行，至順州三十里，地平。……十
　　　　二日，自順州東北行，至檀州八十里，路險，有丘陵。二十五里過白絮河，
　　　　河源出太行山，七十里，道東有寨柵門，崖壁斗絕，此天所以限戎虜也。……。」

〔註50〕〔宋〕王曾，《王沂公行程錄》，收錄於趙永春，《奉使遼金行程錄》，頁28～
　　　　29，說：「自雄州白溝驛渡河，四十里至新城縣，古督亢亭之地。又七十里至
　　　　涿州，北渡涿水、范水、劉李河，六十里至良鄉縣。度盧溝河（桑乾河），六
　　　　十里至幽州，號稱燕京。……四十里至孫侯館，後改為望京館，……五十里
　　　　至順州，東北過白嶼河，北望銀冶山，又有黃羅螺盤、牛闌山，七十里至檀
　　　　州，自北漸入山。五十里至金溝館。將至館，川原平廣，謂之金溝淀，國主
　　　　嘗于此過冬。」

〔註51〕〔宋〕沈括，《熙寧使虜圖抄》，收錄於趙永春，《奉使遼金行程錄》，頁86～
　　　　87，說：「北白溝館，……南距雄州三十八里，……新城，……南距白溝六十
　　　　里，……涿州，南距新城六十里，……良鄉，……西南距涿州六十里，……
　　　　幽州，西南距良鄉六十里。……自（幽）州東北行三十里至望京館。望京館，

各自對使遼行程的敘述，進而了解彭汝礪在此路段的行程大致上也是如此，即是從白溝驛進入遼境之後，行經新城縣、涿州、良鄉縣、幽州、孫侯館（望京館）、順州、檀州，而到達金溝館。

　　彭汝礪在此路段，以地名為詩題，所作的使遼詩並不多，例如作有〈過右北平〉詩，說：

　　　　太平天子不言兵，擁節來經右北平。論將無人思李廣，笑談樽俎倚

　　　　儒生。〔註53〕

按，右北平為秦時郡名，西漢初年屬燕，景帝始屬幽州，轄地包括今河北省東北部。彭汝礪在此詩題應是以右北平為幽州的代稱，並且在此首詩中強調宋遼簽訂澶淵盟約之後，兩國建立起和平的外交關係，不再有戰爭，因此藉由文臣擔任使節，進行交聘的活動。

　　另外，彭汝礪行至金溝館時，曾作〈宿金溝〉詩，說：

　　　　絕域三千里，窮村五七家。雲深無去雁，日暮有棲鴉。霧擁雲垂野，

　　　　霜連月在沙。夜長無復寐，寂寞聽寒笳。〔註54〕

此首詩描述其身在人煙稀少的遼境曠野中，面對路途的遙遠，氣候的嚴寒，不禁深覺寂寞難眠。

　　而比較特別的是，彭汝礪在此路段，曾經和同行的宋哲宗賀遼道宗生辰國信使高遵惠賦和，作了十首詩，其中〈和國信子育元韻〉詩五首，說：

　　　　雪餘稅馬立屏顏，望盡南垂北際山。一段黃雲凝不散，胡人說是瓦

　　　　橋關。

　　　　西南距幽州三十里，自館東行少北十里餘，出古長城，又二十里至中頓，⋯⋯
　　　　又二十里至順州。⋯⋯順州，西距望京館六十里⋯⋯自（順）州東北數里出
　　　　古長城，十里濟白水，又十餘里至中頓，過頓東行三十餘里至檀州，皆車騎
　　　　之道，平無險阻。檀州，西南距順州七十里，⋯⋯自（檀）州東北行臨中，
　　　　二十里餘至中頓，又二十餘里至金溝館。」
　〔註52〕〔宋〕陳襄，《神宗皇帝即位使遼語錄》，收錄於趙永春，《奉使遼金行程錄》，
　　　　頁59～62，說：「臣襄等⋯⋯于五月十日治平四年到雄州白溝驛。十一日⋯⋯
　　　　至于北亭，⋯⋯至新城縣驛，⋯⋯十二日，到涿州，⋯⋯。十三日，⋯⋯將
　　　　次良鄉縣，⋯⋯。十四日，⋯⋯今日到燕京，⋯⋯宿永年館，⋯⋯。十五
　　　　日，⋯⋯。十六日，⋯⋯宿望京館，⋯⋯。十七日，到順州，⋯⋯。十八日，⋯⋯
　　　　過白絮河到檀州，⋯⋯宿密雲館，⋯⋯。十九日，⋯⋯宿金溝驛，⋯⋯。」
　〔註53〕〔宋〕彭汝礪，〈過右北平〉，收錄於傅璇琮主編《全宋詩》，卷904，頁10615。
　〔註54〕〔宋〕彭汝礪，〈宿金鈎〔溝〕〉，收錄於傅璇琮主編《全宋詩》，卷901，頁
　　　　10565～10566。

> 曉起南山暮北山，夜深歸夢祇山間。山中亦有流泉好，不許行人洗病顏。
>
> 聞道朝正使入關，殷勤試托寄書還。逢人若問今何許，已過金鉤第一山。
>
> 山谷冥冥風怒號，故吹霜雪上綈袍。風波末路嗟奚拙，露電浮生笑自勞。
>
> 傍火時尋柏子燒，青燈笑語夜寥寥。殊方更喜人情好，長日不知山路遙。〔註55〕

以及〈再和子育〉詩五首，說：

> 易水添山無苦寒，燕南本是舊家山。山頭更覺堯雲近，玄鳥徘徊望漢關。
>
> 將軍誓願斬樓蘭，涕淚橫流盃酒間。紫氣劍埋終未試，黃金印大亦何顏。
>
> 朔風白晝不勝寒，清曉馬行霜雪間。縱目還經望雲嶺，傷心不見採芝山。
>
> 手拈弓箭膝橫刀，著盡君王賜戰袍。語及靈州心欲碎，使軺今日敢言勞。
>
> 氣血畏寒身畏勞，養生曾去問參寥。我今與子俱錯計，霜雪正嚴山正遙。〔註56〕

按，子育是高遵惠的字號，根據前引《續資治通鑑長編》卷四六四所記載，在此年被派任為宋哲宗賀遼道宗生辰國信使，〔註57〕因此和彭汝礪同行前往遼國，並且在往返遼境途中，兩人賦詩相和多首。而從以上十首詩，可知彭汝礪透過在這段路程對於遼境山水和氣候的觀察與感受，進而強調此次使遼的艱辛。

〔註55〕〔宋〕彭汝礪，〈和國信子育元韻〉五首，收錄於傅璇琮主編《全宋詩》，卷904，頁10614。

〔註56〕〔宋〕彭汝礪，〈再和子育〉五首，收錄於傅璇琮主編《全宋詩》，卷904，頁10614～10615。

〔註57〕〔宋〕李燾，《續資治通鑑長編》，卷464，宋哲宗元祐六年八月乙巳條，頁11～12。

（二）經古北口館、新館、臥如來館（臥如館）、柳河館、打造部落館、牛山館、鹿兒峽館（鹿兒、鹿峽館）、鐵匠館、富谷館、通天館（長興館），至遼中京

根據前引傅樂煥在〈宋人使遼語錄行程考〉「宋臣使遼路線系統表」中，所述宋使節的使遼路線，可知彭汝礪從金溝館往前行，不久即經過有名的古北口，再行經新館、臥如來館（臥如館）、柳河館、打造部落館、牛山館、鹿兒峽館（鹿兒、鹿峽館）、鐵匠館、富谷館、通天館（長興館），而到達遼中京。

關於此一路段，在今日彭汝礪所撰《使遼語錄》已經失傳的情況下，我們也是可以根據路振《乘軺錄》、〔註58〕王曾《王沂公行程錄》、〔註59〕沈括《熙寧使虜圖抄》、〔註60〕以及陳襄《神宗皇帝即位使遼語錄》〔註61〕等四項

〔註58〕〔宋〕路振，《乘軺錄》，收錄於趙永春，《奉使遼金行程錄》，頁17，說：「虜置榷場于虎北口（古北口）而收地徵。十五日，自虎北館東北行，至新館六十里。下虎北口山，即入奚界。五里，有關，虜率十餘人守之。澗水西南流至虎北口南，名朝來河。五十里過大山，名摘星嶺，高五里，又謂之辭鄉嶺（思鄉嶺）。十六日，自新館行，至臥如館四十里。七里過編廂嶺。十七日，自臥如館東北行，至柳河館六十里。五里過石子嶺，道險。三十里過鑾河〔灤河〕。四十里至纏〔墨〕斗嶺（撲斗嶺），⋯⋯六十里過柳河。十八日，過柳河館東北行，至部落館八十里，⋯⋯十九日，自部落館至牛山館五十里，山勢平漫。二十日，自牛山館東北行，至鹿兒館六十里，地勢微險。二十一日，自鹿兒館東北行，至鐵漿館八十里，山勢平遠。二十二日，自鐵漿館東北行，至富谷館八十里，山勢平遠。二十三日，自富谷館東北行，至通天館八十里，山遠路平。二十四日，自通天館東北行，至契丹國（遼中京）三十里。」

〔註59〕〔宋〕王曾，《王沂公行程錄》，收錄於趙永春，《奉使遼金行程錄》，頁29，說：「自此入山，詰曲登陟，無復里堠，但以馬行記日景而約其里數。過朝鯉河，亦名七度河，九十里至古北口。兩旁峻崖，中有路，僅容車軌。口北有鋪，彀弓連繩，本范陽防扼奚、契丹之所，最為臨束。然幽州東趨營、平州，路甚平坦，自頃犯邊，多由斯出。又度德勝嶺，盤道數層，俗名思鄉嶺。八十里至新館，過雕窠嶺、偏槍嶺。四十里至臥如來館，⋯⋯過烏灤河，東有灤州，因河為名。又過墨斗嶺，亦名渡雲嶺，長二十里許。又過芹菜嶺。七十里至柳河館，⋯⋯過松亭嶺，甚險峻。七十里至打造部落館，⋯⋯東南行，五十里至牛山館。八十里至鹿兒峽館，過蝦蟆嶺，九十里至鐵漿館，過石子嶺，自此漸出山。七十里至富谷館⋯⋯八十里至通天館。二十里至中京大定府。」

〔註60〕〔宋〕沈括，《熙寧使虜圖抄》，收錄於趙永春，《奉使遼金行程錄》，頁87～88，說：「金溝館，西南距檀州五十里，自（金溝）館少東北行，乍原乍隰，三十餘里至中頓，過頓，屈折北行峽中，濟灤水，通三十餘里，鉤折投山隙以度，所謂古北口也。⋯⋯古北館，南距金溝七十里少東，自（古北）館北行數里⋯⋯通三十五里至中頓。過頓，入大山間，委回東北，又二十里，登

《使遼語錄》的記載，做為了解彭汝礪在此路段行程的參考。但是此四項《使遼語錄》的記載，有一不同之處，即是路振《乘軺錄》、王曾《王沂公行程錄》、沈括《熙寧使虜圖抄》，均言其行程是虎北口（古北口）、摘星嶺，（又稱思鄉嶺、辭鄉嶺）、新館、臥如來館、墨斗嶺（摸斗嶺）、柳河館、打造部落館。而陳襄《神宗皇帝即位使遼語錄》述及此路段的行程，卻是古北口、新館、望雲嶺、臥如來館、摘星嶺、柳河館、墨斗嶺（摸斗嶺）、打造部落館。據筆者在後文依彭汝礪的使遼詩論述其後來的行程來看，其路線應與陳襄使遼的路線相同。亦即其行經金溝館之後，又往前行，經過古北口館、新館、臥如來館、柳河館、打造部落館、牛山館、鹿兒峽館、鐵匠館、富谷館、通天館（長興館），然後到達遼中京。

在此路段，首先給予彭汝礪感受較深的地點就是在古北口館，因為古北口自古為重要關口，附近又有宋將楊業廟，因此彭汝礪特別前往拜謁，並且作〈古北口楊太尉廟〉詩，說：

思鄉嶺。……自古北至新館，山川之氣險麗雄峭，路由峽間，詭屈降陟，而潮里之水貫瀉清洌，虜境之勝，殆鍾于此。新館，西南距古北七十里，自（新）館北行，少西北屈行，復東北二十餘里至中頓。……過頓，東北十餘里，乃復鉤折而南，數里至臥如。臥如館，西南距新館四十里。……自館西行八、九里，逾霫水，……二十餘里至中頓，過頓，濟灤水，東出，度摸斗嶺，三十五里至柳河館。柳河館，西距臥如館七十里。自館循山行十里，下俯大川，曰柳河，乃北二十餘里，至中頓，過頓，逾度雲嶺，三十五里至打造館。……打造館，西距柳河館七十里小北，自〔打造〕館西南行十里餘至中頓，頓之西南有大山，上有建石，望之如人，曰會仙石。……使人過此，必置酒其上，遂以為常。過頓二十五里南行至牛山館。牛山館，東北距打造館五十里……自〔牛山〕館逾牛山之麓，西南屈折三十餘里至中頓，……又二十餘里，度松子嶺，……逾嶺三所（折），至鹿峽館。鹿峽館，東北距牛山館六十里。自〔鹿峽〕館東南行數里，度瘴嶺，又四十里至中頓，過頓，又東南數里逾小山，復三十里至路口村，有歧路，西南出幽州。……過路口村，東北行十里至鐵漿館。鐵漿館，西北距鹿峽九十里。……富谷館，西南距鐵漿館六十里。自〔富谷〕館東行四十里至中頓，過頓，稍東出，又三十里至長興館〔通天館〕，皆行山間。長興館，西距富谷館七十里。依北山之迤，循虎河逶迤正東，至中京。中京，西距長興館二十里少南，……。」

〔註61〕 〔宋〕陳襄，《神宗皇帝即位使遼語錄》，收錄於趙永春，《奉使遼金行程錄》，頁62～63，說：「……二十日，至古北口館。二十一日，至新館，過望雲嶺，……。二十二日，至臥如館，……。二十三日，過摘星嶺，……宿柳河館。二十四日，登摸斗嶺，……宿打造館。二十五日，過會仙石，……宿牛山館。二十六日，登松子嶺，……宿鹿峽館。二十七日，至鉄漿館。二十八日，至富谷館，……二十九日，至長興館。六月一日，至中京，……。」

將軍百戰死嶺岑，祠廟巖巖古到今。萬里胡人猶破膽，百年壯士獨傷心。遺靈半夜雨如電，餘恨長時日為陰。驛舍愴懷心欲碎，不須更聽鼓鼙音。〔註62〕

按，楊太尉即是宋將楊業（？～986），在宋太宗雍熙三年（遼聖宗統和四年，986年）征遼之役時，因為孤軍無援，傷重被俘，三日不食而死，遼人被其精神所感，因此特別在古北口城北門外為其建立祠廟。而彭汝礪作此一首詩，不僅表達其對楊業為宋國捐軀的崇敬心意，也為楊業英雄氣短、壯志未酬而感到嘆息。當時宋使節使遼，行經古北口時，往往都會前往楊業廟拜謁，例如劉敞作有〈楊無敵廟〉詩，說：

西流不返日滔滔，隴上猶歌七尺刀。慟哭應知賈誼意，世人生死兩鴻毛。〔註63〕

蘇轍作詩〈過楊無敵廟〉，說：

行祠寂寞寄關門，野草猶知避血痕。一敗可憐非戰罪，太剛嗟獨畏人言。馳驅本為中原用，嘗享能令異域尊。我欲比君周子隱，誅形聊足慰忠魂。〔註64〕

以及蘇頌作〈和仲巽過古北口楊無敵廟〉詩，說：

漢家飛將領熊羆，死戰燕山護我師。威信仇方名不滅，至今遺俗奉遺祠。〔註65〕

可知宋使節在拜謁楊業廟之後，不僅有深深的敬意，也充滿了感嘆。

接著彭汝礪經過古北口時，作〈過虎北口始聞雞〉詩，說：

雪餘天色更清明，野店忽聞雞一聲。地里山川從禹畫，人情風俗近燕京。漁陽父老尚垂涕，燕頷將軍誰請纓。容覆不分南與北，方知聖德與天平。〔註66〕

〔註62〕〔宋〕彭汝礪，〈古北口楊太尉廟〉，收錄於傅璇琮主編《全宋詩》，卷897，頁10504。

〔註63〕〔宋〕劉敞，〈楊無敵廟〉，收錄於《公是集》（台北：新文豐出版公司，1984年），卷28，頁332～333。

〔註64〕〔宋〕蘇轍，〈過楊無敵廟〉，收錄於《欒城集》（台北：台灣商務印書館，四部叢刊初編本，1965年），卷16，頁194。

〔註65〕〔宋〕蘇頌，〈和仲巽過古北口楊無敵廟〉，收錄於《蘇魏公文集》（台北：青文出版社，1960年），卷13，前使遼詩，頁161。

〔註66〕〔宋〕彭汝礪，〈過虎北口始聞雞〉，收錄於傅璇琮主編《全宋詩》，卷897，頁10504。

又不久，彭汝礪行經新館時，有遼接伴使的兄長來迎，使身在異國的彭汝礪見到此種兄弟友愛的情景頗有感觸，因此作詩〈接伴太傅離新館其兄迓于途〉，說：

> 使者乘軺至，將軍走馬迎。侏離何所語，踴躍不勝情。寓目鴻雁澤，傷心杕杜行。天乎非有間，我老獨無兄。〔註67〕

彭汝礪行經新館後，在望雲嶺曾與遼接伴使副在嶺上置酒飲酒。這種宋使節與遼接伴使副在望雲嶺上置酒飲酒的舉動，在當時似乎已經成為慣例，據陳襄在宋英宗治平四年（遼道宗咸雍三年，1067年）使遼，所撰的《神宗皇帝即位使遼語錄》，說：「……二十日，至古北口館。二十一日，至新館，過望雲嶺，接伴使副與臣等互置酒三琖，……。」〔註68〕而彭汝礪行至此地也不例外，並且在與遼接伴使副置酒飲酒的互動中感觸良多，因此曾作詩多首，例如〈望雲嶺自古北口五十里至嶺上南北使者各置酒三盞乃行〉詩五首，說：

> 今日日如昨日日，北方月似南方月。天地萬物同一視，光明豈復華夷別。更遠小人褊心肝，心肝咫尺分胡越。
>
> 投老不堪行路難，衰遲久合老田間。雪霜一意催蓬鬢，塵埃多方污病顏。
>
> 白首功名意已闌，正如飛鳥倦知還。蒼茫杳靄雲深處，說是燕然舊勒山。
>
> 朱顏使者黃金帶，鐵面將軍紫闟袍。會道因緣非一日，忘懷彼是即忘勞。
>
> 五更風雪霽層霄，殘月寒星共沈寥。道路長如之字轉，胡人能以近為遙。〔註69〕

〈望雲嶺飲酒〉，說：

> 班荊解馬面遙岑，北勸南酬喜倍尋。天色與人相似好，人情似酒一般深。接伴待制舉酒云人情似酒一般深。豚魚尚可及人信，胡越何難推以心。立望堯雲搔短髮，不堪霜雪苦相侵。〔註70〕

〔註67〕〔宋〕彭汝礪，〈接伴太傅離新館其兄迓于途〉，收錄於傅璇琮主編《全宋詩》，卷902，頁10589。

〔註68〕〔宋〕陳襄，《神宗皇帝即位使遼語錄》，收錄於趙永春，《奉使遼金行程錄》，頁62。

〔註69〕〔宋〕彭汝礪，〈望雲嶺自古北口五十里至嶺上南北使者各置酒三盞乃行〉五首，收錄於傅璇琮主編《全宋詩》，卷905，頁10626。

〔註70〕〔宋〕彭汝礪，〈望雲嶺飲酒〉，收錄於傅璇琮主編《全宋詩》，卷900，頁10552。

以及〈望雲嶺_{自古北口五十里至嶺上南北使者各置酒三盞乃行}〉，說：

> 人臣思國似思親，忠孝從來不可分。更與諸君聊秣馬，儘登高處望
> 堯雲。〔註71〕

接著彭汝礪繼續往前行，經過臥如來館、柳河館、打造部落館，並且在打造部落館附近的會仙石接受遼人酒宴，因此作有〈雪後會仙洞〉詩，說：

> 座見會仙石，遙觀群玉峰。寒聲無近水，幽徑旋移松。晚日烟霞雜，
> 歸雲粉黛重。天寒宜飲酒，衰疾每相容。〔註72〕

關於彭汝礪此首詩的詩題以及內容的描述，筆者再引沈括《熙寧使虜圖抄》所言做爲印證，其說：「打造館，西距柳河七十里小北，自館西南行十里餘至中頓。頓之西南有大山，上有建石，望之如人，曰會仙石。山下大川流水，川間有石，屹然對山，乃築館其上，傍有茂木，下湍水，對峙大山。大山之西有斷崖，上聳數百尺，挺擢如屏，而鳴泉漱其下。使人過此，必置酒其上，遂以爲常。」〔註73〕根據此段敘述，我們可以更加瞭解會仙石附近的山川形勢，而且當時宋使節經過此地，遼人常置酒招待，例如王珪在其使遼詩〈會仙石〉提到其與遼人在會仙石飲酒言歡的情形，說：「奉使群材笑拍肩，玉漿春酒已酡然。當時曾舐淮南鼎，亦恐茲山自有仙。」〔註74〕另外，蘇轍使遼時，經過會仙館，也作有〈會仙館二絕句〉詩，說：「北嶂南屏恰四周，西山微缺放溪流。胡人置酒留連客，頗識峯巒是勝游。」「嶺上西行雙石人，臨溪照水久逡巡。低頭似愧南來使，居處雖高已失身。」〔註75〕後一首詩提及「雙石人」，而蘇頌在〈和題會仙石〉詩中也提到「雙石」二字，該詩說：「雙石層稜倚翠巔，相傳嘗此會群仙。繫風捕影誰能問，空見遺踪尚歸然。」〔註76〕可知宋使節在使遼途中，經過此地時，遼人確實「必置酒其上，遂以爲常」。

彭汝礪再經牛山館、鹿兒峽館、鐵匠館、富谷館、通天館（長興館），到達遼中京，而在中京有作詩〈記京中伶人口號〉，說：

〔註71〕 〔宋〕彭汝礪，〈望雲嶺自古北口五十里至嶺上南北使者各置酒三盞乃行〉，收錄於傅璇琮主編《全宋詩》，卷904，頁10615。
〔註72〕 〔宋〕彭汝礪，〈雪後會仙洞〉，收錄於傅璇琮主編《全宋詩》，卷902，頁10589。
〔註73〕 〔宋〕沈括，《熙寧使虜圖抄》，收錄於趙永春，《奉使遼金行程錄》，頁88。
〔註74〕 〔宋〕王珪，〈會仙石〉，收錄於傅璇琮主編《全宋詩》，卷496，頁5992。
〔註75〕 〔宋〕蘇轍，〈會仙館二絕句〉，《樂城集》，卷16，頁195。
〔註76〕 〔宋〕蘇頌，〈和題會仙石〉，《蘇魏公文集》，卷13，前使遼詩，頁164。

> 伶人作語近初筵,南北生靈共一天。祝願官家千萬歲,年年歡好似
> 今年。〔註77〕

中京為遼國國都,彭汝礪行經此地,深感宋遼兩國能建立起和平的外交關係尤屬不易,因此希望雙方歡好能長長久久。關於彭汝礪此種想法,其在〈記使人語呈子開侍郎深之學士二兄〉,也說:

> 往來道路好歌謠,不問南朝與北朝。但願千年更萬歲,歡娛長祇似
> 今朝。〔註78〕

細讀此兩首詩的內容和用語,每一句都大致相似,使我們更加能體認,彭汝礪希望兩國歡好的心意,是頗為殷切的。

在此項最後,筆者要提到彭汝礪應是在古北口至中京的路段上,曾作〈塞外冬至〉一詩,但是因為從其內容無法判定是在何地作此首詩,因此筆者只好姑且在此項的最後提出,其說:

> 今年至日是今朝,日影方長路更遙。霜雪辛勤白榆塞,鵾鴻悵望紫
> 宸朝。陰冥丘壑雲長暗,陽觸淵泉凍欲銷。欲問春來消息近,幾多
> 垂柳在溪橋。〔註79〕

按,此年冬至是在十一月四日(戊子),彭汝礪想到值此佳節,而其本人卻在國外無法與家人相聚,因此濃濃的鄉愁不禁湧上心頭。

(三) 經羖䍽河館、榆林館、訥都烏館、香山子館,至廣平淀

據前引傅樂煥在〈宋人使遼語錄行程考〉「宋臣使遼路線系統表」中,所列宋使節的使遼路線,可知彭汝礪從中京往前行,必須經過羖䍽河館、榆林館、訥都烏館、香山子館,才能到達廣平淀。而關於此段路程,據宋綬《契丹風俗》,說:「自中京東過小河,……凡六十里至羖䍽河館,過惠州,……七十里至榆林館,前有小河,屈曲北流。自此入山,少人居,七十里至訥都烏館,蕃語謂山為「訥都」,水為「烏」。七十里至香山子館,前倚土山,依小河,其東北三十里,即長泊也。涉沙磧,過白馬淀。」〔註80〕當時宋綬使

〔註77〕 〔宋〕彭汝礪,〈記京中伶人口號〉,收錄於傅璇琮主編《全宋詩》,卷905,頁10636。

〔註78〕 〔宋〕彭汝礪,〈記使人語呈子開侍郎深之學士二兄〉,收錄於傅璇琮主編《全宋詩》,卷905,頁10636。

〔註79〕 〔宋〕彭汝礪,〈塞外冬至〉,收錄於傅璇琮主編《全宋詩》,卷897,頁10504～10505。

〔註80〕 〔宋〕宋綬,《契丹風俗》,收錄於趙永春,《奉使遼金行程錄》,頁35。

遼的行程是經過白馬淀，前往木葉山，而據《遼史》〈營衛志〉，說：「冬捺鉢
曰廣平淀，……本名白馬淀。」〔註81〕因此宋綬這段記載，正可供我們推想
彭汝礪在此路段的行程，大致上也是如此。

在此路段，彭汝礪行經殺虜河館之後，過惠州時，有作詩〈惠州〉三首，
說：

> 城壘四五尺，閭閻千百家。朝塵疑作雨，暮雪欲飛花。舊寺僧何在，
> 空堂鬼自邪。三更愁不寐，相笑是皇華。

> 霧暗山千疊，冰寒水一涯。風高天作雪，日晚露迷沙。居士身如夢，
> 行人驛是家。青燈無意緒，點點自成花。

> 絕域冬猶暖，孤村日易斜。浮雲點晴漢，幽鳥篆平沙。白草單于壘，
> 青燈渤海家。夜蟾無定處，流轉共天涯。〔註82〕

關於此三首詩所描述的「惠州城」，宋綬《契丹風俗》有記載，說：「過惠州，
城二重，至低小，外城無人居，內城有瓦屋、倉廩，人多漢服。」〔註83〕另外，
蘇轍使遼，也作有〈惠州〉詩，說：「孤城千室閉重闉，蒼莽平川絕四鄰。漢使
塵來空極目，沙場雪重欲無春。羞歸應有李都尉，念舊可憐徐舍人。會逐單于
渭橋下，歡呼齊拜屬車塵。」〔註84〕並且自注，說：「傳聞南朝逃叛者多在其間。」
〔註85〕顯然惠州有許多漢人居於此，因此蘇轍在〈惠州〉詩後半段特別提到歷
史上曾經投靠於外族的李都尉（西漢李陵？～前74）、徐舍人（三國徐庶）二
人。筆者認為此二項史料可與彭汝礪〈惠州〉詩三首互相做印證。

接著彭汝礪往前行，經過榆林館、訥都烏館、香山子館，並且在抵達廣
平淀之前經過沙陀之地。關於此沙陀之地，宋綬在《契丹風俗》只輕描淡寫，

〔註81〕〔元〕脫脫，《遼史》，卷32，志第2，營衛志中，行營，頁375。按，有關《遼
史》〈營衛志〉稱廣平淀本名白馬淀的說法，傅樂煥在〈廣平淀考〉中提出
質疑，說：「……而《〔遼〕史》稱廣平淀本名白馬淀，以今存史料證之，反
不能證明。《營衛志》：「廣平淀本名白馬淀」。何時改名，則未之詳。……則
廣平淀與白馬淀非一地。此與《營衛志》廣平本白馬之語，絕不相容。是二
者之中必有一誤也。」〔收錄於《遼史叢考》，頁75〕但是在本文中，筆者
仍暫採《遼史》〈營衛志〉的說法。

〔註82〕〔宋〕彭汝礪，〈惠州〉三首，收錄於傅璇琮主編《全宋詩》，卷902，頁10566。

〔註83〕〔宋〕宋綬，《契丹風俗》，收錄於趙永春，《奉使遼金行程錄》，頁35。

〔註84〕〔宋〕蘇轍，〈惠州〉，《欒城集》，卷16，頁195。按，筆者曾於2005年發表
〈蘇轍使遼始末〉，一時失察，誤將蘇轍至惠州的行程列在至中京之前，對此
深覺慚愧。

〔註85〕〔宋〕蘇轍，〈惠州〉，《欒城集》，卷16，頁195。

說：「涉沙磧，過白馬淀〔廣平淀〕。」〔註86〕但是在沙陀中行走，實際上是頗爲艱難的，因此彭汝礪行經此路段時，曾作〈大小沙陀〉詩二首，說：

南障古北口，北控大沙陀。北界自古北口始險阻，過小沙陀、大沙陀，即受禮處。土地稻粱少，歲時霜雪多。古來常用武，今日許通和。豈乏驃姚將，君王悟止戈。

大小沙陀深沒膝，車不留蹤馬無跡。沙陀沙深處車馬過亦無跡。曲折多途胡亦惑，自上高岡認南北。大風吹沙成瓦礫，頭面瘡痍手皺坼，下帶長烟蔽深驛。層冰峨峨霜雪白，狼顧鳥行愁覆溺。沿河踏冰上，每日爲常。一日不能行一驛，吾聞治生莫如齒。〔註87〕

另外，彭汝礪在〈尙德〉詩中，說：

萬里沙陀險且遙，雪霜塵土共蕭條。草萊長大牛羊眾，窟穴阻深豺虎驕。往日御夷誰似宋，今時尚德莫如堯。試看虞舜岩廊上，何羨呼韓渭水朝。〔註88〕

從彭汝礪以上三首詩，描述其在沙陀中行走的艱險，使我們更加可以體認當時宋使節使遼，確實是一項很艱辛的任務。

當時彭汝礪在將至廣平淀之前，曾作〈再和子育韵〉五首，說：

使者東來說契丹，翠輿卻似上京還。繡旗鐵甲兵三萬，昨夜先朝木葉山。木葉山契丹九廟所在

日夜歸心折大刀，羔裘貂鼠豈無袍。利名畢竟擬何用，身世由來空自勞。

玉立風生供奉班，少時綠髮照行間。今時大半成霜雪，莫把青銅照面看。

朔風吹雪著人寒，行盡千山復萬山。旅思鄉愁兩無奈，不須詩債更相關。

夜寒燈火照長宵，祇有塵編慰寂寥。南北可憐身汎汎，夢歸亦苦路遙遙。〔註89〕

〔註86〕 〔宋〕宋綬，《契丹風俗》，收錄於趙永春，《奉使遼金行程錄》，頁35。
〔註87〕 〔宋〕彭汝礪，〈大小沙陀〉二首，收錄於傅璇琮主編《全宋詩》，卷903，頁10603。
〔註88〕 〔宋〕彭汝礪，〈尙德〉，收錄於傅璇琮主編《全宋詩》，卷900，頁10552。
〔註89〕 〔宋〕彭汝礪，〈再和子育韵〉五首，收錄於傅璇琮主編《全宋詩》，卷905，頁10626～10627。

從這五首詩的內容來看，第一首似是提到遼道宗已從上京返至冬捺鉢駐帳地廣平淀，準備在此接見彭汝礪等人。至於其他四首詩，則是彭汝礪回顧此趟行程的艱辛，不禁百感交集，不僅想到功名利祿皆爲虛空之物，也想到自己已從青年變成半百之人，並且也抒發其在天寒、路遙的行程中，所產生的陣陣旅思鄉愁。

　　不久，彭汝礪終於到達廣平淀，在此進行祝賀遼道宗生辰的交聘活動。據《遼史》〈營衛志〉對於廣平淀的描述，說：「冬捺鉢曰廣平淀。在永州東南三十里，本名白馬淀。東西二十餘里，南北十餘里。地甚坦夷，四望皆沙磧，木多榆柳。其地饒沙，冬月稍暖，牙帳多於此坐冬，與北南大臣會議國事，時出校獵講武，兼受南宋及諸國禮貢。」〔註90〕而彭汝礪作詩〈廣平甸（淀）謂虜地險至此廣大而平易云〉，說：

> 四更起趁廣平朝，上下沙陀道路遙。洞入桃源花點綴，門橫葦箔草蕭條。時平主客文何縟，地大君臣氣已驕。莫善吾皇能尚德，將軍不用霍嫖姚。〔註91〕

並且在此首詩的詩序中，描述遼道宗的牙帳，說：

> 初至單于行在，其門以蘆箔爲藩垣，上不去其花以爲飾，其上謂之羊箔門。作山棚，以木爲牌，左曰紫府洞，右曰桃源洞，總謂之蓬萊宮。殿曰省方殿，其左金冠紫袍而立者數百人，問之多酋豪，其右青紫而立者數十人。山棚之前作花檻，有桃、杏、楊柳之類。前謂丹墀，自丹墀十步謂之龍墀殿，皆設青花氈。其階高二三尺，潤三尋，縱殺其半，由階而登，謂之御座。〔註92〕

筆者再引《遼史》〈營衛志〉，說：

> 皇帝牙帳以槍爲硬寨，用毛繩連繫。每槍下黑氈傘一，以庇衛士風雪。槍外小氈帳一層，每帳五人，各執兵仗爲禁圍。南有省方殿，殿北約二里曰壽寧殿，皆木柱竹榱，以氈爲蓋，彩繪韜柱，錦爲壁衣，加緋繡額。又以黃布繡龍爲地障，牕、槏皆以氈爲之，傅以黃油絹。基高尺餘，兩廂廊廡亦以氈蓋，無門戶。省方殿殿北有鹿皮帳，帳次北有八方公用殿。壽寧殿北有長春帳，衛以硬寨。宮用契

〔註90〕〔元〕脫脫，《遼史》，卷32，志第2，營衛志中，行營，頁375。

〔註91〕〔宋〕彭汝礪，〈廣平甸謂虜地險至此廣大而平易云〉，收錄於傅璇琮主編《全宋詩》，卷901，頁10553。

〔註92〕〔宋〕彭汝礪，〈廣平甸謂虜地險至此廣大而平易云〉，收錄於傅璇琮主編《全宋詩》，卷901，頁10553。

丹兵四千人，每日輪番千人祇直。禁圍外卓槍爲寨，夜則拔槍移卓
御寢帳。周圍拒馬，外設鋪，傳鈴宿衛。〔註93〕

依此二項史料所述，不僅使我們對於遼朝皇帝冬捺鉢在廣平淀的牙帳，有進
一步的了解，也顯示出彭汝礪對此亦頗有深入的觀察。

　　至於彭汝礪祝賀遼道宗生辰的禮儀，據《遼史》〈禮志〉「賓禮」所提到
一系列相關的禮儀活動，包括「宋使見皇太后儀」、「宋使見皇帝儀」、「曲宴
宋使儀」、「賀生辰正旦宋使朝辭皇太后儀」、「賀生辰正旦宋使朝辭皇帝儀」，
〔註94〕等，可讓我們略知彭汝礪在遼道宗冬季駐帳地廣平淀，所進行的祝賀
遼道宗生辰交聘活動大概情形。另據蘇頌在〈廣平宴會〉詩提到當時祝賀遼
道宗生辰的交聘活動，說：「遼中宮室本穹廬，暫對皇華闢廣除。編曲垣牆都
草創，張旃帷幄類鶉居。朝儀強效鵷行列，享禮猶存體薦餘。玉帛係心眞上
策，方知三表術非疏。」〔註95〕並且在詩題下自註，說：「禮意極厚，雖名用
漢儀，其實多參遼俗。」〔註96〕筆者認爲這首詩應也有助於我們知道彭汝礪
當時祝賀遼道宗生辰的活動情形。

　　彭汝礪在廣平淀逗留時間未達十天，即啓程返宋，因爲據《續資治通鑑
長編》卷二六二，說：「故事，使者留京，不過十日。」〔註97〕這句話雖然是
說根據往例，遼使節逗留於宋汴京的日數不能超過十天，但是此項規定其實
也是宋使節使遼時必須遵守的。也就是說遼使節來到宋汴京，或是宋使節到
達遼皇帝駐帳地之後，都必須在十天內完成交聘的活動或交涉的事宜，然後
請辭啓程返國。〔註98〕而彭汝礪此行既然是要祝賀遼道宗十二月七日的生
辰，因此其應是在十二月七日的前一兩天到達廣平淀，然後在十天之內完成
祝賀交聘活動，最遲在十二月十五日之前，向遼道宗請辭，然後啓程返宋。
當時蘇頌和蘇轍二人都曾經在彭汝礪之前，先後以生辰使的身份使遼，〔註99〕

〔註93〕　〔元〕脫脫，《遼史》，卷32，志第2，營衛志中，行營，頁375。
〔註94〕　〔元〕脫脫，《遼史》，卷51，志第20，禮志4，賓儀，頁848～854。
〔註95〕　〔宋〕蘇頌，〈廣平宴會〉，《蘇魏公文集》，卷13，後使遼詩，頁176。
〔註96〕　〔宋〕蘇頌，〈廣平宴會〉，《蘇魏公文集》，卷13，後使遼詩，頁175。
〔註97〕　〔宋〕李燾，《續資治通鑑長編》，卷262，宋神宗熙寧八年四月丙寅條，頁6。
〔註98〕　可參閱蔣武雄，〈宋使節逗留對方京城日數的探討〉，《空大人文學報》12（台
　　　　　北：空中大學，2003年12月），頁197～212。
〔註99〕　按，蘇頌是在宋神宗熙寧元年（1068年）和熙寧十年（1077年），兩次以生
　　　　　辰使身份使遼；蘇轍則是在宋哲宗元祐四年（1089年），以生辰使身份使遼。
　　　　　至於彭汝礪以生辰使身份使遼，是在宋哲宗元祐六年（1091年）。

祝賀遼道宗的生辰，而蘇頌〈離廣平〉詩，其詩題下有註，說：「十二月十日離廣平，……。」〔註100〕蘇轍則有作詩〈（十二月）十日南歸馬上口占呈同事〉，〔註101〕兩者在詩中都提到在十二月十日向遼道宗請辭，啓程返宋。因此我們可推測彭汝礪啓程返宋的日期，應該也是在十二月十日至十二月十五日之間。

（四）返宋在遼國境內的行程

彭汝礪在結束祝賀遼道宗生辰的交聘活動之後，終於得以啓程返宋，其心情爲之放鬆，而且迫切返回家國的情緒也油然地充滿於心中，曾作〈南歸〉詩，說：

> 匆匆燈火著征衫，客勸賓酬酒既酣。老馬經時俱首北，大鵬今日會圖南。擬尋樂事羞華髮，欲問生涯指舊庵。貪惜上恩歸未得，素餐自愧百無堪。〔註102〕

甚至於想到返宋到達汴京的日期，作詩〈諸君約歸日〉，說：

> 黃金束帶錦貂裘，白髮追隨每自羞。已見冰澌流碧水，遙知春色滿泉州。紅開金谷樓前面，綠暗玉津池上頭。衰病到家應稍健，爲公須醉百金甌。〔註103〕

以及〈歸期〉，說：

> 歸期元約是花時，曲指花時定可歸。日暖擁雲迎馬首，天寒飄雪點人衣。老胡淚落不忍別，野鵲性靈相近飛。到得歸時春更晚，故園桃李正芳菲。〔註104〕

彭汝礪啓程南返不久，又經過沙陀之地，在此與宋正旦使副相遇，因此作〈沙陀逢正旦使副〉詩，說：

> 踏雪予今濟土河，驅車君始入沙陀。異鄉邂逅不可得，別酒留連能幾何。縹緲飛鴻無限意，凋零白草不勝歌。仲玉、子開使虜小詞有飛鴻、白草句。到家正是花時節，酒飲休辭盃數多。〔註105〕

按，此年宋朝廷以「吏部郎中趙偁爲太皇太后賀遼主正旦使，西京左藏庫使

〔註100〕〔宋〕蘇頌，〈離廣平〉，《蘇魏公文集》，卷13，後使遼詩，頁176。
〔註101〕〔宋〕蘇轍，〈十日南歸馬上口占呈同事〉，《欒城集》，卷16，頁196。
〔註102〕〔宋〕彭汝礪，〈南歸〉，收錄於傅璇琮主編《全宋詩》，卷900，頁10552。
〔註103〕〔宋〕彭汝礪，〈諸君約歸日〉，收錄於傅璇琮主編《全宋詩》，卷901，頁10553。
〔註104〕〔宋〕彭汝礪，〈歸期〉，收錄於傅璇琮主編《全宋詩》，卷901，頁10553。
〔註105〕〔宋〕彭汝礪，〈沙陀逢正旦使副〉，收錄於傅璇琮主編《全宋詩》，卷901，頁10554。

王鑒副之。司農少卿程博文爲皇帝賀遼主正旦使，左藏庫副使康昺副之」，〔註106〕因此在此時他們仍然在前往廣平淀的途中，而彭汝礪對於能在異國與另一批本國使節相遇深覺相當難得，遂特別作此首詩以記之。

　　彭汝礪遠行於遼境，遊子思鄉之情本就很濃厚，因此在返程途中，於墨斗嶺聽聞似是杜鵑鳥的叫聲，不禁更加歸心似箭，作詩〈過墨斗嶺聞鳥聲似子規而其形非是〉，說：

　　　　有鳥羽毛非子規，向人如道不如歸。使軺不用君多勸，未到歸心已

　　　　似飛。〔註107〕

　　最後，彭汝礪應是在宋哲宗元祐七年（遼道宗大安八年，1092 年）元月七日返抵宋國邊鎮雄州，因爲據蘇轍所作〈贈知雄州王崇拯二首〉其一，說：「使君約我南來飲，人日河橋柳正黃。」〔註108〕並且自註，說：「生辰使例以人日還至雄州。」〔註109〕而彭汝礪既然是和蘇轍一樣，都是以祝賀遼道宗生辰國信使的身份使遼，因此彭汝礪應該也是在人日那一天返至雄州。再據東方朔（托名）《占書》，說：「歲後八日，一日鷄，二日犬，三日豬，四日羊，五日牛，六日馬，七日人，八日谷。其日晴，所主之物育，陰則災。」〔註110〕更可知彭汝礪返宋的行程，應是在宋哲宗元祐七年元月七日人日那一天返抵宋國邊城雄州。

　　當時彭汝礪返至雄州，曾作詩四首，其中〈歸次雄州〉，說：

　　　　雁奴到日人初別，燕子來時我亦還。馳馬直登山絕頂，爭圖先見瓦

　　　　橋關。〔註111〕

〈至雄州寄諸弟并呈諸友〉二首，說：

　　　　馬頭今日過中都，到得雄州更有書。道路莫嗔音問少，天寒沙漠雁

　　　　全疏。

〔註106〕〔宋〕李燾，《續資治通鑑長編》，卷 464，宋哲宗元祐六年八月乙巳條，頁
　　　　　11～12。

〔註107〕〔宋〕彭汝礪，〈過墨斗嶺聞鳥聲似子規而其形非是〉，收錄於傅璇琮主編《全
　　　　　宋詩》，卷 904，頁 10615。

〔註108〕〔宋〕蘇轍，〈贈知雄州王崇拯二首〉其一，《欒城集》，卷 16，頁 194。

〔註109〕〔宋〕蘇轍，〈贈知雄州王崇拯二首〉其一，《欒城集》，卷 16，頁 194。

〔註110〕轉引自蔣祖怡、張滌雲編，《全遼詩話》（長沙：岳麓書社，1992 年 5 月），〈蘇
　　　　　轍使遼詩〉，註 9，頁 315。

〔註111〕〔宋〕彭汝礪，〈歸次雄州〉，收錄於傅璇琮主編《全宋詩》，卷 904，頁 10617。

沙陀行盡見南山，過却中京更少寒。欲寄梅花無處覓，祇將書去報
平安。〔註112〕

以及〈到雄州不得家書〉，說：

馬頭不是病風埃，相別相望眼不開。祇有瓦橋書可附，何緣不寄一
聲來。〔註113〕

顯然彭汝礪返宋，初抵本國境內時，其思念家人親友的情緒顯得更加的濃厚、
激動。

四、結　論

綜合以上的論述，筆者在結論中，首先要強調的是，彭汝礪所留存約六
十首使遼詩的意義，尤其是在其《使遼語錄》已經失傳的情況下，我們在今
日仍然能見到這些使遼詩，可說是頗為幸運。因為透過這些使遼詩的內容，
使我們對於彭汝礪使遼的事蹟，包括其使遼的路線、行程、晉見遼道宗的地
點、祝賀遼道宗生辰的交聘活動，以及彭汝礪本人在往返途中身心的感受等，
都可以有進一步的了解。因此蔣祖怡、張滌雲在《全遼詩話》特別提到其意
義，說：「彭汝礪使遼寫下了六十首詩，其數量之多在使遼詩中可謂首屈一指。
這些詩不僅生動形象地描敘了遼國的山川、沙漠、草原、霜雪、禽鳥等大自
然的獨特景色，不僅描述了使遼途中的艱難、寂寞及思鄉之情，而且敘寫了
行在、城鎮、畋獵、衣飾、禮儀、習俗、親情等人文風貌，尤其是反映了兩
國使者、伴使之間深情厚誼及期望長久友好的願望，記述了中京伶人祝願『年
年歡好似今年』的口號，表示了詩人自己對南北通和政策的真誠擁護及在北
朝感受到的『殊方更喜人情好』的親身體驗，殊為難得，至為可貴。」〔註114〕
另外，沈文凡、陳大遠在〈宋遼交聘背景下的彭汝礪使遼詩〉，也說：「彭汝
礪的使遼詩是在宋遼議和的大背景下完成的。他的詩作在一定程度上見證了
宋遼兩國和平交往的歷史，同時也反映了宋代使臣的出使生活、思想意向以

〔註112〕〔宋〕彭汝礪，〈至雄州寄諸弟並呈諸友〉二首，收錄於傅璇琮主編《全宋詩》，
　　　　卷904，頁10614。
〔註113〕〔宋〕彭汝礪，〈到雄州不得家書〉，收錄於傅璇琮主編《全宋詩》，卷905，
　　　　頁10635。
〔註114〕蔣祖怡、張滌雲編，《全遼詩話》，頁322～323。關於彭汝礪使遼詩所描述的
　　　　各種情形，也可參閱沈文凡、陳大遠，〈宋遼交聘背景下的彭汝礪使遼詩〉，《學
　　　　習與探索》，2011年第6期，頁199～202。

及爲了推進兩國和平穩定所付出的艱苦努力和作出的貢獻。」〔註115〕從這兩段話，使我們更加體認，彭汝礪如此豐富內容的六十首使遼詩，可謂是宋使節使遼詩當中頗具有代表性的作品，不僅深入地敘述了彭汝礪本人當時使遼的情形，也顯現出宋使節在宋遼外交關係史上，爲了維繫宋遼兩國的和平，曾經付出了許多心力。

接著，筆者要提及的是，彭汝礪在使遼期間，對於遼國的各項國情，包括軍事、政治、經濟、山川地理、民情風俗等，都曾進行仔細的觀察，除了前文所提及相關的情形之外，例如在民情風俗方面，彭汝礪還觀察了遼國婦女的化妝，作〈婦人面塗黃而吏告以爲瘴疾問云謂佛粧也〉詩，說：

> 有女夭夭稱細娘，胡謂婦人有顏色者曰細娘眞珠絡髻面塗黃。華人怪見疑爲瘴，墨吏矜誇是佛粧。〔註116〕

張舜民在其《使北記》〈佛妝〉，也說：「北婦以黃物塗面如金，謂之『佛妝』。」〔註117〕可知遼國婦女將面塗黃是以爲美，而非罹患瘴疾所致。

還有，彭汝礪也觀察了遼國幼兒的生活，作〈胡雛〉詩，說：

> 禿鬢胡雛色如玉，頯拳突起深其目。鼻頭穹隆腳心曲，被裘騎馬追鴻鵠。出入林莽乘山谷，凌空絕險如平陸。臂鷹縲犬紛馳逐，雕弓羽箭黃金鏃。爭血雜兔羞麋鹿，詭遇得禽非我欲。莫怪小兒敏捷強，老宿胡人以此爲風俗。〔註118〕

彭汝礪在此首詩中，描述了遼國小孩自幼即習慣於騎馬射獵訓練的情形。關於彭汝礪在使遼過程中所作諸多的觀察，筆者認爲也是我們在討論其使遼行程時，不能予以忽略的。

最後，筆者要特別提到的是，彭汝礪使遼過程中身心遭受煎熬的情形。據《宋史》〈彭汝礪〉傳，說：「……（彭汝礪）至郡數月而病卒。……年五十四。」〔註119〕可知彭汝礪的死年爲五十四歲。而根據以上的論述，彭汝礪是以五十歲之齡使遼，因此可謂是在其晚年階段擔任了此次艱辛的使遼任務。沈文凡、

〔註115〕沈文凡、陳大遠，〈宋遼交聘背景下的彭汝礪使遼詩〉，《學習與探索》，2011年第 6 期，頁 202。

〔註116〕〔宋〕彭汝礪，〈婦人面塗黃而吏告以爲瘴疾問云謂佛粧也〉，收錄於傅璇琮主編《全宋詩》，卷 905，頁 10635～10636。

〔註117〕〔宋〕張舜民，《使北記》〈佛妝〉，收錄於趙永春，《奉使遼金行程錄》，頁 126。

〔註118〕〔宋〕彭汝礪，〈胡鶵〉，收錄於傅璇琮主編《全宋詩》，卷 895，頁 10471。

〔註119〕〔元〕脫脫，《宋史》，卷 346，列傳第 105，彭汝礪，頁 10976。

陳大遠在〈宋遼交聘背景下的彭汝礪使遼詩〉，論及此一情況，說：「彭汝礪使遼詩中多次提到自己的病痛。據資料記載，他出使後的第三年即 1094 年離世。他的身體狀況不佳是否和此次出使有關我們不得而知，但是應該說彭汝礪是帶病堅持完成這次出使使命的。」〔註 120〕這段話使我們更加可以體認彭汝礪此次使遼的任務，對其身心而言，確實是一項頗為沉重的負擔。

　　基於以上的體認，因此筆者對於彭汝礪在此次使遼期間，所遭受天寒、路遙和鄉愁等三項折磨，也就特別加以注意。例如遼道宗將生辰日期從八月七日改期為十二月七日，使當時被宋朝廷派任為生辰使的彭汝礪，必須在冬季赴遼，進行祝賀遼道宗生辰的交聘活動。因此彭汝礪在使遼時，除了面對漫長的路程之外，也必須忍受嚴寒氣候的吹襲，我們從以上所引彭汝礪的使遼詩，即可發現其對此兩項的艱苦，感受特別深刻，例如在上文中所引的〈宿金溝〉詩，說：

　　絕域三千里，窮村五七家。雲深無去雁，日暮有棲鴉。霧擁雲垂野，
　　霜連月在沙。夜長無復寐，寂寞聽寒笳。〔註 121〕

〈再和子育〉詩五首之一，說：

　　氣血畏寒身畏勞，養生曾去問參寥。我今與子俱錯計，霜雪正嚴山
　　正遙。〔註 122〕

〈望雲嶺自古北口五十里至嶺上南北使者各置酒三盞乃行〉詩五首之一，說：

　　五更風雪霽層霄，殘月寒星共沈寥。道路長如之字轉，邊人能以近
　　為遙。〔註 123〕

〈塞外冬至〉詩，說：

　　今年至日是今朝，日影方長路更遙。霜雪辛勤白榆塞，鵷鴻悵望紫
　　宸朝。……。〔註 124〕

〔註 120〕沈文凡、陳大遠，〈宋遼交聘背景下的彭汝礪使遼詩〉，《學習與探索》，2011年第 6 期，頁 201。另可參閱蔣武雄，〈宋遼對兩國使節病與死的處理〉，《東吳歷史學報》9（台北：東吳大學，2003 年 3 月），頁 81〜95。

〔註 121〕〔宋〕彭汝礪，〈宿金鉤〔溝〕〉，收錄於傅璇琮主編《全宋詩》，卷 901，頁10565〜10566。

〔註 122〕〔宋〕彭汝礪，〈再和子育〉五首之一，收錄於傅璇琮主編《全宋詩》，卷 904，頁 10615。

〔註 123〕〔宋〕彭汝礪，〈望雲嶺自古北口五十里至嶺上南北使者各置酒三盞乃行〉五首，收錄於傅璇琮主編《全宋詩》，卷 905，頁 10626。

〔註 124〕〔宋〕彭汝礪，〈塞外冬至〉，收錄於傅璇琮主編《全宋詩》，卷 897，頁 10504〜10505。

〈尚德〉詩，說：

> 萬里沙陀險且遙，雪霜塵土共蕭條。……。〔註125〕

以及〈再和子育韵〉五首之三，說：

> 玉立風生供奉班，少時綠髮照行間。今時大半成霜雪，莫把青銅照面看。
>
> 朔風吹雪著人寒，行盡千山復萬山。旅思鄉愁兩無奈，不須詩債更相關。
>
> 夜寒燈火照長宵，祇有塵編慰寂寥。南北可憐身汎汎，夢歸亦苦路遙遙。〔註126〕

以上八首詩均很清楚顯現出彭汝礪在此次的使遼之行，天寒與路遙兩項對其已經五十歲的身體來說，確實是很大的打擊。

而在身體飽受天寒、路遙煎熬的情況下，也使身處異國的彭汝礪，在心靈上更顯得脆弱，容易多愁善感，因此除了前引多首彭汝礪思念家國、親友的使遼詩之外，筆者在此特別再引其有關此種心境的七首詩文如下：

例如〈途中見接伴曰三得家書因作是詩寄候〉，說：

> 誰似老胡喜，一朝三得書。去家長念汝，觸事獨愁子。水凍魚全少，天寒雁更疏。三冬多雍熱，安否比何如。〔註127〕

〈得趙吏部所附第二書〉，說：

> 日月不停如轉車，匆忽還見歲其除。已行沙漠數千里，纔得京華第二書。一讀令人喜不寐，萬金於我實何如。遙知日月從三友，弟勸兄酬樂只且。〔註128〕

〈子育見和前韵因寄君宜弟〉二首，說：

> 滎陽知汝已還都，未得陳橋別後書。頭鬢不干霜雪事，冬來一似草彫疏。

〔註125〕〔宋〕彭汝礪，〈尚德〉，收錄於傅璇琮主編《全宋詩》，卷900，頁10552。

〔註126〕〔宋〕彭汝礪，〈再和子育韵〉五首，收錄於傅璇琮主編《全宋詩》，卷905，頁10626～10627。

〔註127〕〔宋〕彭汝礪，〈途中見接伴曰三得家書因作是詩寄候〉，收錄於傅璇琮主編《全宋詩》，卷901，頁10566。

〔註128〕〔宋〕彭汝礪，〈得趙吏部所附第二書〉，收錄於傅璇琮主編《全宋詩》，卷900，頁10551。

東風吹雪滿千山，便似江南料峭寒。天意人情終是別，漸知風日近
長安。〔註129〕

〈再和子育〉，說：

殊方無處問平安，悵望衡陽雁未還。歸馬不知山遠近，北山未盡過
南山。〔註130〕

〈北使還代書寄穎叔〉，說：

南行湖海北幽州，不見故人今幾秋。萬事塵沙渾是夢，百年露電只
如流。欲觀王儉紅蓮幕，更上庾公明月樓。舊說楞嚴多少義，由來
祇在一毫頭。〔註131〕

〈子育見冰開因去雄州南池想亦泮矣〉，說：

應是南湖冰已開，雲中想見小蓬萊。東君且莫催花發，留待朱顏使
者來。〔註132〕

從這七首詩的內容來看，我們可以更加瞭解，彭汝礪在使遼的往返途中，常
將觸景生情的思緒融入於詩歌中。而這樣的心境，正反映出當時彭汝礪使遼，
雖然是基於身為宋國的朝廷大臣，當然必須全力以赴地去完成外交的任務，
但是實際上，在其使遼的過程中，身心所承受的煎熬，是頗為沉重與難受的。

徵引書目

一、史料

1. 〔宋〕包拯，《包孝肅公奏議》，台北：新興書局，1960年。

2. 〔宋〕包拯，《孝肅包公奏議》，台北：台灣商務印書館，1966年。

3. 〔宋〕李燾，《續資治通鑑長編》，上海：上海古籍出版社，1986年。

4. 〔宋〕路振，《乘軺錄》，收錄於趙永春編，《奉使遼金行程錄》，吉林：吉林文史出版社，1995年。

5. 〔宋〕彭汝礪，《鄱陽集》，台北：台灣商務印書館，1970年。

〔註129〕〔宋〕彭汝礪，〈子育見和前韻因寄君宜弟〉，收錄於傅璇琮主編《全宋詩》，
卷904，頁10614。
〔註130〕〔宋〕彭汝礪，〈再和子育〉，收錄於傅璇琮主編《全宋詩》，卷905，頁10635。
〔註131〕〔宋〕彭汝礪，〈北使還代書寄穎叔〉，收錄於傅璇琮主編《全宋詩》，卷900，
頁10552。
〔註132〕〔宋〕彭汝礪，〈子育見冰開因去雄州南池想亦泮矣〉，收錄於傅璇琮主編《全宋詩》，卷905，頁10635。

6. 〔宋〕葉隆禮,《契丹國志》,收錄於《遼史彙編》(七),台北:鼎文書局,1973 年。

7. 〔宋〕劉敞,收錄於《公是集》,台北:新文豐出版公司,1984 年。

8. 〔宋〕蘇頌,《蘇魏公文集》,台北:青文出版社,1960 年。

9. 〔宋〕蘇轍,《欒城集》,台北:台灣商務印書館,四部叢刊初編本,1965 年。

10. 〔元〕脫脫,《遼史》,台北:鼎文書局,1978 年。

11. 〔元〕脫脫,《宋史》,台北:鼎文書局,1978 年。

12. 〔清〕紀昀,《欽定四庫全書總目》,北京:中華書局,1997 年。

13. 〔清〕徐松,《宋會要輯稿》,北京:中華書局,1997 年。

14. 傅璇琮主編,《全宋詩》,北京:北京大學出版社,1998 年。

二、近人著作

1. 吳曉萍,《宋代外交制度研究》,合肥:安徽人民出版社,2006 年。

2. 張希清等人主編,《澶淵盟約新論》,上海:上海人民出版社,2007 年。

3. 傅樂煥,《遼史叢考》,北京:中華書局,1984 年。

4. 聶崇岐,《宋史叢考》(下),台北:華世出版社,1986 年。

三、論文

1. 王文楚,〈宋遼驛路及其改遷〉,《歷史地理》11,上海:上海人民出版社,1993 年 6 月。

2. 王文楚,〈宋東京至遼南京驛路〉,《古代交通地理叢考》,北京:中華書局,1996 年。

3. 王曉波,〈宋太祖時期宋遼關係的變化〉,《宋代文化研究》7,成都:巴蜀書社,1998 年 5 月。

4. 吳曉萍,〈宋朝朝廷遣使表〉,《宋代外交制度研究》,合肥:安徽人民出版社,2006 年。

5. 沈文凡、陳大遠,〈宋遼交聘背景下的彭汝礪使遼詩〉,《學習與探索》,2011 年第 6 期。

6. 傅樂煥,〈宋遼聘使表稿〉,(「三」附考,甲、聘使統計),收錄於《遼史叢考》,北京:中華書局,1984 年。

7. 傅樂煥,〈宋人使遼語錄行程考〉,收錄於《遼史叢考》,北京:中華書局,1984 年。

8. 賈玉英,〈宋遼交聘制度之管窺〉,收錄於張希清等人主編,《澶淵盟約新論》,上海:上海人民出版社,2007 年。

9. 黃鳳岐,〈遼宋交聘及其有關制度〉,《社會科學輯刊》1985 年第 2 期。

10. 劉浦江,〈宋代使臣語錄考〉,收錄於張希清主編,《10～13 世紀中國文化的碰撞與融合》,上海:上海人民出版社,2006 年。

11. 蔣武雄,〈歐陽修使遼行程考〉,《東吳歷史學報》8,台北:東吳大學,2002 年 3 月。

12. 蔣武雄,〈宋遼對兩國使節病與死的處理〉,《東吳歷史學報》9,台北:東吳大學,2003 年 3 月。

13. 蔣武雄,〈宋使節逗留對方京城日數的探討〉,《空大人文學報》12,台北:空中大學,2003 年 12 月。

14. 蔣武雄,〈宋滅北漢之前與遼的交聘活動〉,《東吳歷史學報》11,台北:東吳大學,2004 年 6 月。

15. 蔣武雄,〈蘇轍使遼始末〉,《東吳歷史學報》13,台北:東吳大學,2005 年 6 月。

16. 蔣武雄,〈遼皇帝接見宋使節的地點〉,《東吳歷史學報》14,台北:東吳大學,2005 年 12 月。

17. 蔣武雄,〈韓琦與宋遼外交的探討〉,《東吳歷史學報》19,台北:東吳大學,2008 年 6 月。

18. 蔣武雄,〈從宋臣陳襄《神宗皇帝即位使遼語錄》論其使遼事蹟〉,《史匯》15,中壢:中央大學,2011 年 12 月。

19. 蔣武雄,〈宋臣劉敞使遼的行程〉,《東吳歷史學報》30,台北:東吳大學,2013 年 12 月。

20. 蔣武雄,〈包拯使遼事蹟的探討〉(未刊稿)。

21. 韓利琴,〈北宋赴遼使節「辭不行」現象初探〉,《重慶交通大學學報》〔社科版〕11:1,2001 年 2 月。

(《史學彙刊》第 34 期,民國 104 年 12 月)

遼代劉六符兄弟與遼宋外交

摘　要

　　在遼代出使宋國的使節家族中，劉六符兄弟可謂是此方面史實的代表之一，因爲其家族共有四位兄弟曾參與遼宋外交事務，尤其是劉六符在遼宋外交上的表現與貢獻，頗值得予以肯定。本文即是針對劉六符兄弟在遼宋外交的事蹟加以論述。

關鍵詞：遼、宋、劉六符、外交。

壹、前　言

　　大陸學者劉秋根、王慧杰在〈論宋朝遣遼使節的家族性特徵及其形成原因〉一文中，指出宋派使節出使遼國的人數約有六百九十二人，而進一步以這些使節的家庭出身加以統計，則來自同一族系的共有五十六家，出使的次數共有一百七十七次。他們家族性的關係包括血緣關係和婚姻關係兩種，因此宋代出使遼國的使節群體中出現了父子、兄弟、叔姪、祖孫等關係的使節家族。〔註1〕

　　筆者近年致力於研究宋遼外交關係，因此反觀遼國出使宋國的使節當中，發現也有許多類似上述情形的使節家族，一樣包括有父子、兄弟、叔姪、祖孫等關係的使節。但是由於遼代史料嚴重失傳，如要從現存的相關史料，對於這一類的使節家族作一全面性的探討，實際上並不容易。因此筆者在本文中，僅以遼代劉六符（？～約 1055）兄弟在遼宋外交上的事蹟，做為此一類史實的代表，對其作比較深入的探討。

　　而且筆者發現長期以來，研究宋遼增幣交涉事件往往都比較偏重於宋國這一方，和宋臣富弼（1004～1083）身上。因此如果能試著從遼國和遼臣劉六符個人與遼宋增幣交涉過程有關的言行來加以論述，則將有助於讀者對此一事件進一步的了解。

　　本文標題為〈遼代劉六符兄弟與遼宋外交〉，主要的考量是因為劉六符在其六位兄弟當中，雖然排行最小，但是其事蹟對於遼國的貢獻和影響卻最大，尤其是在遼宋外交事務上的表現更為突出。而且脫脫（1314～1355）《遼史》〈劉景傳〉，也說：「劉景，……子愼行，孫一德、二玄、三嘏、四端、五常、六符，皆具六符傳。」〔註2〕顯然在《遼史》中，把劉六符諸位兄長的事蹟都附錄在劉六符傳中，因此本文以劉六符為代表，來論述其劉家兄弟在遼宋外交的事蹟，應該也是恰當的。

〔註1〕　劉秋根、王慧杰，〈論宋朝遣遼使節的家族性特徵及其形成原因〉，《貴州社會科學》期6〔2005年6月〕，頁126～132。

〔註2〕　〔元〕脫脫，《遼史》（臺北：鼎文書局，1978年），卷86，列傳16，劉景，頁1322。

貳、劉六符的兄長與遼宋外交

一、劉一德、劉二玄

據《遼史》〈劉六符傳〉，說：「劉六符，父慎行，……子六人，一德、二玄、三嘏、四端、五常、六符。德早逝，玄終上京留守，……。」〔註3〕可知劉六符的大哥劉一德因為早死，因此《遼史》並無有關其事蹟的記載。至於其二哥劉二玄的仕途，據《遼史》所言，則是其曾擔任過上京留守一職。但是如此簡略的記載，實在使我們無法知道其生平事蹟為何？因此筆者另外查閱遼人的碑銘，發現在《遼代石刻文編》中所收錄的〈彌勒邑特建起院碑〉，提到邑眾的名單，說：「次載邑眾姓名，開府儀同三司、守太尉、兼中書令、國國公劉二元（玄），……。」〔註4〕據此段碑文的記載，使我們知道劉二玄當時的官爵，以及其曾經參與遼代佛教彌勒邑（一般稱為千人邑）協助建造寺院的事蹟。〔註5〕另外，同書〈秦晉國妃墓誌〉，說：「公主即景宗（969—982）皇帝之幼女，聖宗（982～1031）皇帝之愛妹也。……贈孝貞皇太弟諱隆慶，即妃先出適之所天也。……魏國王諱宗政，即妃次奉詔所歸之嘉偶也。故忠亮竭節功臣、宣力佐國功臣、守太尉、兼中書令、魯國公、贈太保、諡忠正劉二玄，即後有詔親奉左右者也。」〔註6〕據此墓誌內容，又讓我們知道劉二玄所歷諸項官爵的情形，以及其婚姻的狀況，即曾經是遼代秦晉國妃的第三任丈夫。至於劉一德和劉二玄是否曾接觸過遼宋外交事務，據筆者查閱史料，均未見有相關的記載。

二、劉三嘏

劉六符的三哥劉三嘏，曾經及第進士，〔註7〕並且娶了遼聖宗的第九女八哥，當時八哥受封為同昌縣主，進封公主，因此劉三嘏為駙馬都尉。〔註8〕另

〔註3〕 《遼史》，卷86，列傳16，劉六符，頁1323。

〔註4〕 〔遼〕佚名，〈彌勒邑特建起院碑〉，向南編，《遼代石刻文編》（石家莊：河北教育出版社，1995年），頁325。

〔註5〕 關於遼代佛教千人邑的種類、組成與活動，可參閱王吉林，〈遼代千人邑之研究〉，《大陸雜誌》卷35期5（1967年9月），頁16～18；蔣武雄，〈遼代千人邑的探討〉，《空大人文學報》期8（1999年6月），頁143～152。另外，有關遼代千人邑與修建寺院的關係，可參閱蔣武雄，〈從碑銘探討遼代修建寺院與經費來源〉，《玄奘佛學研究》期14（2010年9月），頁1～24。

〔註6〕 〔遼〕陳覺，〈秦晉國妃墓誌〉，向南編，《遼代石刻文編》，頁340～341。

〔註7〕 《遼史》，卷86，列傳16，劉六符，頁1323。

〔註8〕 《遼史》，卷65，表3，公主表，頁1006。

外，劉三嘏頗有文采，曾經呈獻遼聖宗〈一矢斃雙鹿賦〉，而獲得遼聖宗「嘉其贍麗」。〔註9〕

　　至於劉三嘏接觸遼宋外交的事蹟，據《遼史》〈興宗（1031～1055）本紀〉，說：「遼興宗重熙九年（宋仁宗（1022～1063）康定元年，1040 年）十二月……辛卯（十日），……以蕭迪、劉三嘏、耶律元方、王惟吉、耶律庶忠、孫文昭、蕭紹筠、秦德昌充賀宋生辰及來歲正旦使副。」〔註10〕另據李燾（1115～1184）《續資治通鑑長編》（以下簡稱《長編》）卷 127，說：「宋仁宗康定元年（遼興宗重熙九年，1040 年）四月……乙未（十一日），契丹母遣始平軍節度使耶律元方、州觀察使王惟吉，契丹主遣左千牛衛上將軍蕭迪、右諫議大夫知制誥劉三嘏來賀乾元節。」〔註11〕以及葉隆禮《契丹國志》〈興宗文成皇帝〉，說：「重熙八年宋仁宗康定改元……是歲，太后始遣始平軍節度使耶律元方、州觀察使王惟吉，帝遣左千牛衛上將軍蕭迪、右諫議大夫知制誥劉三嘏往宋賀乾元節。」〔註12〕可知當時劉三嘏官職為右諫議大夫知制誥，並且被派任為生辰副使，前往宋國祝賀宋仁宗的生日。但是筆者在此要另外指出和說明的是，《遼史》稱劉三嘏在重熙九年十二月被派任為副使，而《長編》卻反而稱劉三嘏在該年四月抵達宋汴京祝賀乾元節，顯然二書所言，在時間上有所矛盾。此一矛盾在有關《遼史》校勘的各項著作中，均未見提出，依筆者認為遼朝廷往往是在前一年任命大臣出使宋國，因此《遼史》在此處言「重熙九年」，似為「重熙八年」之誤。

　　劉三嘏與遼宋外交的關係，並不只限於以上史書的記載，其離遼投奔於宋的事件更引起了遼宋外交情勢的緊張，頗值得我們予以論述。首先據《遼史》〈劉六符傳〉，說：「（劉三嘏）與公主不諧，奔宋，歸，殺之。」〔註13〕由於此段記載太過於簡略，因此筆者再查其他史書，發現田況（1003～1061）《儒林公議》對於此事件有比較詳細的描述，說：

> 契丹既有幽薊及雁門以北，亦開舉選，以收士人。幽州劉氏昆弟其名曰二玄、三嘏、四端、五常、六符，皆被任遇。三嘏、四端復尚

〔註 9〕　《遼史》，卷86，列傳16，劉六符，頁 1323。

〔註 10〕　《遼史》，卷 18，本紀 18，興宗 1，頁 222。

〔註11〕　〔宋〕李燾，《續資治通鑑長編》（以下簡稱《長編》）（上海：上海古籍出版社，1986 年），卷 127，宋仁宗康定元年四月乙未條，頁 3。

〔註12〕　〔宋〕葉隆禮，《契丹國志》，收錄於《遼史彙編》7（臺北：鼎文書局，1973年），卷 8，興宗文成皇帝，頁 71。

〔註13〕　《遼史》，卷 86，列傳 16，劉六符，頁 1323。

公主。慶曆四年秋，三嘏攜嬖妾偕一子投廣信軍，情詞悲切，自言：
公主皆有所私，久已離異，今秋其主迫令再合。公主凶狠，必欲殺
其妾與子，故歸。朝廷頗論其國中機事。言其主已西伐元昊，幽薊
空虛，我舉必克，所陳凡七事。復爲詩以自陳云：『雖慚涔勺赴滄溟，
仰訴丹衷不爲名。寅分星辰將降禍，兌方疆寓即交兵。春秋大義惟
觀釁，王者雄師但有征。救取燕民歸舊主，免於異國歲稱兄。』朝
廷以誓約既久，三嘏彼壻位顯，恐納之生釁，又移文邊郡，躡知三
嘏來跡，求索峻切，期於必得，不則舉兵驟好矣。朝廷乃遣還三嘏，
復由西山路入定州境，所至以金賂村民求宿食，勢益窘。定帥遣人
搜索拘送彼界。比三嘏至幽州，其妻已先在矣。乃殺其妾與子，械
三嘏送國主帳前，以其昆弟皆方委任，遂貸三嘏死，使人監錮之。
議者深歎惜其事。〔註14〕

根據此項記載，使我們進一步知道此一事件的始末，即是劉三嘏與公主相處
不和，遂投奔於宋朝。而宋朝廷基於在宋眞宗（997～1022）景德元年（遼聖
宗統和二十二年，1004年），與遼簽訂的澶淵盟約中，有約定「或有盜賊逋逃，
彼此無令停匿」，〔註15〕如果破壞此一約定，將會引起兩國的爭執與衝突，而
且遼屢次要求索回劉三嘏，因此宋朝廷不久即將劉三嘏遣回。但是《遼史》
與《儒林公議》對於劉三嘏下場的記載有不同說法，一說是被殺，另一說是
被監錮。厲鶚（1692～1753）在其著作《遼史拾遺》一書中，認爲「當以史
（《遼史》）爲正」。〔註16〕但是筆者認爲《儒林公議》所言，比《遼史》詳細
許多，涵蓋此事件的始末，因此其言「監錮之」，應該也是有其可能。尤其提
到「以其昆弟皆方委任，遂貸三嘏死，使人監錮之」，〔註17〕印證當時劉六符
在遼宋增幣交涉有功（後文有詳細的討論），使劉三嘏得以免於一死，應該也
是可以理解的。

從以上的論述，使我們感受到，當時宋朝廷對於此一事件如果未能予
以恰當的處理，則將會爲宋遼兩國的和平外交帶來很大的影響。因此關於
宋朝廷如何處理的過程，筆者認爲有必要進一步加以了解和討論。據《長

〔註14〕〔宋〕田況，《儒林公議》，收錄於《文淵閣四庫全書》冊1036（臺北：臺灣
　　　　商務印書館，1973年），頁56～57。
〔註15〕《長編》，卷58，宋眞宗景德元年十二月辛丑條，頁22。
〔註16〕〔清〕厲鶚，《遼史拾遺》，收錄於《遼史彙編》3，卷17，頁346。
〔註17〕〔宋〕田況，《儒林公議》，收錄於《文淵閣四庫全書》冊1036，頁57。

編》卷 152，說：「（宋仁宗慶曆四年）十月甲午（六日），詔河北緣邊安撫司械送契丹駙馬都尉劉三嘏至涿州。初，三嘏惡其妻淫亂，遁至廣信軍，而知軍劉貽孫聽其自還，嘗留所賦詩。及余靖（1000～1064）使回，燕京留守耶律仁先（1013～1072）言三嘏尚在漢界，蓋其去累日，復攜其子與一婢從間道走定州，匿望都民楊均慶家。至是北界又移文督取，故有是命。先是輔臣議厚館三嘏以詰契丹陰事，諫官歐陽修（1007～1072）亦請留三嘏。」〔註18〕《宋史》〈杜衍（978～1057）傳〉，也說：「契丹壻劉三嘏避罪來歸，輔臣議厚館之，以詰契丹陰事。諫官歐陽修亦請留三嘏，……。」〔註19〕顯然當時宋朝廷在討論如何處理劉三嘏投宋一事時，有一些大臣認為可以將劉三嘏留置下來，以便詢問其有關遼國機密的情事，例如歐陽修即是持此種看法，並且在其〈論劉三嘏事狀〉中特別列舉數例，強調留置劉三嘏對宋國的好處，其說：

> 臣伏見契丹宣徽使劉三嘏挈其愛妾、兒女等七口，向化南歸，見在廣信軍聽候朝旨。竊慮朝廷只依常式，投來人等，依例約回不納。國家大患，無如契丹，自四五十年來，智士謀臣晝思夜算，未能為朝廷出一奇策，坐而制之。今天與吾時，使其上下乖離，而親貴臣忽來歸我，此乃陛下盛德所加，祖宗社稷之福。竊慮憂國之臣，過有思慮，以謂納之別恐引惹。臣請略陳納之、却之二端利害，伏望聖慈裁擇其可。往年山遇捨元昊而歸朝，邊臣為國家存信，拒而遣之。元昊甘心山遇，盡誅其族。由是河西之人皆怒朝廷不納，而痛山遇以忠而赤族。吾既自絕西人歸化之路，堅其事賊之心，然本欲存信以懷元昊，而終至叛逆，幾困天下。是拒而不納，未足存信，而反與賊堅人心，此已驗之効也。其後朝廷悟其失計，歸罪郭勸，悔已難追矣。此事不遠可為鑒戒，伏望陛下思之。此不可拒而可納一也。三嘏是契丹貴臣，秉節鉞，兼宣徽，可謂至親且貴矣。一旦君臣離心，走而歸我，是彼國中大醜之事，必須掩諱，不欲人聞，必不敢明言求之於我。此其可納二也。況彼來投，又無追者相繼，既絕蹤跡，別無明驗，雖欲索之於我，難以為辭。此其可納三也。

〔註18〕 《長編》，卷152，宋仁宗慶曆四年十月甲午條，頁10。

〔註19〕 〔元〕脫脫，《宋史》（臺北：鼎文書局，1978年），卷310，列傳69，杜衍，頁10191。

三蝦既彼之貴臣，彼國之事無不與知，今既南來，則彼之動靜虛實，
我盡知之，可使契丹日夕懼我攻取之不暇，安敢求索於我，自起兵
端。若使契丹疑三蝦果在中國，則三四十年之間，卒無南向之患，
此又納之大利，其可納四也。彼既窮來歸我，若拒而遣之，使其受
山遇之禍，則幽燕之間，四五十年來，心欲南向之人，盡絕其歸路，
而堅其事狄之心，思為三蝦報仇於中國，又終不能固契丹之信，此
為誤計，其失尤多。且三蝦在中國，則契丹必盡疑幽燕之人，是其
半國離心，常恐向背。凡契丹南寇，常藉幽燕，使其盡疑幽燕之人，
則可無南寇之患。此又可納大利五也。古語曰：「天與不取，反受其
咎。」此不可失之幾也。其劉三蝦，伏望速降密旨與富弼，令就近
安存，津遣赴闕。惟乞決於睿斷，不惑群言取進止。〔註20〕

筆者認為歐陽修以上所言，似乎太過於一廂情願，考慮不太周密。這可
能與歐陽修當時（三十八歲）對於宋遼外交事務的接觸與了解不夠深入有關。
筆者曾發表過〈歐陽修使遼行程考〉，〔註21〕提到他在四十九歲時，被宋朝廷
派任為賀遼道宗登寶位使出使遼國。相信假如在其使遼之後，對於宋遼外交
事務有比較深入的接觸與了解，再來面對劉三蝦的投宋事件，他應該不會有
如此不周延的主張。也就是當時歐陽修只是一昧的想到留置劉三蝦，將會為
宋國帶來多項的好處，可是他並沒有深思熟慮的思考遼朝廷的反彈將會有多
大？以及將會為宋國帶來哪些壞處？尤其是假如依其意見接納、留置劉三
蝦，則使宋國破壞了澶淵盟約的約定，成為理虧的一方，這將會引起宋遼兩
國外交關係的緊張與衝突。

幸好當時宋仁宗並未採納歐陽修的意見，據《長編》卷 152，說：「契丹
駙馬都尉劉三蝦……遁至廣信軍，……，輔臣議厚館三蝦，以詰契丹陰事。
諫官歐陽修亦請留三蝦，帝以問杜衍。衍曰：『中國立忠信，若自諱誓約，納
亡叛，則不直在我。且三蝦為契丹近親，而遁逃來歸，其謀身若此，尚足以
謀國乎！納之何益，不如還之。』乃還三蝦。」〔註22〕宋朝廷最後作了這樣

〔註20〕 〔宋〕歐陽修，〈論劉三蝦事狀〉，《歐陽文忠公集》（臺北：中華書局，1970），
卷 107，奏議卷 11，頁 3～4。

〔註21〕 蔣武雄，〈歐陽修使遼行程考〉，《東吳歷史學報》期 8（2002 年 3 月），頁 1
～27。

〔註22〕 《長編》，卷 152，宋仁宗慶曆四年十月甲午條，頁 10～11。另見《宋史》，
卷 310，列傳 69，杜衍，頁 10191。

的處理，應該是正確的，尤其是杜衍所說「納之何益」，正是凸顯出歐陽修所稱有五大利，只是其一廂情願的錯誤想法與判斷。

三、劉四端、劉五常

劉六符四哥劉四端和劉三嘏一樣，也是駙馬都尉，因為他娶遼聖宗的第十一女擘英，當時擘英受封為仁壽縣主，進封公主，〔註23〕因此遼聖宗在太平九年（宋仁宗天聖七年，1029 年）十一月十八日，曾「以駙馬劉四端權知宣徽南院事」。〔註24〕及至遼興宗即位之後，劉四端又與遼興宗關係頗為密切，據《長編》卷 180，說：「契丹主宗真卒，……廟號興宗。宗真性佻脫，……嘗夜燕，與劉四端兄弟、王綱入樂隊，命后妃易衣為女道士。后父蕭穆濟（《遼史》〈后妃傳〉稱蕭孝穆）曰：『漢官皆在，后妃入戲，恐非所宜。』宗真毆穆濟敗面，曰：『我尚為之，若女何人邪？』」〔註25〕劉四端竟然能與皇帝如此同樂，可見其與遼興宗不僅是君臣關係，也是玩伴密友。

劉四端接觸遼宋外交的事蹟，據《遼史》〈聖宗本紀〉，說：「太平五年（宋仁宗天聖三年，1025 年）九月己亥（二十日），以蕭迪烈、李紹琪充賀宋太后生辰使副，耶律守寧、劉四端充賀宋主生辰使副。」〔註26〕《長編》卷 103，也說：「宋仁宗天聖三年（遼聖宗太平五年，1025 年）四月壬戌（十日），契丹遣臨海軍節度使耶律守寧、衛尉少卿劉四端來賀乾元節。」〔註27〕（此處《遼史》與《長編》的記載，又發生如前文所述，派任與抵達時間上的矛盾，筆者認為《遼史》所言「太平五年」應為「太平四年」之誤）因此可知劉四端曾為生辰副使，至宋國祝賀宋仁宗的生日。而且《遼史》〈劉六符傳〉更提到其在此次交聘活動中有優良的表現，說：「（劉）四端以衛尉少卿使宋賀生辰，方宴，大張女樂，竟席不顧，人憚其嚴。還，拜樞密直學士」。〔註28〕

關於劉六符五哥劉五常的生平事蹟，史書甚少提及，筆者只查得《長編》卷 168，說：「宋仁宗皇祐二年（遼興宗重熙十九年，1050 年）三月庚子（十三日），契丹遣殿前副點檢忠正節度使耶律益、彰德節度使趙東之來告伐夏國

〔註23〕《遼史》，卷 65，表 3，公主表，頁 1006。

〔註24〕《遼史》，卷 17，本紀 17，聖宗 8，頁 204。

〔註25〕《長編》，卷 180，宋仁宗至和二年八月己丑條，頁 16。《契丹國志》，卷 8，興宗文成皇帝，頁 76，也有類似的記載。

〔註26〕《遼史》，卷 17，本紀 17，聖宗 8，頁 198。

〔註27〕《長編》，卷 103，宋仁宗天聖三年四月壬戌條，頁 5。

〔註28〕《遼史》，卷 86，列傳 16，劉六符，頁 1323。

還。益自言：『契丹三路進討，契丹主出中路，大捷。北路兵至西涼府，獲羊百萬，橐駝二十萬，牛五百，俘老幼甚眾。惟南路小失利，恐夏人妄說軍勝，詒南朝。』然得邊奏，皆以為遼主濟河，不遇賊，無水草，馬多死。耶律貫寧大敗於師子口，惟劉五常獲陝西所陷屬戶羌二十餘人，因而來獻。其言多俘獲，益妄也。」〔註29〕此段言及劉五常曾經參與遼興宗伐夏之役，並且俘獲了二十幾人。

至於劉五常與遼宋外交接觸的情形，據《遼史》〈興宗本紀〉，說：「重熙二年（宋仁宗明道二年，1033年）秋七月甲子朔，以耶律實、高升、耶律迪、王惟允充兩宮賀宋生辰使副，以耶律師古、劉五常充賀宋來歲正旦使副。」〔註30〕《長編》卷115，則說：「宋仁宗景祐元年（遼興宗重熙三年，1034年）十二月辛巳（二十五日），契丹遣左千牛衛上將軍耶律師古、東上閤門使劉五常來賀正旦。」〔註31〕這顯示劉五常曾被遼朝廷派任為正旦副使，出使宋國。

參、劉六符與遼宋外交

一、劉六符的文臣身份與遼宋外交

劉六符為遼國文臣，但是史書對其這一部分事蹟的敘述並不多，例如《遼史》〈劉六符傳〉，僅稱：「（劉三）覩、（劉四）端、（劉六）符皆第進士。……（劉）六符有志操，能文。重熙初，遷政事舍人，擢翰林學士。」〔註32〕《契丹國志》〈劉六符傳〉，則說：「劉六符，平州人也。……年十五，究通經史，兼綜百家之言。長而喜功名，慷慨有大志。歷事聖宗朝為著作郎、中允，又為詹事、國子祭酒。興宗時為翰林學士、右諫議大夫、知制誥、同修國史。」〔註33〕可見史書對於劉六符文職的事蹟，記載頗為有限，但是根據這兩段引文，至少可使我們知道劉六符確實為遼國文臣無誤。

而據聶崇岐〈宋遼交聘考〉，說：「國信使副，例為一文一武，惟遼有時俱以武臣充選，……若使副之孰文孰武，兩朝又頗不同。宋初遣使，文武先後，並無定例。……泊澶淵盟後，制乃畫一，大使（正使）皆用文，副使皆

〔註29〕 《長編》，卷168，宋仁宗皇祐二年三月庚子條，頁4。
〔註30〕 《遼史》，卷18，本紀18，興宗1，頁215。
〔註31〕 《長編》，卷115，宋仁宗景祐元年十二月辛巳條，頁18。
〔註32〕 《遼史》，卷86，列傳16，劉六符，頁1323。
〔註33〕 《契丹國志》，卷18，劉六符，頁156～157。

用武，惟報哀使率以武人應選，百餘年間，相因不改。若遼則不然，其所遣者，大使少非武臣，副使乃多文吏。」〔註 34〕此種正使、副使的派任，在宋方正使是文臣、副使是武臣，在遼方正使是武臣、副使是文臣的辦法，其形成的背景，在於當時宋朝國勢不如遼，而且每年又必須輸送大量的歲幣給遼，使宋人在心理上頗爲不能平衡。因此宋朝廷每次派遣使節使遼時，就常常以文學造詣優秀的大臣爲選派的條件之一，把宋遼的外交引導爲文學交往的型式，以便在外交上可以獲得優越感，進而紓解長久以來遼強宋弱的抑悶。〔註 35〕陶晉生在〈從宋詩看宋遼關係〉文中提到這種情形，說：「宋人有意炫耀其文明，以影響契丹人，往往妙選著名文人大使。」〔註 36〕而在此情勢之下，遼朝廷也不甘示弱，在派任正使的人選上，雖然是由武臣擔任，但是副使的人選，則往往以文臣爲派任的對象，以便能在遼宋外交文學交往的型式上，與宋國有旗鼓相當的互動，因此路振《乘軺錄》，說：「（遼宋）通好以來，歲選人材，尤異聰敏知文史者，以備南使。」〔註 37〕

基於上述的情況，劉六符既然是遼國文臣，因此其得以有機會被派任爲副使出使宋國，以及被派任接伴、館伴、送伴宋使節的副使工作。例如在宋仁宗慶曆二年（遼興宗重熙十一年，1042 年），宋臣張方平〔1007～1091〕以生辰使出使遼國時，即是由劉六符擔任接伴使，據孔平仲《孔氏談苑》卷 1，描述其二人的互動，說：「張安道（張方平，字安道）言嘗使北虜，方宴，戎主（遼興宗）在廷下打毬，安道見其纓鈸諸物，鮮明有異，知其爲戎主也，不敢顯言，但再三咨其藝之精爾。接伴劉六符意覺安道知之，色甚怍，云：『又與一日做六論不同矣。』」〔註 38〕可知當時劉六符在遼宋外交工作上，所承擔的任務與角色很重要。

另外，每當宋使節來遼朝廷進行交聘活動時，劉六符也常以文臣身份，

〔註 34〕聶崇岐，〈宋遼交聘考〉，《宋史叢考》（下）（臺北：華世出版社，1986 年），頁 304～305。

〔註 35〕可參閱王水照，〈論北宋使遼詩的兩個問題〉，《山西師大學報》（社會科學版）卷 19 期 2（1992 年 4 月），頁 37～43；蔣武雄，〈宋遼外交中的詩歌交往〉，《中國中古史研究》期 1（2002 年 9 月），頁 229～245。

〔註 36〕陶晉生，〈從宋詩看宋遼關係〉，《宋遼關係史研究》（臺北：聯經出版事業公司，1984 年），頁 181～202。

〔註 37〕〔宋〕路振，《乘軺錄》，收錄於《遼史彙編》6，頁 4。

〔註 38〕孔平仲，《孔氏談苑》，收錄於《叢書集成新編》冊 86（臺北：新文豐出版公司，1985 年），卷 1，頁 9。

在遼興宗的賜宴席上，被安排伴宴，因此常有與宋使節互動的機會。例如據《長編》卷 168，說：「宋仁宗皇祐二年（遼興宗重熙十九年，1050 年）三月己酉（二十二日），翰林學士刑部郎中知制誥趙槩（996～1083）為回謝契丹國信使，……。契丹主席上請槩賦信誓如山河詩。詩成，契丹主親酌玉杯勸槩飲，以素摺疊扇授其近臣劉六符，寫槩詩，自置袖中。」〔註 39〕《長編》卷 171，說：「宋仁宗皇祐三年（遼興宗重熙二十年，1051 年）八月乙未（十一日），翰林學士刑部郎中知制誥兼侍講史館修撰曾公亮（998～1078）為契丹國母生辰使，……。工部郎中知制誥史館修撰兼侍講王洙（997～1057）為契丹生辰使，……。戶部判官屯田郎中燕度為契丹國母正旦使，……。太常博士直集賢院同修起居注王珪（1019～1085）為契丹正旦使，……。使至韡淀，契丹使劉六符來伴宴，且言：『耶律防善畫，向持禮南朝，寫聖容以歸，欲持至館中。』王洙曰：『 此非瞻拜之地也。』六符言：『恐未得其真。』欲遣防再往傳繪。洙力拒之。」〔註 40〕《長編》卷 177，說：「宋仁宗至和元年（遼興宗重熙二十三年，1054 年）九月辛巳（二十一日），三司使吏部郎中王拱辰〔1012～1085〕為回謝契丹使，……。拱辰見契丹主於混同江，其國每歲春漲，於水上置宴釣魚，惟貴族近臣得與，一歲盛禮在此。每得魚，必親酌拱辰，又親鼓琵琶侑之。謂其相劉六符曰：『南朝少年狀元入翰林十五年矣，吾故厚待之。』」〔註 41〕從以上三則記載，可知劉六符在遼宋的交聘活動上，是一位頗受器重與活躍的人物。

至於劉六符以其文臣的身份被派任為生辰副使出使宋國，據《遼史》〈興宗本紀〉，說：「遼興宗重熙三年（宋仁宗景祐元年，1034 年）秋七月戊子（一日）朔，上（遼興宗）始親政，以耶律庶徵、劉六符、耶律睦、薄可久充賀宋來歲正旦使副。」〔註 42〕此為劉六符第一次使宋，但是此段記載有漏字，應是以「充賀宋生辰、來歲正旦使副」為正確，因為據《長編》卷 116、117，

〔註 39〕《長編》，卷 168，宋仁宗皇祐二年三月己酉條，頁 4～5。
〔註 40〕《長編》，卷 171，宋仁宗皇祐三年八月乙未條，頁 3。按，此段記載為描述宋遼互贈帝像初期進行的情形。剛開始是遼派使節至宋時，曾由擅畫的耶律防暗中畫下宋仁宗的容貌。關於此一史實的始末，可參閱石田肇，〈御容の交換より見た宋遼關係の一齣〉，《東洋史論》期 4〔1982 年 9 月〕，頁 24～32；蔣武雄，〈宋遼外交互贈帝像始末〉，《空大人文學報》期 11〔2002 年 12 月〕，頁 129～139。
〔註 41〕《長編》，卷 177，宋仁宗至和元年九月辛巳條，頁 4～5。
〔註 42〕《遼史》，卷 18，本紀第 18，興宗 1，頁 216。

說：「宋仁宗景祐二年（遼興宗重熙四年，1035 年）夏六月甲子（十二日），契丹遣林牙保大節度使耶律庶幾、政事舍人劉六符，來賀乾元節。……十二月乙亥（二十五日），契丹遣利州觀察使耶律睦、大理少卿薄可久，來賀正旦。」〔註43〕可見當時遼朝廷是派任劉六符爲生辰副使，而非正旦副使。還有關於此次遼朝廷所派的正使，在《遼史》稱「耶律庶徵」，在《長編》則稱爲「耶律庶幾」，不知何者正確？幸好筆者在《遼代石刻文編》查得〈耶律庶幾墓誌〉提到「重熙三年，耶律庶幾任南北面狼（林）牙」，〔註44〕這正與前引《長編》卷 116 所言，在重熙四年，「契丹遣林牙保大節度使耶律庶幾、……，來賀乾元節」，在「林牙」官銜上互相符合，因此筆者認爲應以「耶律庶幾」爲正確。但是尚有一個疑問有待考證，即是《長編》卷 116 記載此段情事，稱「夏六月甲子（十二日），……劉六符，來賀乾元節」，〔註45〕而筆者查閱《長編》仁宗朝其他歷年記事，則均稱遼使來賀其生日乾元節爲四月十一日，爲何只有此年遼使來賀其生日乾元節，卻是記載爲六月十二日？〔註46〕

另據《遼史》〈興宗本紀〉，說：「重熙十年（宋仁宗慶曆元年，1041 年）六月戊寅（一日）朔，以蕭寧、耶律坦、崔禹稱、馬世良、耶律仁先、劉六符充賀宋生辰使副。」〔註47〕但是傅樂煥在〈宋遼聘使表稿〉中對於耶律仁先、劉六符此次被派任爲賀宋生辰使副，認爲這當中有誤，其說：「仁先、六符二名衍。蓋賀生辰使例只四人，無需六人，且仁先於本年方使宋賀生辰，決（絕）不致再受命，而六符於明年正月使宋議關南事，亦非賀生辰使。」〔註48〕關於此一問題，筆者再查《長編》卷 135，說：「宋仁宗慶曆二年（遼興宗重熙十一年，1042 年）……四月……甲申（十一日），契丹國母遣保寧節度使耶律坦、左監門衛上將軍蕭寧，契丹遣嚴州防禦使馬世長（《遼史》稱馬世良）、東上閤門使崔禹稱（《遼史》稱崔禹），來賀乾元節。」〔註49〕這段記載正可

〔註43〕 《長編》，卷 116，宋仁宗景祐二年四月甲子條，頁 9、卷 117，宋仁宗景祐二年十二月乙亥條，頁 20。

〔註44〕 〔遼〕佚名，〈耶律庶幾墓誌〉，收錄於向南編，《遼代石刻文編》，頁 295。

〔註45〕 《長編》，卷 116，宋仁宗景祐二年六月甲子條，頁 9。

〔註46〕 按，筆者查閱《長編》，從宋仁宗即位第二年開始，記載遼使節來賀其生日乾元節，直至其死年爲止，均爲四月十一日，只有此年記載遼使來賀其生日乾元節爲六月十二日。

〔註47〕 《遼史》，卷 19，本紀 19，興宗 2，頁 225。

〔註48〕 傅樂煥，〈宋遼聘使表稿〉，收錄於《遼史彙編》8，頁 558。

〔註49〕 《長編》，卷 135，宋仁宗慶曆二年四月甲申條，頁 21。

印證傅樂煥所言正確，也就是顯然此次遼朝廷所派祝賀宋仁宗生日的使節，並未包括耶律仁先和劉六符在內。

二、劉六符與遼宋增幣交涉

關於發生在遼興宗重熙十、十一年（宋仁宗慶曆元、二年，1041、1042年）的遼宋（宋遼）增幣交涉事件（或稱「重熙增幣」、「慶曆增幣」），長期以來已有多位學者分別從幾個面向討論此一史實，〔註50〕但是似乎比較偏重於宋國這一方，尤其是集中在宋臣富弼身上。因此筆者擬在本文中試著專從劉六符個人與遼宋增幣交涉過程有關的言行加以論述，這也是尚未有學者討論過的一個面向。

（一）劉六符與遼宋增幣交涉原因的關係

首先論述遼國發動此一事件的理由和企圖，據《遼史》〈興宗本紀〉，說：「遼興宗重熙十年（宋仁宗慶曆元年，1041年）十二月……乙未（二十日）……，上（遼興宗）聞宋設關河，治壕塹，恐爲邊患，與南、北樞密吳國王蕭孝穆、趙國王蕭貫寧謀取宋舊割關南十縣地，遂遣蕭英、劉六符使宋。」〔註51〕此爲《遼史》對於此一事件最早的記載，也初步提到遼朝廷發動此一事件的理由之一，是因爲遼「聞宋設關河，治壕塹」。〔註52〕認爲宋破壞了澶淵盟約中「所有兩朝城池，並可依舊存守，淘壕完葺一切如常，即不得創築城隍，開拔河道」〔註53〕的約定。而遼的企圖則是欲「謀取宋舊割關

〔註50〕宋遼〔遼宋〕增幣交涉爲宋遼外交史上的大事，長期以來受到學者的關注，發表多篇文章，分別從宋國、遼國、人物等面向加以探討，例如有陶晉生，〈北宋慶曆改革前後的外交政策〉，《宋遼關係史研究》（臺北：聯經出版事業公司，1984年），第4章，頁59～95；羅繼祖，〈關於「慶曆增幣」——讀史札記〉，《學習與探索》期6（1986年12月），頁126～127、轉83；賀達、劉仁亮，〈富弼與慶曆增幣簡論〉，《河北師院學報》期3（1991年9月），頁19～25；朱小琴，〈宋遼關南地之爭〉，《西安教育學院學報》期2（2000年6月），頁61～66；王德毅，〈富弼使遼增幣交涉述評〉，《澶淵之盟新論》（上海：上海人民出版社，2007年），頁279～298；鄭偉佳，〈試論「重熙增幣」〉，《河北北方學學報》卷24期2（2008年4月），頁29～31、轉35。但是關於遼臣劉六符與遼宋增幣交涉的關係，則尚未有學者作過專文的探討。

〔註51〕《遼史》，卷19，本紀19，興宗2，頁226。另外，傅樂煥在〈宋遼聘使表稿〉對於此次蕭英、劉六符被派任使宋，有按語說：「按明年正月，《遼史》又載蕭特末（蕭英）、劉六符使宋，此段當係始議派遣，尚未成行也。」《遼史彙編》8，頁558。

〔註52〕《遼史》，卷19，本紀19，興宗2，頁226。

〔註53〕《長編》，卷58，宋眞宗景德元年十二月辛丑條，頁22～23。

南十縣地」，〔註54〕並且決定派遣蕭英、劉六符前往宋國進行交涉。

遼朝廷既有此議，不久即付之行動，據《遼史》〈興宗本紀〉，說：「遼興宗重熙十一年（宋仁宗慶曆二年，1042年）春正月庚戌（五日），遣南院宣徽使蕭特末（即蕭英）、翰林學士劉六符使宋，取晉陽及瓦橋以南十縣地，且問興師伐夏及沿邊疏濬水澤，增益兵戍之故」。〔註55〕至此時遼朝廷正式派遣蕭英、劉六符使宋，並且增列了一項發動此一事件的理由，即是「問興師伐夏」。〔註56〕

而至三月二十六日，蕭英、劉六符等人晉見宋仁宗時，其所致的國書內容，據《長編》卷135，說：

> 契丹遣宣徽南院使歸義節度使蕭英、翰林學士右諫議大夫知制誥同修國史劉六符，來致書：「……竊緣瓦橋關南，是石晉所割。迨至柴氏以代郭周，興一旦之狂謀，掠十縣之故壤，人神共怒，廟社不延。至於貴國祖先，肇創基業，尋與敝境，繼爲善鄰。暨乎太宗紹登寶位，於有征之地，才定并汾，以無名之師，直抵燕薊。羽召精銳，禦而獲退，遂致移鎮國強兵，南北王府，并內外諸軍，彌年有戍境之勞，繼日備渝盟之事。始終反覆，前後誥嘗。竊審專命將臣，往平河右，炎涼屢易，勝負未聞。兼李元昊於北朝，久已稱藩，累曾尚主，克保君臣之道，實爲甥舅之親。設罪合加誅，亦宜垂報。彌者，郭稹特至，杜防又回，雖具音題，而但虞詐謀。已舉殘民之伐，曾無忌器之嫌。營築長城，填塞隘路開決塘水，添置邊軍。既潛稔於猜嫌，慮難敦於信睦。儻或思久好，共遣疑懷，曷若以晉陽舊附之區，關南元割之縣，俱歸當國，用康黎人。……。」〔註57〕

從其國書內容使我們更進一步知道，遼朝廷正式向宋國提出的理由，不僅是認爲宋國違背澶淵盟約，在邊地加強防禦措施之外，而且宋國用兵於西夏，未向遼朝廷通報，至於其最終企圖則是要向宋索求瓦橋關以南十縣之地。羅繼祖在其〈關於「慶曆增幣」──讀史札記〉一文中，也根據當時蕭英、劉

〔註54〕《遼史》，卷19，本紀19，興宗2，頁226。
〔註55〕《遼史》，卷19，本紀19，興宗2，頁227。
〔註56〕《遼史》，卷19，本紀19，興宗2，頁227。
〔註57〕《長編》，卷135，宋仁宗慶曆二年三月己巳條，頁15。另可見〔清〕徐松，《宋會要輯稿》〔北京：中華書局，1997年〕，冊196，卷5257，蕃夷2之12，頁50～51；《契丹國志》，卷20，〈關南誓書・契丹興宗致書〉，頁169。

六符致宋國書內容，分析遼發動此一事件的三項理由，說：「宋遼澶淵之盟後三十八年～1042年（宋仁宗趙禎慶曆二年，遼興宗耶律宗眞重熙十一年），遼和宋又發生了一次交涉。交涉由遼遣南院宣徽使蕭英、翰林學士劉六符以國書正式向宋提出。事由有三：一是追討舊賬，說瓦橋關以南一帶（即瀛、莫二州）本是石晉割屬於契丹的，被後周奪去，并且提到宋雖『世修歡誓』，而『曾興無名之師』，爲『始終反復』；二是責問宋和夏構兵的緣由，說夏於遼『久已稱藩，累曾尙主』，宋不顧而去打他，是所謂『已舉殘民之伐，曾無忌器之嫌』；三是違反盟約，說宋『營築長垣，塡塞隘路，開決塘水，添置邊軍』，有違盟約條款。最後提出一個要求：『曷若以晉陽舊附之區，關南元割之縣，俱歸當國，用康黎人』。」〔註58〕

另外，遼國發動此一事件的原因，尙有史書提到是與遼想趁宋用兵西夏，相持不下之際，擬發兵南下有關。例如《儒林公議》，說：「契丹知王師屢爲元昊所衄，遂有輕中夏之心。忽遣使蕭英、劉六符貽書，求關南之地。」〔註59〕《遼史》〈蕭惠傳〉，說：「是時帝欲一天下，謀取三關，集羣臣議。惠曰：『兩國強弱，聖慮所悉。宋人西征有年，師老民疲，陛下親率六軍臨之，其勝必矣。』蕭孝穆曰：『我先朝與宋和好，無罪伐之，其曲在我；況勝敗未可逆料。願陛下熟察。』帝從惠言，乃遣使索宋十城，會諸軍于燕。惠與太弟帥師壓宋境，宋人重失十城，增歲幣請和。」〔註60〕當時雖有主和派的勸阻，但是遼興宗仍然受到主戰派蕭惠的鼓動，派兵至宋邊境，並且向宋索求關南十縣之地。

甚至於有史書特別提到是由劉六符建議遼興宗，可利用宋用兵西夏久不能決的困境，聚兵幽州、涿州，強迫索求關南十縣之地。例如《長編》卷135，說：「先是，西兵久不決，六符以中國爲怯厭兵，因教其主且聚兵幽涿，聲言欲入寇，而六符及英先以書來求關南十縣。」〔註61〕以及《契丹國志》〈劉六符傳〉，說：「先是，西兵久不決，六符以宋朝爲怯，又李士彬、劉平之兵，屢敗宋朝，旰食積苦兵，閒因說其主聚兵幽涿，聲言南征，而六符及蕭英先以書索求關南十縣，其書皆六符所撰也。」〔註62〕根據此二項宋人的記載，

〔註58〕 羅繼祖，〈關於「慶曆增幣」——讀史札記〉，《學習與探索》期6（1986年12月），頁126。

〔註59〕 〔宋〕田況，《儒林公議》，收錄於《文淵閣四庫全書》冊1036，頁44。

〔註60〕 《遼史》，卷93，列傳23，蕭惠，頁1374。

〔註61〕 《長編》，卷135，宋仁宗慶曆二年三月己巳條，頁15。

〔註62〕 《契丹國志》，卷18，劉六符，頁157。

顯示劉六符正是遼發動此一事件的主謀者，也是執行者，包括國書的擬定與交涉事宜的進行。

（二）劉六符使宋與宋君臣的辯駁

綜上所論，我們已可知遼朝廷發動此一事件的諸項理由與企圖，而且擬透過交涉，以及輔以大軍壓境，迫使宋國就範，索得關南十縣之地，其中交涉事宜，即是由蕭英、劉六符等人負責。當時宋朝廷對於蕭英、劉六符的到來，反應如何呢？據《長編》卷 135，說：「先是，正月己巳（二十六日），邊吏言：契丹泛使且至。……壬申（二十九日），命（富）弼為接伴。弼以二月丙子（二日）發京師，至雄州。久之，（蕭）英等始入境，……弼誓英等，自以先違盟約，及其從者，皆有懼心可動，故每與之開懷盡言，冀以鉤得其情。英等以故，亦推誠無隱。乃密以其主所欲得者告弼。且曰：『可從，從之；不從，更以一事塞之。王者愛養生民，舊好不可失也。』弼具以聞。」〔註 63〕可知當時宋朝廷派富弼接伴蕭英、劉六符，而且富弼與其二人互動頗為熱絡，彼此以誠相待。關於此種情形，范純仁（1027～1101）〈富公行狀〉也說：

> ……遂先命公（富弼）為接伴以觀其意。（蕭）英等入境，……公欲知其情，遂開懷與之談論，時動以息兵繼好之意。至大名宴勞，尹勸六符酒，公亦贊之，六符曰：「在途久荷庇護，今日功虧一簣矣。」公曰：「九仞之功已大，豈當以一簣遽棄耶？」六符笑而飲之，退謂公曰：「朝來九仞之言甚好，願喜承之。」公曰：「敢不奉教。」自是英等始肯漸貢其誠實。他日六符謂公曰：「國書中事，可從者從之，其不可從者，宜別思一策以善言答之，況王者愛養生民，舊好不可失也。」又一日，英等與公從容語，請卻左右，公即為屏之。英等曰：「此來蓋因兩國相疑，初聞南朝疑北朝借兵助元昊，而北朝疑南朝將違約襲幽燕。」公曰：「北朝與南朝歡好既久，縱有間言，南朝不疑也。凡疑不可有，有則兩情不通，而姦人得逞其離間之計，若兩朝洞

〔註63〕《長編》，卷 135，宋仁宗慶曆二年三月己巳條，頁 15～16。關於蕭英在酒宴中，將遼朝廷的企圖轉告富弼，在《長編》，卷 259，也提到說：「昔蕭英、劉六符來，仁宗命二府，置酒殿廬與語，英頗泄其情，六符數目之，英歸，竟以此得罪。」〔《長編》，卷 259，宋神宗熙寧八年正月條，頁 11〕另見彭百川，《太平治蹟統類》（臺北：成文出版社，1966 年），卷 8，〈仁宗朝契丹議關南地界〉，頁 31。

達此理，自然無事。」英等笑而稱善，曰：「如此議論通透，夫復何疑？」又曰：「此來國書大意，止欲復晉祖所與故地關南十縣耳，吾主深戒使臣毋得先泄書意。今不免爲公言之者，欲公先聞於天子，議其可不思其所以答之耳！吾儕當爲兩朝共惜生民也。」〔註64〕

根據此二項記載，可知在蕭英、劉六符等人初入宋境時，富弼即在接伴過程中，盡力地拉攏與他們的交情，希望能向他們探得遼國的企圖。而富弼當時的舉動，也確實使蕭英等人願意從顧及兩國和平外交關係的立場，來進行交涉的事宜。甚至於劉六符還「密謂公（富弼）之介曰：『六符燕人，與南朝之臣本是一家，今所事者乃是非類，則於公敢不盡情。彼方盛彊，且與西夏世婚相黨，南朝愼勿與之失歡也。』」〔註65〕關於劉六符這種重視兩國和平外交的心態，陸游〔1125～1210〕《老學庵筆記》提到一則有關的典故，說：「仁宗皇帝慶曆中嘗賜遼使劉六符飛白書八字，曰：『南北兩朝，永通和好。』會六符知貢舉，乃以『兩朝永通和好』爲賦題，而以『南北兩朝永通和好』爲韻，云：『出南朝皇帝御飛白書。』六符蓋爲虜畫策增歲賂者，然其尊戴中國尚爾如此，則盟好中絕，誠可惜也！」〔註66〕

而比較奇妙的是，宋朝廷對於蕭英、劉六符所攜國書內容，其實在他們尚未至宋汴京之前即已有所知，據《長編》卷135，說：「宋仁宗慶曆二年（遼興宗重熙十一年，1042 年），……二月……丁丑（三日），……契丹謀聚兵幽薊，遣使致書舊（求）關南地。知保州衣庫使王果先購得其書稿以聞。……杜惟序亦先購得契丹書稿以聞，而實錄不載，疑惟序所奏，在王果之後也。」〔註67〕以及《長編》卷 259，說：「昔在慶曆中，契丹遣劉六符等來議和親，未至，燕人有梁濟世爲雄州諜者，嘗以詩書教契丹公卿子弟，先得其國書本以獻。……及六符至殿，上（宋仁宗）讀書如平時，無所問，六符失色咨嗟，出至殿外幄次，曰：『事已漏矣。』」〔註68〕另外，《契丹國志》〈興宗文成皇帝〉，也說：「初涿州進士梁濟世嘗主文書於帳下，一日得罪歸宋，言契丹將有割地之請。又知雄州杜惟序亦先得其事以聞。至是，宋仁宗發書示輔臣，色皆不動，六符

〔註64〕 〔宋〕范純仁，〈富公行狀〉，《范忠宣公文集》〔臺北：臺灣商務印書館，1975年〕，卷 16，頁 11～12。
〔註65〕 〔宋〕范純仁，〈富公行狀〉，《范忠宣公文集》，卷 16，頁 12。
〔註66〕 〔宋〕陸游，《老學庵筆記》〔北京：中華書局，1997 年〕，卷 7，頁 92。
〔註67〕 《長編》，卷 135，宋仁宗慶曆二年二月丁丑條，頁 7。
〔註68〕 《長編》，卷 259，宋神宗熙寧八年正月條，頁 11～12。

亦疑其書之先漏。」〔註69〕也就是宋朝廷對於遼國書的內容與索求關南地的企圖，在事先已有所了解。因此後來宋仁宗以遼所致國書展示於朝廷大臣知悉時，朝廷大臣的臉色並無太大的反應，使劉六符不得不懷疑遼國書內容可能早已洩漏了。

　　宋國君臣既然對於遼所致國書中的理由與企圖內容已事先有所知，因此對於如何加以辯駁和應對，才能顯得強而有力，而不失宋國的立場，也早已有了腹案與盤算。據王稱《東都事略》〈王拱辰傳〉，說：「契丹使劉六符嘗謂賈昌朝曰：『塘濼何為者耶？一葦可航，投筆可乎，不然，決其隄，十萬土囊，遂可路矣。』仁宗以問拱辰，對曰：『兵事尚詭，彼誠有謀，不應以語敵，此六符誇言耳，設險守固，先王不廢，而祖宗所以限胡騎也。』是歲，契丹遣六符來求關南十縣，其書謂：太宗并汾之役，舉無名之師，直抵幽薊。拱辰請對曰：『河東之役，本誅僭偽，契丹遣使行在，致誠款，已而寇石嶺關，潛假兵以援賊，太宗怒其反覆，既平繼元，遂下令北征，豈謂無名。』因作報書云：既交石嶺之鋒，遂有薊門之役。虜得報，繼好如初。」〔註70〕《長編》卷135也有類似的記載，說：「初契丹書言：『太宗舉無名之師，直抵幽薊。』一時莫知所答。（王）拱辰獨請閒曰：『河東之役，本誅僭偽，契丹遣使行在，致誠款，已而寇石嶺關，潛假兵以援賊，太宗怒其反覆，既平繼元，遂下令北征。安得謂之無名？』上喜曰：『事本末乃如此。』因諭執政，曰：『非拱辰詳識故事，殆難答也。』劉六符嘗謂賈昌朝曰：『南朝溏濼，何為者耶？一葦可杭（航），投筆可平，不然，決其堤十萬土囊，遂可踰矣。』時議者亦請涸其池以養兵，上問拱辰，對曰：『兵事尚詭，彼誠有謀，不應以語敵，此六符夸言耳，設險守國，先王不廢，且祖宗所以限胡騎也。』上深然之。」〔註71〕

　　另外，據《東都事略》〈王德用〔980～1058〕傳〉，說：「契丹聚兵境上，乃拜德用保靜軍節度使，知澶州，契丹使其臣劉六符來聘，德用迎之。六符曰：「比歲大熟，非仁政所及耶？」德用曰：『明天子在上，豐年乃其常爾。』時契丹來求關南故地，詔德用會議二府。德用入奏言：『臣愚無狀，願陛下假臣二十萬兵，得先士卒以當匈奴，臣不勝大願。』仁宗不許。德用曰：『陛下

〔註69〕　《契丹國志》，卷8，興宗文成皇帝，頁71。另可見〔清〕徐松，《宋會要輯稿》，冊196，卷5257，蕃夷2之12，頁51。

〔註70〕　〔宋〕王稱，《東都事略》（臺北：國立中央圖書館，1991年），卷74，列傳57，王拱辰，頁4～5。

〔註71〕　《長編》，卷135，宋仁宗慶曆二年四月庚辰條，頁20。

即不忍勞民，姑以金繒啗之，以全舊好。』卒如其言。」〔註72〕以及同書〈呂夷簡〔979～1044〕傳〉，說：「契丹遣劉六符等來議和親，夷簡奏曰：『蕃國求和親，漢唐所不免，徐議所以答之者耳，無深憂也。』仁宗然之。及六符至殿，上讀書如平日，無所問。六符失色，咨嗟而出，至殿門幄次，曰：『事已漏矣。』由此，有司與之評議無甚難，遂不復求昏（婚），而朝廷許增歲幣，與之再和。」〔註73〕

又例如《長編》卷135，說：「及（蕭）英等至，命御史中丞賈昌朝〔998～1065〕館伴。朝廷議所欲與，不許割地，而許以信安僖簡王允甯之女，與其子梁王洪基結婚，或增歲賂。獨（富）弼以結婚為不可。初，國主之弟崇元者，號太弟，挾太后勢用事，橫於國中。嘗自通書幣。上欲因今使答之，令昌朝問六符。六符辭曰：『此於太后則善，然於本朝不便也。』昌朝曰：『即如此，而欲以梁王求和親，皇帝豈安心乎？』六符不能對。既而，敵卒罷結婚之議。」〔註74〕

根據以上各項記載，可知劉六符此次前來宋國，除晉見宋仁宗之外，也接觸多位宋臣，其彼此的言行互動均涉及遼提出索求的理由與企圖，以及轉圜商議的辦法。而關於這些情況，宋國君臣均曾事先作過充分的討論，並且已有腹案與盤算，因此在交涉過程中，出現多次如上所引，言行交鋒互相辯駁的場面。〔註75〕

（三）富弼使遼與劉六符的辯駁

在劉六符等人返回遼國之後不久，宋朝廷即派富弼、張茂實使遼，擬與遼興宗本人當面進行討論。據《遼史》〈興宗本紀〉，說：「重熙十一年（宋仁宗慶曆二年，1042年）……六月乙亥（四日），宋遣富弼、張茂實奉書來聘，以書答之。」〔註76〕而富弼至遼興宗駐帳地時，是由劉六符擔任館伴使，因此當時兩人先針對遼向宋索求關南十縣事，進行一番討論。《長編》卷137記

〔註72〕《東都事略》，卷62，列傳45，王德用，頁1～2。

〔註73〕《東都事略》，卷52，列傳35，呂夷簡，頁7。

〔註74〕《長編》，卷135，宋仁宗慶曆二年三月己巳條，頁16。另可見《太平治蹟統類》，卷8，〈仁宗朝契丹議關南地界〉，頁31。

〔註75〕此處所論述者為宋國君臣與遼使節在交涉事宜方面的言行交鋒，另外，宋遼君臣與兩國使節有時在交聘活動中，也會發生言行交鋒的情況，筆者曾發表〈宋遼外交言行交鋒初探〉〔《東吳歷史學報》期23，2010年6月，頁85～122〕，共列出五十二條事例，讀者可資參考。

〔註76〕《遼史》，卷19，本紀19，興宗2，頁227。

載此事，說：「慶曆二年……七月……壬戌（二十一日）……初，富弼、張茂實，以結婚及增歲幣二事，往報契丹，惟所擇。弼等至穆丹河，劉六符館之，謂弼曰：『北朝皇帝堅欲割地，如何？』弼曰：『北朝若欲割地，此必志在敗盟。假此爲名，南朝決不從，有橫戈相待耳。』六符曰：『若南朝堅執，則事安得濟？』弼曰：『北朝無故求割地，南朝不即發兵拒卻，而遣使好辭，更議嫁女，益歲幣，猶不從，此豈南朝堅執乎？』……。」〔註77〕《契丹國志》〈劉六符傳〉也說：「書至，宋朝富弼爲回謝使，弼至沒打河，六符館之，謂弼曰：『北朝皇帝堅欲割地，如何？』弼曰：『北朝若欲割地，必志在敗盟，南朝決不從，有橫戈相待耳。』六符曰：『南朝若堅執，則事安得濟？』弼曰：『南朝不發兵，而遣使好辭，更議嫁女益幣，豈堅執乎？』」〔註78〕富弼透過與劉六符事先的討論，使劉六符明確知道宋朝廷在此事件上的談判底限，如想要求宋割地予遼，是不可行的，但是可就和親與增加歲幣二事進行討論。接著富弼晉見遼興宗時，也向遼興宗強烈表示割地予遼爲不可能之事，並且分析了增加歲幣比和親更可使遼興宗獲得較多的好處。〔註79〕

等富弼告退之後，劉六符仍不死心的依據遼國的要求詢問富弼，《長編》卷137，說：「既退，（劉）六符謂（富）弼曰：『昔太宗既平河東，遂襲幽燕。今雖云用兵西夏，無乃復欲謀燕薊乎？』弼曰：『太宗時北朝先遣拽剌梅里來聘，既而出兵石嶺，以助河東。太宗怒其反覆，遂伐燕薊，蓋北朝自取之也。』六符又曰：『吾主恥受金帛，堅欲十縣，如何？』弼曰：『南朝皇帝嘗言：朕爲人子孫，豈敢妄以祖宗故地與人。昔澶淵白刃相向，章聖尚不與昭聖關南，豈今日而可割地乎？且北朝欲得十縣，不過利其租賦耳。今以金帛代之，亦足坐資國用。朕念兩國生民，不欲使之肝腦塗地，不愛金帛，以徇北朝之欲。若北朝必欲得地，是志在背盟棄好，朕獨能避用兵乎？且澶淵之盟，天地神祇，實共臨之，今北朝先發兵端，朕不愧於心，亦不愧天地神祇矣。』六符謂其介，曰：『南朝皇帝存心於此，大善。當共奏，使兩主意通。』」〔註80〕富弼此段話，使劉六符更加體認到宋朝廷的堅持，是絕對不可能割地予遼。

〔註77〕《長編》，卷137，宋仁宗慶曆二年七月壬戌條，頁7。
〔註78〕《契丹國志》，卷18，劉六符，頁157。
〔註79〕《長編》，卷137，宋仁宗慶曆二年七月壬戌條，頁7～8。
〔註80〕《長編》，卷137，宋仁宗慶曆二年七月壬戌條，頁8～9。

　　第二天，遼興宗召富弼同往打獵，在對話中，富弼又再度向遼興宗強調宋國不願割地的決心，〔註81〕因此在退下之後，「（劉）六符謂（富）弼曰：『皇帝聞公榮辱之言，意甚感悟。然金帛必不欲取，惟結婚可議爾。』弼曰：『結婚易以生釁，況夫婦情好難必，人命修短或異，則所託不堅，不若增金帛之便也。』六符曰：『南朝皇帝必自有女。』弼曰：『帝女才四歲，成婚須在十餘年後。雖允迎女成婚，亦在四、五年後。今欲釋目前之疑，豈可待哉！』弼揣敵欲婚，意在多得金帛，因曰：『南朝嫁長公主故事，資送不過十萬緡爾。』由是敵結婚之意緩，且論弼歸。弼曰：『二論未決，安敢徒還，願留畢議。』國主曰：『俟卿再至，當擇一事授之，宜遂以誓書來也。』」〔註82〕《契丹國志》〈劉六符傳〉也說：「（劉）六符引（富）弼入見，往復辯議，興宗大感悟，乃從弼所請。」〔註83〕顯然在這一天，富弼與遼興宗、劉六符的對話，以及所作的分析，使遼興宗已有了決議的腹案，即是增加歲幣不僅對遼興宗最有利，也最可行。但是遼興宗仍然要富弼先回報宋朝廷，等下次前來時再作定奪。

（四）劉六符與遼宋增幣交涉結果的關係

　　至該年八月二十四日，富弼、張茂實再度使遼，前往遼國清泉淀金氈館晉見遼興宗，據《長編》卷137，說：「（富弼）持國書二、誓書三，以語館伴耶律仁先、劉六符。仁先、六符問所以然者，弼曰：『姻事合，則以姻事盟。能令夏國復歸款，則歲入金帛增二十萬，否則十萬。國書所以有二、誓書所以有三也。』」〔註84〕可見富弼此次前來，已有充分準備，也就是為了配合遼興宗不同的決議，而準備了不同的國書與誓書，其中以增加歲幣最有可能被遼興宗所接受。結果第二天，耶律仁先、劉六符引富弼晉見遼興宗時，遼興宗果然接受宋朝歲增金帛，但是卻要求「須於誓書中，加一獻字乃可」或「改為納字如何」。〔註85〕當時富弼詞色俱厲的予以推辭，甚至於在「退而與劉六符言，指帳前高山，曰：『此尚可踰，若欲獻、納二字，則如天不可得而升也。使臣頸可斷，此議決不敢諾。』於是敵留所許歲增金帛二十萬誓書。」〔註86〕

〔註81〕　《長編》，卷137，宋仁宗慶曆二年七月壬戌條，頁9。
〔註82〕　《長編》，卷137，宋仁宗慶曆二年七月壬戌條，頁9。
〔註83〕　《契丹國志》，卷18，劉六符，頁157。
〔註84〕　《長編》，卷137，宋仁宗慶曆二年九月癸亥條，頁14。
〔註85〕　《長編》，卷137，宋仁宗慶曆二年九月癸亥條，頁14。
〔註86〕　《長編》，卷137，宋仁宗慶曆二年九月癸亥條，頁15。

但是據《長編》卷 137 的記載，遼朝廷後來「復遣耶律仁先、劉六符，齎其國誓書以來，仍求納字。……然朝廷竟從晏殊〔991～1055〕議，許稱納字，（富）弼不預也」。〔註87〕也就是後來宋朝廷竟然願意在誓書中使用「納」字，這可謂是遼在獲得增幣之外，在外交情勢上的另一大勝利。也使遼人進一步把「納」字稱爲「貢」，〔註88〕例如《遼史》〈劉六符傳〉，說：「（劉六符）復與耶律仁先使宋，定『進貢』名，宋難之。六符曰：『本朝兵強將勇，海內共知，人人願從事于宋。若恣其俘獲以飽所欲，與『進貢』字孰多？況大兵駐燕，萬一南進，何以禦之？顧小節，忘大患，悔將何及？』宋乃從之，歲幣稱『貢』。六符還，加同中書門下平章事。及宋幣至，命六符爲三司使以受之。」〔註89〕因此當九月二十五日，耶律仁先、劉六符入見宋仁宗時，即提出接受宋每年增加歲幣二十萬的誓書，宋朝廷也以同樣的誓書內容予以答覆。〔註90〕至此時遼宋增幣交涉可謂告一段落，而遼每年總共將可獲得歲幣五十萬也告確定，因此《契丹國志》〈劉六符傳〉，說：「是年八月，宋朝再遣富弼齎國書誓書至契丹清泉淀金氈館，許增以歲幣二十萬。時契丹固惜盟好，惟六符畫策，揚聲聚兵幽涿，以動宋朝，宋方困西夏之擾，名臣猛將相繼敗衂，呂夷簡畏之，契丹既得歲幣至五十萬。」〔註91〕

關於此項討論，筆者最後要引《遼史》〈興宗本紀〉，描述遼君臣在初次獲得所增歲幣的情形，說：「重熙十一年閏（九）月癸未（十三日），耶律仁先遣人報，宋歲增銀、絹十萬兩、匹，文書稱『貢』，送至白溝。帝喜，宴群臣于昭慶殿。……辛卯（二十日），仁先、劉六符還，進宋國誓書。」〔註92〕筆者認爲這一段史實的記載很重要，因爲不僅告訴我們當時遼國君臣在獲知所增歲幣已運抵遼境的歡欣情形，也使我們知道在當年九月結束遼宋增幣交涉之後，宋朝廷即在該年閏九月將增加的歲幣輸送予遼，而不是至隔年才開始。

〔註87〕《長編》，卷 137，宋仁宗慶曆二年九月癸亥條，頁 15。

〔註88〕王德毅在其〈富弼使遼增幣交涉述評〉文中，特別提到「但宋廷還是接受用一納字。經細檢《遼史》，則有三處記載是用「貢」字，以彰顯遼朝的外交勝利」。（《澶淵之盟新論》，頁 291）

〔註89〕《遼史》，卷 86，列傳 16，劉六符，頁 1323。

〔註90〕《長編》，卷 137，宋仁宗慶曆二年九月乙丑條，頁 15～16。另可見《契丹國志》，卷 20，〈關南誓書・契丹回宋誓書〉，頁 171～172。

〔註91〕《契丹國志》，卷 18，劉六符，頁 157。

〔註92〕《遼史》，卷 19，本紀 19，興宗 2，頁 227～228。

另外，此段記載也提到宋將所增歲幣送至白溝，這可謂是宋每年予遼歲幣交割地點的一大改變，因為據《長編》卷 58，提到宋眞宗景德元年（遼聖宗統和二十三年，1004 年），宋與遼初訂澶淵盟約時，雙方約定歲幣的交割地點是在宋國邊鎭雄州，其說：「以風土之宜，助軍旅之費。每歲以絹二十萬匹，銀一十萬兩，更不差臣專往北朝，只令三司差人般送至雄州交割。」〔註 93〕但是據《長編》卷 137，記載宋遼增幣交涉之後，遼致宋誓書的內容，說：「別納金幣之儀，用代賦稅之物。每年增絹一十萬疋，銀一十萬兩，搬至雄州白溝交割。」〔註 94〕顯然所增歲幣交割地點是改在從雄州還必須再北行四十里的白溝。因此《儒林公議》，說：「朝廷乃遣富弼報聘，許歲增金幣，以代關南賦輸。遼主宗眞對弼語言忽慢，謂朝廷輕重在我，與弼言辭往反數日，方許納幣。弼歸，朝（廷）定議，別立誓書，以往逐歲增銀十萬兩、絹十萬疋，通前數每歲五十萬矣。前所與歲幣皆彼遣人至雄州交取，至是弼許輦至彼界白溝，宗眞方許之。輦畜之費，益不勝其敝矣。」〔註 95〕這段話更表示自此年之後，宋每年予遼五十萬兩匹的歲幣交割地點均改在白溝，因此使宋朝廷運輸銀絹的工作負擔和費用增加不少。

肆、結　論

由以上的討論，可知劉六符兄弟確實是遼代出使宋國的使節群體中，具有兄弟關係的使節家族。例如其五位兄長當中，三哥劉三嘏、四哥劉四端、五哥劉五常，以及劉六符本人均曾以副使身份出使宋國，甚至於劉三嘏投奔宋國的事件，還引起了遼宋外交關係的緊張。

而劉六符在遼宋增幣交涉中的表現與功勞，以遼國的立場來說，更是值得加以肯定，誠如朱小琴在〈宋遼關南地之爭〉，所說：「遼國的主要使臣是劉六符。……在宋遼議和過程中，劉六符作爲遼方使臣，雖以『不實之據』而求關南，但作爲外交使臣，劉六符是顯示出了他的強於爭辯、力於求和而忠於己國的精明，在遼興宗的意志之下，劉六符是一個有力的支持者。『關南地之議』劉六符是一個重要人物，但就此事本身的不義之舉，他則是一個強

〔註93〕 《長編》，卷58，宋眞宗景德元年十二月辛丑條，頁22。
〔註94〕 《長編》，卷137，宋仁宗慶曆二年九月乙丑條，頁16。另可見《契丹國志》，卷20，〈關南誓書・契丹回宋誓書〉，頁171～172。
〔註95〕 〔宋〕田況，《儒林公議》，收錄於《文淵閣四庫全書》冊1036，頁44～45。

詞奪理的外交家。」〔註96〕也就是劉六符應可列爲遼代了不起的外交家，因爲其在遼宋增幣交涉，最後終於使遼國獲得增幣的過程中，出力最大、功勞也最大。關於此事，除了前文有所述及之外，另據《契丹國志》〈劉六符傳〉，說：「契丹既得歲幣五十萬，勒碑紀功，擢（劉）六符樞密使、禮部侍郎、同修國史，後遷至中書政令，子孫顯貴不絕，爲節度觀察使者十數人。」〔註97〕甚至於連宋人的著作——《長編》卷137，也如此說：「時契丹實固惜盟好，特爲虛聲以動中國。中國方困西兵，宰相呂夷簡等持之不堅，許與過厚，遂爲無窮之害。敵既歲得金帛五十萬，因勒碑紀功，擢劉六符極漢官之貴，子孫重於國中。」〔註98〕此段記載不僅顯現出宋人對於此一事件對宋國的傷害有所感嘆之外，也使我們體認到劉六符促使宋增幣予遼的功勞確實是很大的。

最後，筆者要討論《老學庵筆記》中，一段有關劉六符與遼宋增幣事件關係的記載，其說：

> 遼人劉六符，所謂劉燕公者，建議於其國，謂：「燕、薊、雲、朔，本皆中國地，不樂屬我。非有以大收其心，必不能久。」虜主宗眞問曰：「如何可收其心？」曰：「斂於民者十減其四五，則民惟恐不爲北朝人矣。」虜主曰：「如國用何？」曰：「臣願使南朝，求割關南地，而增戍閱兵以脅之。南朝重於割地，必求增歲幣。我託不得已受之。俟得幣，則以其數對減民賦可也。」宗眞大以爲然，卒用其策得增幣。而他大臣背約，纔以幣之十二減賦，民固已喜。及洪基嗣立，六符爲相，復請用元議。洪基亦仁厚，遂盡用銀絹二十萬之數，減燕、雲租賦。故其後虜政雖亂，而人心不離，豈可謂虜無人哉！〔註99〕

〔註96〕 朱小琴，〈宋遼關南地之爭〉，《西安教育學院學報》期2〔2000年6月〕，頁63～64。

〔註97〕 《契丹國志》，卷18，劉六符，頁157。

〔註98〕 《長編》，卷137，，宋仁宗慶曆二年九月乙丑條，頁17。

〔註99〕 〔宋〕陸游，《老學庵筆記》，卷7，頁91～92。筆者另查閱《三朝北盟會編》卷19，有記載宋徽宗政和年間，眞定府路安撫使洪中孚上奏，提到「劉六符相虜，疾且篤。耶律洪基〔遼道宗〕臨問，遺言：『燕、雲實大遼根本之地，願深結民心，無使萌南思也。』而洪基乃詰其深結之道，六符對以省徭役、薄賦斂，洪基深加納之。」（〔宋〕徐夢莘，《三朝北盟會編》〔臺北：文海出版社，1977年〕，卷19，頁7）此一敘述，其時間點雖然是在劉六符臨死之前，但是爲燕、雲百姓謀求福利一事卻是相同。因此筆者特引於此，以供讀者參考。

此段記載似乎把劉六符描述爲神通廣大之人，其不僅具有「忠於己國的精明」，而且在遼宋增幣的事件中，其一開始即有十足的把握，可令宋人增加歲幣，以減輕燕雲百姓的租賦，進而大收人心。使我們不得不認爲此段記載應是屬於傳聞性質，也因此筆者不將其置於前文中討論，並且長期以來學者對此也各持正、反面的看法。〔註100〕但是假如屬實，則又讓我們增加了一些想像的空間，原來遼國發動增幣事件，竟然還另外存著這樣的原因，而且是由劉六符一手提議、策劃、執行，終至完成。果眞如此，則劉六符在此事件中的表現和功勞，似乎又更加了不起了。

徵引書目

一、史料

1. 〔宋〕王稱，《東都事略》，臺北：國立中央圖書館，1991 年。

2. 孔平仲，《孔氏談苑》，收錄於《叢書集成新編》冊 86，臺北：新文豐出版公司，1985 年。

3. 〔宋〕田況，《儒林公議》，收錄於《文淵閣四庫全書》冊 1036，臺北：臺灣商務印書館，1973 年。

4. 〔宋〕李燾，《續資治通鑑長編》，上海：上海古籍出版社，1986 年。

5. 〔宋〕范純仁，〈富公行狀〉，《范忠宣公文集》，臺北：臺灣商務印書館，1975 年。

6. 〔宋〕徐夢莘，《三朝北盟會編》，臺北：文海出版社，1977 年。

7. 〔宋〕陸游，《老學庵筆記》，北京：中華書局，1997 年。

8. 〔宋〕彭百川，《太平治蹟統類》，臺北：成文出版社，1966 年。

9. 〔宋〕葉隆禮，《契丹國志》，收錄於《遼史彙編》7，臺北：鼎文書局，1973 年。

10. 〔宋〕歐陽修，《歐陽文忠公集》，臺北：中華書局，1970 年。

11. 〔元〕脫脫，《遼史》，臺北：鼎文書局，1978 年。

12. 〔元〕脫脫，《宋史》，臺北：鼎文書局，1978 年。

13. 〔清〕徐松，《宋會要輯稿》，北京：中華書局，1997 年。

14. 向南編，《遼代石刻文編》，石家莊：河北教育出版社，1995 年。

〔註100〕可參閱羅繼祖，〈關於「慶曆增幣」——讀史札記〉，《學習與探索》期 6（1986年 12 月），頁 126～127。

二、近人著作

1. 張希清主編，《澶淵之盟新論》，上海：上海人民出版社，2007 年。

2. 陶晉生，《宋遼關係史研究》，臺北：聯經出版事業公司，1984 年。

3. 聶崇岐，《宋史叢考》（下），臺北：華世出版社，1986 年。

三、論文

1. 王水照，〈論北宋使遼詩的兩個問題〉，《山西師大學報》（社會科學版）卷 19 期 2，1992 年 4 月。

2. 王吉林，〈遼代千人邑之研究〉，《大陸雜誌》卷 35 期 5，1967 年 9 月。

3. 王德毅，〈富弼使遼增幣交涉述評〉，收錄於張希清主編，《澶淵之盟新論》，上海：上海人民出版社，2007 年。

4. 石田肇，〈御容の交換より見た宋遼關係の一齣〉，《東洋史論》期 4，1982 年 9 月。

5. 朱小琴，〈宋遼關南地之爭〉，《西安教育學院學報》期 2，2000 年 6 月。

6. 陶晉生，〈北宋慶曆改革前後的外交政策〉，《宋遼關係史研究》，臺北：聯經出版事業公司，1984 年。

7. 陶晉生，〈從宋詩看宋遼關係〉，《宋遼關係史研究》，臺北：聯經出版事業公司，1984 年。

8. 賀達、劉仁亮，〈富弼與慶曆增幣簡論〉，《河北師院學報》期 3，1991 年 9 月。

9. 劉秋根、王慧杰，〈論宋朝遣遼使節的家族性特徵及其形成原因〉，《貴州社會科學》期 6，2005 年 6 月。

10. 鄭偉佳，〈試論「重熙增幣」〉，《河北北方學學報》卷 24 期 2，2008 年 4 月。

11. 蔣武雄，〈遼代千人邑的探討〉，《空大人文學報》期 8，1999 年 6 月 2。

12. 蔣武雄，〈宋遼外交中的詩歌交往〉，《中國中古史研究》期 1，2002 年 9 月。

13. 蔣武雄，〈歐陽修使遼行程考〉，《東吳歷史學報》期 8，2002 年 3 月。

14. 蔣武雄，〈宋遼外交互贈帝像始末〉，《空大人文學報》期 11，2002 年 12 月。

15. 蔣武雄，〈宋遼外交言行交鋒初探〉，《東吳歷史學報》期 23，2010 年 6 月。

16. 蔣武雄，〈從碑銘探討遼代修建寺院與經費來源〉，《玄奘佛學研究》期 14，2010 年 9 月。

17. 聶崇岐，〈宋遼交聘考〉，《宋史叢考》（下），臺北：華世出版社，1986年。

18. 羅繼祖，〈關於「慶曆增幣」──讀史札記〉，《學習與探索》期 6，1986年 12 月。

（《中央大學人文學報》第 57 期，民國 103 年 4 月）

附錄：從石刻文獻論遼人出家眾多的原因

摘　要

　　遼代社會崇信佛教的風氣盛行，出家為僧尼者甚多，但是《遼史》對此一景象所述頗為簡略，因此筆者另外從遼人墓誌銘、建寺塔記、造經幢記等石刻文獻，蒐集遼人出家的相關記載，撰寫成本文。先討論遼人出家眾多的情形，再進一步從遼代社會崇信佛教風氣的盛行、家庭崇信佛教環境的促成、個人對佛教悟性的契機、廣建寺院與其經濟力量的雄厚、遼代社會僧侶地位的崇高等五項因素，討論遼人出家眾多的原因。

關鍵詞：遼代、佛教、僧尼、出家。

一、前　言

　　遼代佛教興盛，信佛風氣普及，因此社會人士上自皇帝、后妃、宗室、貴族、官吏，下至庶民百姓，其信仰多皈依於佛教，也經常參與各種佛教活動，〔註1〕包括舉辦法會、修建佛寺、抄刻佛經等，並且給予許多財力、人力、物力上的支援，使遼代佛教的發展更具備了有利的條件，形成寺院廣佈的現象。〔註2〕據王鼎〈薊州神山雲泉寺記咸雍八年（西元1072年）〉，說：

> 佛法西來，天下響應，國王、大臣與其力，富商彊賈奉其貲，智者
> 獻其謀，巧者輸其藝，互相為勸，惟恐居其後也。故今海內塔廟相
> 望，如覩史之化成，似耆闍之湧出。〔註3〕

元代王構在〈重修昭覺寺記〉中，也提到遼代佛教寺院得以廣佈的情形，說：

> 遼自有國以來，崇奉大雄氏之教，陳法供祈景福者無日無之。侯王貴
> 宗傾貲竭產，範金繢玉以寓晨夕之敬，惟恐其後。以故紺修之圍，金
> 布之地，寶坊華宇徧於燕薊之間，其魁傑偉麗之觀為天下甲。〔註4〕

由此二則記載，可知遼代寺院緣於遼人對佛教的崇信與捐助，因此使寺院廣佈於全國各地，幾乎已達到了「處處而救興佛事，方方而宣創精藍」、〔註5〕「城山勝處，列剎交望」、〔註6〕「城邑繁富之地，山林爽塏之所，尟不建於塔廟，興於佛像」〔註7〕的地步。

〔註1〕關於佛教對遼人精神生活與宗教活動的影響，可參閱龍李，〈佛教對遼朝社會的影響管窺〉，《商丘師範學院學報》23：5（商丘，2007年5月），頁61～63；張永娜，〈遼代佛教與社會生活〉，《蘭台世界》2012：6（瀋陽，2012年2月），頁17～18。

〔註2〕有關遼代社會各階層給予佛教各方面的支援，可參閱張國慶，〈遼代佛教供養行為考論〉，《遼寧大學學報》37：5（瀋陽，2012年9月），頁52～57。另外，對於修建寺院的支援，可參閱蔣武雄，〈從碑銘探討遼代修建寺院與經費來源〉，《玄奘佛學研究》14（新竹，玄奘大學，2010年9月），頁1～24。

〔註3〕王鼎，〈薊州神山雲泉寺記〉，收錄於向南編，《遼代石刻文編》（以下簡稱《文編》）（石家莊：河北教育出版社，1995年），頁358。

〔註4〕王構，〈重修昭覺寺記〉，收錄於李修生主編，《全元文》（南京：江蘇古籍出版社，2005年），第13冊，卷450，頁142。

〔註5〕佚名，〈安次縣祠垡里寺院內起建堂殿并內藏碑記〉，《文編》，頁418。

〔註6〕志延，〈景州陳宮山觀雞寺碑銘〉，《文編》，頁452。

〔註7〕行鮮，〈雲居寺供塔燈邑碑〉，《文編》，頁614。

　　而以中國佛教發展史來看，寺院是一個傳佈佛教很重要的基地，不僅是信徒禮佛、拜佛的地方，也是僧侶修習、弘法、起居的場所，因此遼代寺院的廣佈，相對的也表示遼代寺院中有眾多的僧侶居住、生活於其間。例如陸游在《家世舊聞》提到其祖父陸佃在宋哲宗元符三年（遼道宗壽昌六年，1100年）冬，出使遼國時所見到的景象，說：

　　　　北虜（遼國）崇釋氏，故僧寺猥多，一寺千僧者，比比皆是。〔註8〕

可見遼代佛教的發達，確實已形成寺院多，僧侶也多的情況。

　　既然遼代佛教的盛況、寺院的廣佈，以及僧侶的眾多等情形有如以上所述，因此在遼代的書籍文獻中，應該會有很多記載才對。但是實際上，遼代文獻資料留存至今者甚少，再加上《遼史》所記又相當簡略，因此使我們在今日想要探討遼代佛教的種種，常有史料不足之嘆。

　　幸好這二、三十年來，遼人石刻的文獻被發掘越來越多，並且已有學者予以收錄整理成書，其中以《全遼文》、〔註9〕《遼代石刻文編》（以下簡稱《文編》）、〔註10〕《全遼金文》、〔註11〕《遼代石刻文續編》（以下簡稱《續編》）〔註12〕四本書，收錄的比較具有全面性。而在這些石刻文獻中，有很多是屬於佛教的建寺塔記、造經幢記，正好可以提供我們許多研究遼代佛教的資料。〔註13〕另外，在許多遼人的墓誌銘中，也常記載傳主與家人崇信佛

〔註8〕　〔宋〕陸游，《家世舊聞》，收錄於《唐宋筆記》（北京：中華書局，1997年），卷上，頁192。

〔註9〕　陳述輯校，《全遼文》，收錄於楊家駱主編，《中華全書薈要》（台北：龍文出版社，1991年），頁1～427。

〔註10〕向南編，《文編》，頁1～775。

〔註11〕閻鳳梧主編，《全遼金文》（太原：山西古籍出版社，2002年），頁1～4147。

〔註12〕向南、張國慶、李宇峰輯注，《遼代石刻文續編》（以下簡稱《續編》）（瀋陽：遼寧人民出版社，2010年），頁1～379。

〔註13〕遼代石刻文獻對於研究遼代佛教具有很高的史料價值，有多位學者特別為文加以強調，例如高華平，〈《全遼文》與遼代佛教〉，《鄭州大學學報》39：5（鄭州，2006年9月），頁28～31；胡琳，〈從碑銘文等遼代文獻看遼代佛教〉，《宿州學院學報》22，2（宿州，2007年4月），頁51～52、86。另外，黃敏枝在〈遼代石刻與佛教研究計畫成果報告〉中，更明白指出：「契丹因為書禁甚嚴，傳入中土者，法至死。遼代中後期道宗清寧時，又禁私刊文字，故流傳者不多。元代修《遼史》時，已經有文獻不足之嘆。加上《遼史》倉促成書，益見其缺失。幸好自清代中葉以來，學者們蒐羅遍佈各地的遼代石刻資料，以補《遼史》之缺失，而這些留存於今的石刻碑記，基本上十之七八都屬與佛教相關的文物，當然最大宗的還是陀羅尼經幢。而最珍貴應該是和遼代僧人有關的塔記或墳記，以及經幢上所刻的替僧人建經幢的紀錄。蓋有關遼代的

教，或出家受戒爲僧尼的情形。因此筆者擬從同一位編者而又比較具有連貫性的《文編》和《續編》兩本書，蒐輯與遼人出家的相關資料，對遼人出家眾多的原因進行探討，〔註14〕並且也在本文中儘量爲此些史料作一初步的整理與列舉，以方便讀者研究遼代佛教的參考。

二、遼人出家眾多的情形

由於遼代佛教興盛，出家爲僧尼者眾多，再加上私度僧尼風氣盛行，形成僧尼浮濫的現象。例如宋使節蘇轍在宋神宗元祐四年（遼道宗大安五年，1089 年）出使遼國，回國後以〈北使還論北邊事箚子五首〉上於朝廷，其中「二論北朝政事大略」，說：

>　　北朝皇帝（遼道宗）好佛法，……所在修蓋寺院，度僧甚眾。〔註15〕

因此早在遼聖宗統和九年（991 年）正月，即曾經「詔禁私度僧尼」、〔註16〕統和十五年（997 年）十月，又「禁諸山寺毋濫度僧尼」，〔註17〕以及開泰四年（1015 年）十一月，「詔汰東京僧」。〔註18〕但是這兩次禁令和一次汰僧的效果並不顯著，高僧、大師私度僧尼的社會風氣仍然很盛行，而且其所度的僧尼人數相當多。據王虛中〈六聘山天開寺懺悔上人墳塔記大安五年（1089 年）〉，說：「（懺悔上人）所度白黑四眾二十餘萬。」〔註19〕王鼎〈法均大師遺行碑銘大安七年（1091 年）〉，說：「（法均大師）自春至秋，凡半載，日度

僧人傳記，基本上在任何高僧傳都幾乎看不到，似乎遼代僧人從來沒有存在過似的。當然還有不少和寺院有關的碑記，這些倖存下來的寺院碑記，讓我們知道在遼代 200 多年間，除了前代遺留下來的寺院之外，也有不少寺院是在遼代重修或新建的，讓我們可以重新檢視轄區遼闊的遼朝，在 200 多年的歷史發展中，轄區內佛教寺院的發展和分佈的狀況，這些適時正好可以彌補正史中《遼史》的嚴重缺失和不足。」（國科會專題研究計畫 2007～2009，〈遼代石刻與佛教研究計畫成果報告〉，頁 12）

〔註14〕關於遼人出家的情形，可參閱張國慶，〈遼代僧尼出家「具戒」考〉，《浙江學刊》2011：6（杭州，2011 年 12 月），頁 55～61。該文有提到遼人出家的原因，是筆者撰寫本文的重要參考。

〔註15〕〔宋〕蘇轍，《欒城集》（台北：台灣商務印書館，四部叢刊初編本，1965 年），卷 4，〈北使還論北邊事箚子五首〉，「二論北朝政事大略」，頁 415。

〔註16〕〔元〕脫脫，《遼史》（北京：中華書局，1974 年），卷 13，本紀第 13，聖宗 4，頁 141。

〔註17〕〔元〕脫脫，《遼史》，卷 13，本紀第 13，聖宗 4，頁 149。

〔註18〕〔元〕脫脫，《遼史》，卷 15，本紀第 15，聖宗 6，頁 177。

〔註19〕王虛中，〈六聘山天開寺懺悔上人墳塔記〉，《文編》，頁 413。

數千輩。」〔註20〕佚名〈懺悔正慧大師遺行記天慶六年（1116 年）〉，說：「（正慧大師）普設義壇，所度之眾，數過以百餘萬。」〔註21〕筆者認爲此三則記載，在數目上頗有誇大之嫌，但是也或多或少顯示出此三位高僧所度僧尼的人數，應該不在少數，也使我們更加體認到，遼人出家的社會風氣確實很普遍，而且人數甚夥。

另外，據《遼史》〈道宗本紀〉，說：

> 咸雍八年（1072 年）三月，有司奏春、泰、寧江三州三千餘人願爲僧尼，受具足戒，許之。……大康四年（1078 年），諸路奏飯僧尼三十六萬。〔註22〕

以及《遼史》〈道宗本紀・贊〉，說：

> 一歲而飯僧三十六萬，一日而祝髮三千。〔註23〕

可知由官方所度僧尼的人數也不少，曾有一次度三千人的記錄。至於遼代飯僧的人數，早在遼太宗會同五年（942 年）六月，即曾經「聞皇太后不豫，上（遼太宗）馳入侍，湯藥必親嘗。仍告太祖廟，幸菩薩堂，飯僧五萬人」。〔註24〕這是一次飯僧的人數，有五萬人之多。而至遼道宗時，曾一年飯僧達三十六萬人，均顯示遼代全國僧尼人數確實很多。

劉浦江在其〈遼金的佛教政策及其社會影響〉一文中，曾根據上述的記載，對遼宋僧侶人數的比例作進一步的分析，其說：

> 道宗時濫度僧尼的情形臻於極致，僧侶人口數量達到了一個高峰。大康四年（1078）「諸路奏飯僧尼三十六萬」，這個數字大抵近似於當時的全國僧侶人口總數。學界近年的研究成果表明，遼代總人口約近千萬，則道宗時的僧侶人口約占總人口數的 3.6%，這個比例確是比較高。若與其它朝代作比較，可以對此有一個更加明確的認識。
>
> 與遼同時代的北宋，其僧侶人口的最高峰是眞宗天禧五年（1021）的 458000 餘人，當時宋全國共 990 萬戶，人口約 5 千萬，僧侶人口占總人口數的 0.92%，而這已經遭到了朝中有識之士的強烈批評，……至熙寧十年（1077），全國僧侶數量降至 232000 餘人，是

〔註20〕 王鼎，〈法均大師遺行碑銘〉，《文編》，頁438。
〔註21〕 佚名，〈懺悔正慧大師遺行記〉，《文編》，頁658。
〔註22〕 〔元〕脫脫，《遼史》，卷23，本紀第23，道宗3，頁273、281。
〔註23〕 〔元〕脫脫，《遼史》，卷26，本紀第26，道宗6，頁314。
〔註24〕 〔元〕脫脫，《遼史》，卷4，本紀第4，太宗下，頁52。

時宋國戶數為 1600 餘萬，人口約 8 千萬，僧侶人口僅占總人口數的
0.3％。而與此幾乎同時的遼大康四年（1078），其僧侶人口的比例
高達 3.6％，是宋的 12 倍。〔註 25〕

根據此一分析，使我們更加了解遼代僧尼實在有過於眾多的現象。

而筆者在查閱《文編》和《續編》所收錄遼人的墓誌銘時，發現在許多
崇信佛教的家庭中，常有一兩位成員會出家為僧尼，這也正好可以印證遼人
出家眾多而又普遍的情形。例如王澤〈王澤妻李氏墓誌重熙十四年（1045
年）〉，說：

> 有女三人：長法微，出家，受具戒，講傳經律。……次（參女）崇
> 辯，亦出家，誦全部蓮經，習講經律。〔註 26〕

王綱〈王澤墓誌重熙二十二年（1053 年）〉，說：

> 公之先母李氏，盛年蚤逝。繼親仇氏，慕崇覺行，落髮為尼。……
> 有女三人：長法微，講大小乘經律。……次（參女）崇辯，亦講大
> 小乘經律。〔註 27〕

佚名〈王安裔墓誌保大四年（1124 年）〉，說：

> 祖諱澤，……女六人，二人出家，長者紫衣，次者德號。〔註 28〕

根據以上三則引文的記載，可知王澤這一家族，除了其繼母出家為尼之外，其
夫妻有三位女兒，其中長女和參女均出家為尼。而至王澤的孫子王安裔時，有
女兒六人，其中也有兩位出家為尼，顯示此一家族女性成員出家的比例很高。

又例如據了洙〈白懷友為亡妣造陀羅尼經幢記乾統五年（1105 年）〉，說：

> 生三男：長曰懷友，……次曰了扃，為比丘，隸名於都之崇孝寺，
> 戒行學能，聞之當世，所至聚徒百千，裁三十八卒，識者於今稱道
> 之。季曰智才，亦為比丘。鍾愛弟居里之僧院，年十八夭亡，人咸
> 謂其俊秀逾其兄矣。……孫四人：……次（參孫）曰圓迪，為比丘
> 于里之蘭若，以失明近家故也。誦經十餘部，里人訝其彊記敏
> 慧。……。〔註 29〕

〔註 25〕 劉浦江，〈遼金的佛教政策及其社會影響〉，《佛學研究》5（北京，中國佛教
文化研究所，1996 年），頁 233。
〔註 26〕 王澤，〈王澤妻李氏墓誌〉，《文編》，頁 241。
〔註 27〕 王綱，〈王澤墓誌〉，《文編》，頁 262。
〔註 28〕 佚名，〈王安裔墓誌〉，《文編》，頁 687～688。
〔註 29〕 了洙，〈白懷友為亡妣造陀羅尼經幢記〉，《文編》，頁 549～550。

此則記載告訴我們，白懷友的父母親有三個兒子，其中白懷友的兩個弟弟，即次男、參男均出家為僧，而男孫有四人，其中參孫也出家為僧。

　　另外，據佚名〈張世古墓志天慶七年（1117年）〉，說：

　　生一男二女，男恭誘，……娶秦氏女，生一孫男三女，……次女出家，禮尼萬部為師，有開演之清聲，有誦持之細行。小女小師姑，容儀閑雅，進退可觀。〔註30〕

以及佚名〈張恭誘墓志天慶七年（1117年）〉，說：

　　公諱恭誘，……生一男三女，……女三：……次有二女（次女、參女），俱厭俗于榮，托身志于瞿曇，寄性存于教。長（次女）曰法智，動止安閑笑有則，出火宅而御三車，入愛河而揮八棹。尋禮于衛家新院萬部尼志總，為教之以八敬，導之以五篇，輕重之幽旨，開遮之深趣，罔不究焉。及學于大花嚴經講，有穎秀之名，聞于內眾。次（參女）曰小師姑，年才及于屮，便自悟于空門，以誦持存其心，以禮念修其志。〔註31〕

此二則記載，提到張世古的兒子張恭誘，有三位女兒，其中次女和參女均出家為尼，而且次女出家後相當精進，在修學講經方面頗受肯定。

　　至於其他遼人出家的事例很多，筆者將其列舉如下：

　　馮玘〈劉承嗣墓誌保寧二年（970年）〉，說：

　　女共十人：……見存者：……次出家女，幼居香剎，恒護戒珠；……。〔註32〕

佚名〈李內貞墓誌保寧十年（978年）〉，說：

　　弟僧可延，天順皇帝授普濟大師，賜紫。……。〔註33〕

佚名〈許從贊暨妻康氏墓志乾亨四年（982年）〉，說：

　　有女七人：……次（肆女）出家曰妙淨，……。〔註34〕

王用極〈劉宇傑墓誌統和十八年（1000年）〉，說：

　　有女六人：……次（肆女）出家，……削髮達真空之理。……。〔註35〕

〔註30〕佚名，〈張世古墓志〉，《續編》，頁294。
〔註31〕佚名，〈張恭誘墓志〉，《續編》，頁296。
〔註32〕馮玘，〈劉承嗣墓誌〉，《文編》，頁49。
〔註33〕佚名，〈李內貞墓誌〉，《文編》，頁54。
〔註34〕佚名，〈許從贊暨妻康氏墓志〉，《續編》，頁20。
〔註35〕王用極，〈劉宇傑墓誌〉，《文編》，頁107。

佚名〈耶律元寧墓志開泰四年（1015 年）〉，說：

　　女一人：道場女，在室。……。〔註36〕

柴德基〈張思忠墓誌重熙八年（1039 年）〉，說：

　　所生五男一女：……次（參男）曰吳哥，出家；……。〔註37〕

佚名〈秦德昌墓誌大康四年（1078 年）〉，說：

　　有三男：……少曰運槤，鎮國寺詮教大德。女二：……其次出家，
　　法號圓敬，宗敬寺妙行大德。〔註38〕

佚名〈清河公女壙記大康十年（1084 年）〉，說：

　　蓋憑妙行，果遂五男五女而侍之。……福遷出家，男僧留。……。

　　〔註39〕

鄭碩〈鄭頡墓志大安元年（1085 年）〉，說：

　　妹四人：……次出家。……。〔註40〕

韓說〈董庠妻張氏墓誌大安三年（1087 年）〉，說：

　　孫女五：……省哥，落髮爲尼，……。〔註41〕

李謙貞〈鄭恪墓誌大安六年（1090 年）〉，說：

　　女三人：一人出家學浮屠法，所謂代君養親者也。……。〔註42〕

佚名〈劉從信墓志大安九年（1093 年）〉，說：

　　有女一，出家，曾誦經論。……。〔註43〕

龔誼〈鄧中舉墓誌壽昌四年（1098 年）〉，說：

　　女子四人：……次爲比丘尼；……。〔註44〕

佚名〈王士方墓志乾統二年（1102 年）〉，說：

　　生子三：……仲曰從省，出家皇矣。……。〔註45〕

佚名〈龔祥墓誌乾統四年（1104 年）〉，說：

〔註36〕佚名，〈耶律元寧墓志〉，《續編》，頁 58。

〔註37〕柴德基，〈張思忠墓誌〉，《文編》，頁 216。

〔註38〕佚名，〈秦德昌墓志〉，《續編》，頁 167。

〔註39〕佚名，〈清河公女壙記〉，《文編》，頁 401。

〔註40〕鄭碩，〈鄭頡墓志〉，《續編》，頁 179。

〔註41〕韓說，〈董庠妻張氏墓誌〉，《文編》，頁 410。

〔註42〕李謙貞，〈鄭恪墓誌〉，《文編》，頁 429。

〔註43〕佚名，〈劉從信墓志〉，《續編》，頁 212。

〔註44〕龔誼，〈鄧中舉墓誌〉，《文編》，頁 489。

〔註45〕佚名，〈王士方墓志〉，《續編》，頁 244。

次二女，尼歸敬、歸運，並于敬善寺出家，皆講花嚴十萬偈。……。〔註46〕

佚名〈董承德妻郭氏墓誌乾統七年（1107年）〉，說：

　　孫女三：尼圓朗、……。〔註47〕

孟初〈蕭義墓誌天慶二年（1112年）〉，說：

　　女三人：長爲尼，賜紫，號慈敬大德。……。〔註48〕

李忠益〈惠州李祐墓幢記天慶三年（1113年）〉，說：

　　偶妻李氏，所育三男：長男業經沙門僧元才，……。〔註49〕

佚名〈史洵直墓志銘天慶四年（1114年）〉，說：

　　孫男三：……次（參孫男）曰祿孫，出家，法名行敷，禮西京石佛
　　院詮正大師。〔註50〕

佚名〈鄭士安實錄銘記天慶八年（1118年）〉，說：

　　女三人：……次（參女）故尼圓融。……。〔註51〕

鄭□□〈杜愆墓志天慶十年（1120年）〉，說：

　　侄孫女二：長淨嚴寺出家，法諱行宜，授持敬大德。……。〔註52〕

佚名〈劉暐墓志保大元年（1121年）〉，說：

　　長孫女尼賢聖，……。〔註53〕

綜合以上各項史料引文的記載，使我們可以瞭解至遼代中後期，遼人出家者確實眾多，而且相當普遍，幾乎已至「室室有出家之人，處處聞念佛之聲」的地步。

三、遼人出家眾多的原因

　　筆者認爲遼人出家眾多的原因，是緣於多項的因素所促成，因此除了與前文論述度僧浮濫的情形有關之外，至少尚有下列五項原因：〔註54〕

〔註46〕佚名，〈龔祥墓誌〉，《文編》，頁754。
〔註47〕佚名，〈董承德妻郭氏墓誌〉，《文編》，頁573。
〔註48〕孟初，〈蕭義墓誌〉，《文編》，頁624。
〔註49〕李忠益，〈惠州李祐墓幢記〉，《文編》，頁638。
〔註50〕佚名，〈史洵直墓誌〉，《文編》，頁652。
〔註51〕佚名，〈鄭士安實錄銘記〉，《文編》，頁674。
〔註52〕鄭□□，〈杜愆墓志〉，《續編》，頁306。
〔註53〕佚名，〈劉暐墓志〉，《續編》，頁312。
〔註54〕張國慶在〈遼代僧尼出家「具戒」考〉中，提到僧尼出家的原因有三點：「其

（一）遼代社會崇信佛教風氣的盛行

遼代社會全國上下多崇信佛教，韓道誠在〈契丹佛教發展考〉中，從全面性的角度分析其原因，說：「契丹佛教的發展，有兩種因素：一為承襲盛唐佛教的緒餘，一為徙置漢民的直接影響。」〔註55〕而王月珽在〈遼朝皇帝的崇佛及其社會影響〉一文中，從遼皇帝的立場，分析其崇佛的原因，說：「1、受漢人崇佛的影響。⋯⋯。2、崇佛有利於遼朝的統治。⋯⋯。3、佛教教義易為遼統治者接受。⋯⋯。4、契丹興於大唐五代之初，從立國到滅亡，同多個政權、國家有過廣泛密切的交往。⋯⋯。」〔註56〕另外，王善軍〈從石刻資料看遼代世家大族與佛教的關係〉，詳細地討論遼代世家大族崇佛的主要原因，說：「⋯⋯世家大族的精神需求，首先是用佛教撫慰他們的罪惡感。⋯⋯其次是用佛教來滿足他們長享富貴的願望。⋯⋯除滿足精神需求外，用佛教來調節現實社會關係亦是世家大族崇佛的不容忽視的原因，與其他宗教相比，佛教在穩定現實社會關係方面功效顯著。⋯⋯在受傳統儒家思想影響較深的漢人群體中，還將崇佛與儒家倫理相結合，⋯⋯世家大族的崇佛，除上述兩方面的主要原因外，直接的政治原因也在一定情況下起著作用。一種情況是某些世家大族成員投合最高統治者的信仰嗜好，在仕族上走終南捷徑。另一種情況則是某些世家大族成員遁入佛門以躲避政治鬥爭的打擊。」〔註57〕可見遼代佛教除了早就受遼人（包括漢人、契丹人等）的崇信之外，也在皇帝與世家大族的推動之下，成為遼代社會最主要的宗教信仰。

基於以上的情況，因此遼人崇佛信佛的事蹟與表現，即很自然地融入於每天的生活當中，並且成為其一生當中很重要的部分，也因而在遼人的墓誌銘中，有很多關於傳主崇信佛教的記載，例如據馮玘〈劉承嗣墓誌保寧二年（970年）〉，說：

一，受社會佛教興盛大環境影響所致。⋯⋯其二，在家庭成員崇佛氛圍薰陶下而為之。⋯⋯其三，全民信教背景下的個人性格使然。⋯⋯。」（《浙江學刊》2011：6，頁57～58）其所言甚為正確，筆者也據此為撰寫本文的參考。

〔註55〕韓道誠，〈契丹佛教發展考〉，《東北歷史文化》（台北：國立編譯館，1995年），頁295。

〔註56〕王月珽，〈遼朝皇帝的崇佛及其社會影響〉，《內蒙古大學學報》1994：1（呼和浩特，1994年），頁49～50。

〔註57〕王善軍，〈從石刻資料看遼代世家大族與佛教的關係〉，日本《東亞文史論叢》2007（京都，京都大學，2007年）。

因緣私門，崇重釋教。朔紺園之殊勝，獨靈府之規謀。〔註58〕

郭青〈耶律琮神道碑保寧十一年（979年）〉，說：

公恒因暇日，歷覽前規，寵厚若驚，滿盈自□成名，遂奉身而退，喜歸私地，逸樂自娛。然公長以釋教為事，□□二年，□□□□□流□□□□□□□□□福□心是□，改玉饌而為香饌，不輟參禪。公是夙夜齋心，慕親□□。欲窺無為之理，大崇有相之因。〔註59〕

王言敷〈董匡信及妻王氏墓誌咸雍五年（1069年）〉，說：

仍復自備淨食，時為齋設，誘之趣善，饒益頗多。至於居常公務之暇，專以奉佛筵僧，持誦經教為所急。……夫人太原王氏，……又恒以清淨心日課上生法花觀音品。十數年間，持六齋戒。……。〔註60〕

佚名〈耶律昌允妻蕭氏墓誌大安八年（1092年）〉，說：

以焚香禮佛為事，以濟僧施貧為念，讀誦經典，日不暇給。〔註61〕

劉嗣昌〈耶律弘世妻秦越國妃墓志壽昌二年（1096年）〉，說：

妃自歸宗邸，……加以敏慧博知，尤通內學，口不嗜葷茹，色不尚鉛華。奮飾服御，珍玩之資，皆非己有。惟奉佛筵僧為施，以荐冥福，九載之餘，一節而已。……垂歿之夕，誦佛作觀而逝，蓋平生習尚之然也。〔註62〕

楊丘文〈梁國太妃墓志乾統七年（1107年）〉，說：

尤嗜浮屠法，其營飾廟像，日玩其籍，或時繪其徒，以治齋戒。〔註63〕

佚名〈耶律弘益妻蕭氏墓誌乾統八年（1108年）〉，說：

筵僧營佛，莫盡其稱量；育老賑貧，孰測其涯溙。造次而往想佛國，斯須而留心聖經。是皆天生之異相，證聖之大端者也。〔註64〕

佚名〈高澤墓誌乾統十年（1110年）〉，說：

自幼及長，無妄言笑，不誘權利，意崇佛老，身樂丘園，自以高尚，不事王侯。〔註65〕

〔註58〕馮玘，〈劉承嗣墓誌〉，《文編》，頁48。

〔註59〕郭青，〈耶律琮神道碑〉，《續編》，頁340。

〔註60〕王言敷，〈董匡信及妻王氏墓誌〉，《文編》，頁337～338。

〔註61〕佚名，〈耶律昌允妻蕭氏墓誌〉，《續編》，頁209。

〔註62〕劉嗣昌，〈耶律弘世妻秦越國妃墓志〉，《續編》，頁229～230。

〔註63〕楊丘文，〈梁國太妃墓志〉，《續編》，頁257。

〔註64〕佚名，〈耶律弘益妻蕭氏墓誌〉，《文編》，頁591。

〔註65〕佚名，〈高澤墓誌〉，《文編》，頁611。

佚名〈韓師訓墓志天慶元年（1111年）〉，說：

> 公自幼及耄，志崇佛教，延供苾蒭，讀經六藏，金光明經一百部，法華經五百部，及請名師開金光明經講一十席，金剛、藥師、彌陀、菩薩戒住經等各數席，躬讀大花嚴經五十部，及讀金剛經、行願、觀音、藥師、多心經等□不記其數。每月一日、八日、十五日、十八日、二十八日常輟，已□錢散施貧者，不限多少，四十餘年未嘗有闕，及設僧尼無遮大會一。〔註66〕

鄭皓〈張世卿墓誌天慶六年（1116年）〉，說：

> 特於郡北方百步，以金募膏腴，幅員三頃，盡植異花百餘品，迄四萬窠，引水灌溉，繁茂殊絕。中敞大小二亭，北置道院、佛殿、僧舍大備。東有別位，層樓巨堂，前後東西廊具焉，以待四方賓客棲息之所。……每年四月二十九日，天祚皇帝天興節，虔請內外諸僧尼男女邑眾，於園內建道場一晝夜。具香花美饌，供養齋設，以報上方覆露之恩。特造瑠璃瓶五百隻，自春泊秋，繫日採花，持送諸寺。致供周年，延僧一萬人。及設粥濟貧，積十數載矣。誦法花經一十萬部，讀誦金光明經二千部，於道院長開此經及菩薩戒講。建大院一所，州西磚塔一坐，高數百尺。彫縷金剛、梵行、佛頂、高王常、清淨、靈樞、赤松子、中誡經、□□人福壽論、諸雜陀羅尼，舉常印施，及設諸藥。〔註67〕

佚名〈劉承遂墓誌天慶九年（1119年）〉，說：

> 公然身居俗締，念契佛家。（遼天祚帝）天慶三年，充維那粧印大藏經全。四年，請諸師讀大藏經，其於齋櫬之資，皆自供擬。又于王子寺畫毗盧會，泊暖湯院繪大悲壇及慈氏相，并樓內畫觀音菩薩相，皆咸容庠雅，侍從端凝，公焚課筵僧，不可盡紀。〔註68〕

從以上多位遼人墓誌銘的記載，我們可以感受到這些崇信佛教者的心意和態度均相當虔誠、精進，也明顯的反映出遼代社會佛教興盛和崇信佛教風氣盛行的情形。筆者認為在此一濃厚崇信佛教風氣的籠罩之下，必然有許多遼人深受其影響與啓發，因此成為一股促使眾多遼人出家為僧尼的原動力。尤其是至遼代中後期，此一趨勢更為明顯。

〔註66〕佚名，〈韓師訓墓志〉，《續編》，頁280。
〔註67〕鄭皓，〈張世卿墓誌〉，《文編》，頁655～656。
〔註68〕佚名，〈劉承遂墓誌〉，《文編》，頁676。

（二）家庭崇信佛教環境的促成

遼人出家眾多的原因，除了上述受社會崇信佛教風氣盛行的影響與啓發之外，筆者認爲也和其自幼生長於佛教家庭有關，由於長期受到佛教氛圍的薰陶，或是得到家中崇信佛教長輩的鼓勵，因此促成其出家爲僧尼。張國慶在〈論遼代家庭生活中佛教文化的影響〉，說：「佛教文化對遼代崇佛信教家庭成員日常行爲造成的最大影響，莫過於使成千上萬個此類家庭中的未婚青年男女（其中也有個別年長已婚者）邁出自家的門檻，走進了寺院，剃度爲僧尼，從此，手持鉢盂，身披袈裟，與青燈黃卷爲伴，晨鐘暮鼓，了其一生。」〔註69〕可見遼代有許多僧尼出家的原因，是緣於受本家崇信佛教的影響所致。

關於遼代崇信佛教的家庭成員出家爲僧尼，在遼代石刻文獻中有頗多的記載可資印證，例如據王澤〈王澤妻李氏墓誌重熙十四年（1045年）〉，說：

> 夫人慈愛宜□□□純植性□習之願，近於佛乘。淨信三歸，堅全五戒。清旦每勤於焚祝，常時惟切於誦□。……。有女三人：長法微，出家，受具戒，講傳經律。……次（參女）崇辯，亦出家，誦全部蓮經，習講經律。〔註70〕

王綱〈王澤墓誌重熙二十二年（1053年）〉，說：

> 父公（王澤）素重佛乘，淡於權利。……惟與僧侶，定爲善交。研達性相之宗，薰練戒慧之體。間年看法華經千三百餘部，每日持陀羅尼數十本。全藏教部，讀覽未竟。□□財則歡喜佈施，聞勝利則精進修行。……有女三人：長法微，講大小乘經律。……次（參女）崇辯，亦講大小乘經律。〔註71〕

根據此二則記載，可知王澤夫婦崇信佛教很虔誠、精進，是一個典型的佛教家庭，因此影響了其長女和參女後來出家爲尼。

佚名〈秦德昌墓志大康四年（1078年）〉，說：

> 有三男：……少曰運舲，鎮國寺詮教大德。女二：……其次出家，法號圓敬，宗敬寺妙行大德。……夫人形雖隱俗，行實出世，執志淨行三十年，安居禁足三十夏。……。〔註72〕

〔註69〕 張國慶，〈論遼代家庭生活中佛教文化的影響〉，《北京師範大學學報》2004：6（北京，2004年），頁70。

〔註70〕 王澤，〈王澤妻李氏墓誌〉，《文編》，頁240～241。

〔註71〕 王綱，〈王澤墓誌〉，《文編》，頁261～262。

〔註72〕 佚名，〈秦德昌墓志〉，《續編》，頁167。

此則記載，提到秦德昌的妻子信佛三十年，是一位很虔誠的優婆夷，因此影響其子女均各有一人出家。

佚名〈清河公女墳記大康十年（1084 年）〉，說：

> （上缺）清河公之女也。……與父同興善道，於（遼興宗）重熙二十二年，去當村開化院內，獨辦法堂一坐。兼請到十方高上法師，於冬夏開花嚴法花經約三十餘席，及於崀山靈峰院內請大眾讀了經一十藏。其餘善道，不可具述。蓋憑妙行，果遂五男五女而侍之，……福遷出家，男僧留。〔註73〕

此段記載，顯示此位婦女和家人都是虔誠的崇信佛教者，因此影響了其兒子出家爲僧。

佚名〈僧思拱墓幢記大安九年（1093 年）〉，說：

> 亡耶耶諱文□，性純敦厚，歸仰三乘，致讀法華經十部；……次父號法壽，信奉三教，行備五常，厭俗歸釋，年邁超群。……。思拱……俗姓周，卅年落髮，……。〔註74〕

此位僧思拱出家，應該是受到祖父崇信佛教，以及叔父是一位僧侶的影響。

了洙〈悟空大德髮塔銘乾統元年（1101 年）〉，說：

> 第三之女，曰五拂，……裁三十六，嫠居。誓志不再嫁，訓毓諸孤，皆長立，乃落髮爲精行尼。時族親館舍，貨賄服御，壹不戀嫪，蔑如也。初長男爲茲蒭，隱居是寺，以故抵斯求度焉。即壽昌二年丙子正月五日，鬌髮於茲矣，時年五十六。尋授十戒，爲沙彌尼。其年四月十二日，領六法：十九日，圓大比丘戒；七月，賜紫方袍，賜號悟空大德。……當鬌度時，京師聞之，□□大駭。士大夫妻有嫠居者，感而募道□□□者數人。〔註75〕

此則記載，情節比較特別，乃是母親受其已出家爲僧的兒子的影響，因此在其嫠居之後，至兒子所住的寺院出家爲尼。

佚名〈龔祥墓誌乾統四年（1104 年）〉，說：

> 龔祥者，締崇佛教，……暇常以佛經爲務。……次二女，尼歸敬、歸運，並于敬善寺出家，皆講花嚴十萬偈。……。〔註76〕

〔註73〕佚名，〈清河公女墳記〉，《文編》，頁 401。
〔註74〕佚名，〈僧思拱墓幢記〉，《續編》，頁 211。
〔註75〕了洙，〈悟空大德髮塔銘〉，《文編》，頁 511～512。
〔註76〕佚名，〈龔祥墓誌〉，《文編》，頁 754。

依此記載，可知龔祥也是一位崇信佛教者，因此影響其兩位女兒出家為尼。

佚名〈張世古墓志天慶七年（1117年）〉，說：

> 初妻于當郡李氏，生一男二女，男恭誘，懷溫良之盛德，抱忠孝之
> 徽名。娶秦氏女，生一孫男三女，……次女出家，禮尼萬部為師，
> 有開演之清聲，有誦持之細行。……公自幼及耄，志崇佛教，常誦
> 金剛、行願等經，神咒密言，口未嘗掇。請僧轉金光明經千餘部，
> 維持經律論講一十席。請尼萬部，齋供終身。誦妙法蓮花經三十餘
> 季，至今未闕。于聖因寺堂內，繪十方佛壁一門，又禮善友邑，曾
> 辦佛事，幢傘供具，咸得周備。每年馬鞍山供合院僧，三十餘載，
> 今猶未盡。筵僧設貧，以為常務。〔註77〕

佚名〈張恭誘墓志天慶七年（1117年）〉，說：

> 公諱恭誘，……生一男三女，……女三：……次有二女（次女、參
> 女），俱厭俗于榮，托身志于瞿曇，寄性存于教。長（次女）曰法智，
> 動止安閑笑有則，出火宅而御三車，入愛河而揮八棹。尋禮于衛家
> 新院萬部尼志總，為教之以八敬，導之以五篇，輕重之幽旨，開遮
> 之深趣，罔不究焉。及學于大花嚴經講，有穎秀之名，聞于內眾。
> 次（參女）曰小師姑，年才及于卝，便自悟于空門，以誦持存其心，
> 以禮念修其志。公始從觚觚，性自仁賢，以觀音、行願為常課，以
> 滿願、準提為常持。于井亭院辦佛事一門，請□花嚴常誦金光明經
> 五百餘部。筵設僧貧，罔知其數。〔註78〕

根據此二則記載，可知張世古與張恭誘父子二人，均為虔誠的崇信佛教者，
也接觸佛事頗深，因此影響其兩位孫女出家為尼。

依上所論，我們可發現，遼人出家眾多的原因，其中之一應是與其自幼
生長於崇信佛教的家庭有關，因為深受長輩崇信佛教的影響，因此在所謂「有
其父必有其子」的情況下，也就相對提高促成其出家的可能性。尤其是至遼
代中後期，此種可能性隨著時間的拉長，顯得更為明顯。

（三）個人對佛教悟性的契機

遼人出家眾多的原因，也有可能因為其自幼處於佛教的氛圍中，啟發了
其對佛教的悟性，因此成為其出家為僧尼的契機，尤其是有許多高僧、大師

〔註77〕佚名，〈張世古墓志〉，《續編》，頁294。

〔註78〕佚名，〈張恭誘墓志〉，《續編》，頁296。

即是緣於此一契機。筆者在詳查遼代石刻文獻時，即發現有不少這一類事例的記載，例如據張明〈感化寺智辛禪師塔記應曆二年（952 年）〉，說：

> 禪師諱智辛，俗姓王氏，……禪師氣稟淳和，性惟沉靜。爰從佩觿，便悟出塵。……年十有五，憤悱違親，禮瓶兹寺降龍大師門人徹禪師。〔註79〕

佚名〈澄湛等為師善弘建陀羅尼幢記大安後（1085 年之後）〉，說：

> 師俗姓蘇氏，法諱善弓（善弘），……自為童好善，有家厭居，不食茹葷，不留鬐髮，輕浮俗賞，愛重空門。年十二歲，訪道往霧靈山，給使于契丹長老。至清寧八年，入京師間，別禮廣嚴寺耆宿密尚座為師。〔註80〕

佚名〈廣宣法師塔幢記大安七年（1091 年）〉，說：

> 法師諱廣宣，俗姓張氏，……肇從幼稚，□厭誼嘩，素有出家之念，年未踰笄，遂以落髮，禮寺尼惠敬為師。〔註81〕

德麟〈慈悲庵慈智大德幢記壽昌五年（1099 年）〉，說：

> 師諱惟脤，俗姓魏氏，……卅歲禮憫忠寺守淨上人，落髮誦白蓮經，遇恩得度。〔註82〕

惠敞〈安次縣正覺寺傳戒法師法性塔記乾統四年（1104 年）〉，說：

> 爰自卅齡，便懷先覺。厭混居於浮世，期迴向於空門。遂之□□衣禮正覺寺持念上人澄遠為師。果蒙攝受，得服勤勞，諱承師訓，因號曰法性。〔註83〕

志恒〈寶勝寺僧玄照墳塔記乾統七年（1107 年）〉，說：

> 師諱玄照，……俗姓出隴西李氏。生而神明雋遠，宇量昭融。誠專白業，志樂空門。于是削髮染衣，遂禮在縣寶勝寺講經沙門奉織為師。〔註84〕

佚名〈法華上人衛奉均靈塔記乾統七年（1107 年）〉，說：

> 法華上人諱奉均，俗姓衛氏，……年方竹馬□□斑俱離妻之明業，

〔註79〕張明，〈感化寺智辛禪師塔記〉，《文編》，頁 6。
〔註80〕佚名，〈澄湛等為師善弘建陀羅尼幢記〉，《續編》，頁 224。
〔註81〕佚名，〈廣宣法師塔幢記〉，《文編》，頁 435。
〔註82〕德麟，〈慈悲庵慈智大德幢記〉，《文編》，頁 493。
〔註83〕惠敞，〈安次縣正覺寺傳戒法師法性塔記〉，《文編》，頁 542。
〔註84〕志恒，〈寶勝寺僧玄照墳塔記〉，《文編》，頁 561。

崇鬼谷之術，而又厭淤浮華心。祈正覺誓沃火宅之炎，乃昧青蓮之偈。俄□□□□緣若鴻從戒之便，乃落彩辭親。〔註85〕

即滿〈妙行大師行狀碑乾統八年（1108年）〉，說：

師甫三歲，未解語言，見隣舍家嚴設佛像，師就地俯伏，合掌虔敬，哀啼忘返。……有秦越國大長主，乃聖宗皇帝之女，……知師性善，……及蒙訓教，深厭塵俗，懇祈出家，三請已，公主殊不許，師慕道愈切，數日不食，公主知師志不可奪，憫而從之。〔註86〕

劉慶〈劉慶爲出家男智廣特建幢塔記乾統八年（1108年）〉，說：

出家男智廣，宿明佛墨，幼效童紗。未言而不食葷茹，始言而勤好佛乘。遂聽其出家，禮當村院僧雲清爲師，當年遇恩受具。〔註87〕

陳□〈唐梵佛頂尊勝陀羅尼經幢記乾統九年（1109年）〉，說：

大德諱法出，俗姓吳氏，……自幼歲不樂髮留，矢志慕出家，父母不能迨其□意，……目所熟悉而能割捨于俗累，歸心于空門，向非有高世出倫□見則□能至。于是年二十二始受其戒，住持淨院。〔註88〕

李檢〈寶勝寺前監寺大德遺行記乾統十年（1110年）〉，說：

大德諱玄樞，俗姓梁氏，……幼而敏悟，具釋子相。九歲出家，禮聖利寺講法華經義隆上人爲親教，拳拳及□而檢跡於無過之地。〔註89〕

桓劢〈沙門積祥等爲先師造經幢記天慶四年（1114年）〉，說：

師諱清睿，……以師夙願潛啓，意在捨家，雖鍾愛偏尤，不可奪其志也。年始十八，遂乃落髮，禮茹葷院闍上人爲親教焉。〔註90〕

瓊煥〈大安山蓮花峪延福寺觀音堂記碑天慶五年（1115年）〉，說：

師諱法頤，姓鄭氏，……生而神俊，性異常童，幼□佛乘，志樂出家，禮燕京開悟寺金剛大師爲師，……。〔註91〕

佚名〈懺悔正慧大師遺行記天慶六年（1116年）〉，說：

〔註85〕佚名，〈法華上人衛奉均靈塔記〉，《續編》，頁254。
〔註86〕即滿，〈妙行大師行狀碑〉，《文編》，頁584～585。
〔註87〕劉慶，〈劉慶爲出家男智廣特建幢塔記〉，《文編》，頁596。
〔註88〕陳□，〈唐梵佛頂尊勝陀羅尼經幢記〉，《續編》，頁264。
〔註89〕李檢，〈寶勝寺前監寺大德遺行記〉，《文編》，頁603。
〔註90〕桓劢，〈沙門積祥等爲先師造經幢記〉，《文編》，頁643。
〔註91〕瓊煥，〈大安山蓮花峪延福寺觀音堂記碑〉，《續編》，頁286～287。

　　大師者，俗姓齊氏，……自爲幼童，天分靈異，不爲髻髮。爾後厭
　　居俗室，志樂空門。出家禮燕京天王寺三藏爲師，遇恩受具。〔註92〕

佚名〈鮮演大師墓碑天慶八年（1118年）〉，說：

　　諱鮮演，……其母楊氏，素蘊貞姿，夙懷淑德。先以儒典誘師之性，
　　次以佛書導師之情。觸而長之，心乎愛矣。不類於俗，可驚於人。
　　有同鄉太師大師聞之，嘆嘉不已，因而傳化，至於居所。……隨詣
　　上都，禮太師大師爲師，出家住大開龍寺。〔註93〕

佚名〈易州馬頭山善興寺花嚴座主塔記天慶十年（1120年）〉，說：

　　□□□□，俗姓史氏，……自爲宗儒理，罔□□□□□書筆人所
　　共師。後因念□□非者，□捨儒俗而歸我佛門。遂落髮，禮故上主
　　座主爲師，……。〔註94〕

佚名〈崇昱大師墳塔記天慶十年（1120年）〉，說：

　　師諱崇昱，俗姓李氏，……歲近齠齔，有異常童，進止施爲，皆出
　　家相。始年二十一，禮當縣□□□義隆法師爲師。〔註95〕

以及不知年代，佚名〈□□禪院首座碑〉，說：

　　□公首座本□人也，俗姓劉氏，年至三十有九之歲，悟世非眞，志
　　樂空門。辭母□妻猛利出家于本寨慈氏院。〔註96〕

以上諸多事例，均顯現出遼代有許多僧尼確實是因爲其幼年處於佛教的氛圍
中，深受耳濡目染，而觸發了其對佛教的悟性，遂順理成章的出家爲僧尼。
特別是至遼代中後期，在此情況下而出家爲僧尼者相當多。

（四）廣建寺院與其經濟力量的雄厚

　　筆者也認爲遼人出家眾多的原因，其中之一應是與當時遼國廣建寺院，
以及寺院經濟力量大多雄厚有關。因爲廣建寺院可以吸收和容納眾多的僧
尼，而寺院經濟力量的雄厚，可以養活更多的僧尼，使其免於遭受財物不足
之苦，並且對於某些人的出家具有頗強的吸引力。

〔註92〕佚名，〈懺悔正慧大師遺行記〉，《文編》，頁658。
〔註93〕佚名，〈鮮演大師墓碑〉，《文編》，頁667。
〔註94〕佚名，〈易州馬頭山善興寺花嚴座主塔記〉，《文編》，頁678。
〔註95〕佚名，〈崇昱大師墳塔記〉，《文編》，頁682。
〔註96〕佚名，〈□□禪院首座碑〉，《續編》，頁328。因爲此碑文剝損甚多，僅數行字
　　　　尚可辨識，年代則不可知，因此筆者將其列舉於最後。

　　由於遼人崇信佛教，常給予修建寺院在人力、物力、財力上的支援，包括皇族、貴族、二稅戶、千人邑等團體的資助，再加上寺院本身雄厚的經濟力量，使其修建寺院有充裕的經費來源。〔註97〕因此使遼代有許多寺院在承襲前代的基礎上，得以進行重新修建，或創建新的寺院，以致於使寺院廣佈於遼國各道境內。〔註98〕關於這種盛況，在遼人的石刻文獻中也多有描述，例如據王鼎〈薊州神山雲泉寺記咸雍八年（1072年）〉，說：

　　　　佛法西來，天下響應。……故今海內塔廟相望，……。〔註99〕

耶律興公〈創建靜安寺碑銘咸雍八年（1072年）〉，說：

　　　　三教並化，皇國崇乎至道，則梵刹之制，布域中焉。……。〔註100〕

佚名〈安次縣祠垡里寺院內起建堂殿并內藏碑記大安五年（1089年）〉，說：

　　　　自漢明帝創建白馬寺以還，迄至於今，法宇不絕也。我國家尊居萬乘，道貫百王，恒崇三寶之心，大究二宗之理，處處而敕興佛事，方方而宣創精藍，……。〔註101〕

志延〈景州陳宮山觀雞寺碑銘大安九年（1093年）〉，說：

　　　　我鉅遼啓運，奄有中土。……浮圖為勝，……故今昔相沿，歷朝所尚。城山勝處，列刹交望矣。……。〔註102〕

耶律劭〈興中府安德州創建靈嚴寺碑銘乾統八年（1108年）〉，說：

　　　　我國家右文敷治，偃革濟時。……闡二宗而尚禪定，傳佛燈於有生。廣樹仁祠，大宏慈蔭。……。〔註103〕

行鮮〈涿州雲居寺供塔燈邑記乾統十年（1110年）〉，說：

〔註97〕可參閱蔣武雄，〈從碑銘探討遼代修建寺院與經費來源〉，頁8～13。

〔註98〕遼代寺院分佈全國各地的情形，可參閱田村實造，《中國征服王朝の研究（上）》（京都：京都大學東洋史研究會，1964年），第三章遼代文化圈と契丹佛教，頁71～100；神尾弌春，〈契丹の寺院〉，《契丹佛教文化史考》（東京：第一書房，1982年），頁17～55；李家祺，〈遼朝寺廟分佈研究〉，《時代》12：8（台北，1972年），頁37～41。該文將遼代皇帝祖廟也計算在內，另外有些重複（例如興國寺）或錯誤（例如監寺、前監寺）之處；王明蓀，〈略論遼代崇佛與藏經〉，《佛光人文社會學刊》5（宜蘭，佛光人文社會學院，2004年6月），頁3～17。

〔註99〕王鼎，〈薊州神山雲泉寺記〉，《文編》，頁358。

〔註100〕耶律興公，〈創建靜安寺碑銘〉，《文編》，頁360。

〔註101〕佚名，〈安次縣祠垡里寺院內起建堂殿內藏碑記〉，《文編》，頁418。

〔註102〕沙門志延，〈景州陳公（宮）觀雞寺碑銘〉，《文編》，頁452。

〔註103〕耶律劭，〈興中府安德州創建靈嚴寺碑銘〉，《文編》，頁592。

> 昔我釋迦氏出世也，聲教被於大千世界。……自炎漢而下，迄於我
> 朝，城邑繁富之地，山林爽塏之所，靡不建於塔廟，興於佛像。……。
> 〔註104〕

張嗣初〈靈感寺釋迦佛舍利塔碑銘天慶六年（1116年）〉，說：

> ……能解生死之縛，而得不生不滅者，唯釋迦而已。……故所有舍
> 利，爲八國以寶塔分葬之，其數凡八萬四千。……故塔廟之多，跡
> 于是也。……皇朝定天下以武，守天下以文。太平既久，而人心向
> 善，故此教所以盛弘。凡民間建立佛寺，靡弗如意。……。〔註105〕

從以上各項引文，對於遼國境內寺院廣佈情形的描述，顯示出遼代確實有頗
多的寺院，並且也相對的，有足夠的空間可以容納眾多的僧尼。

至於遼國可以養活眾多僧尼的寺院經濟力量是如何地雄厚呢？筆者在此
先舉一件事例，據《遼史》〈道宗本紀〉，說：「大安三年五月庚申，海雲寺進
濟民錢千萬。」〔註106〕以及《遼史》〈食貨志〉，說：「至其末年，經費浩穰，
鼓鑄仍舊，國用不給。雖以海雲寺千萬之助，受而不拒。」〔註107〕可知海雲
寺的經濟力量應是頗爲雄厚，因此在遼代末年，當國家財政困難之際，其卻
尚能以錢千萬資助政府。

另外，根據筆者的研究，遼代寺院經濟約有下列五項主要來源：1、皇族
施捨土地、財物；2、貴族施捨土地、財物；3、二稅戶定期繳稅，一半繳予
寺院；4、千人邑〔註108〕捐輸財物；5、放貸增加收入。〔註109〕因此遼代寺院

〔註104〕沙門行鮮，〈涿州雲居寺供塔燈邑記〉，《文編》，頁614。

〔註105〕張嗣初，〈靈感寺釋迦佛舍利塔碑銘〉，《文編》，頁661～662。

〔註106〕〔元〕脫脫，《遼史》，卷25，本紀第25，道宗5，頁295。

〔註107〕〔元〕脫脫，《遼史》，卷60，志第29，食貨志下，頁931。

〔註108〕關於遼代佛教千人邑的討論，可參閱王吉林，〈遼代千人邑之研究〉，《大陸雜
誌》35：5（台北，大陸雜誌出版社，1967年9月），頁16～18；蔣武雄，〈遼
代千人邑的探討〉，《空大人文學報》8（台北，空中大學人文學系，1999年6
月），頁143～152；野上俊靜，〈遼代の邑會について〉，《大谷學報》20：1
（京都，1939年），頁46～61，該文另收錄於野上俊靜，《遼金の佛教》（京
都：平樂寺書店，1953年），頁121～141；井上順惠，〈遼代千人邑會につい
て〉，《禪學研究》60（京都，禪學研究會，1981年）。

〔註109〕可參閱蔣武雄，〈遼代佛教寺院經濟初探〉，《空大人文學報》7（台北，空中
大學人文學系，1998年6月），頁191～206。另可參閱白文固，〈遼代的寺院
經濟初探〉，《甘肅社會科學》1981：4（蘭州，1981年），頁54～59；田華，
〈淺探遼代寺院經濟的一些問題〉，《北方文物》總7（哈爾濱，1986年），頁
74～76；張國慶，〈遼代的寺田及其相關問題探究〉，《中國農史》2010：4（南

的經濟力量大多雄厚無缺，而遼代石刻文獻對此也頗有記載，例如據志延〈薊州神山雲泉寺記咸雍八年（1072年）〉，說：

> （雲泉寺）前後花果，左右林皋。大小踰二百家，方圓約八九里。
> 每春夏繁茂，如錦繡圍繞。正殿之內，實以本尊八菩薩，頗加嚴飾，
> 以備歸依。廚庫五間，食堂稱是。廊廡三倍，僧房亦然。至於碓磨
> 墻垣，無不曲備。〔註110〕

據此記載，則雲泉寺顯然已是一座能充裕自給自足的寺院莊園了。

志延〈景州陳宮山觀雞寺碑銘大安九年（1093年）〉，說：

> 積庫錢僅五千緡，廣莊土逮三千畝，增山林餘百數頃，樹菓木七千
> 餘株。總佛宇僧房，泊廚房舍次，兼永濟院屬寺店舍，共一百七十
> 間，聚僧徒大小百餘眾。〔註111〕

可知觀雞寺的寺產包括了田地、山林、菓樹等，也有僧房、廚房，以及附屬的寺院，共計房間有一百七十間，足可容納僧侶一百多人。

守約〈緡陽寺莊帳記壽昌元年（1095年）〉，說：

> 迄至我朝興宗皇帝，乃賜緡陽之□□後□□□殿僧房共三百八十餘
> 架，地□園林約□（下缺）小道之北，東連翠嶺，西接青嶺。受具
> 僧人百一十□勤□□□客五百已上，資生之物，盛興於□□（下缺）
> 成大寺今為驗矣。〔註112〕

緡陽寺的寺產包括僧房三百八十多間，可容納一百多位僧侶，以及香客五百人以上，另有頗具規模的園林，生產的水菓、農作物，使寺院經濟無缺，而成為一所大寺院。

南扸〈上方感化寺碑乾統七年（1107年）〉，說：

> 松杪雲際，高低相望，居然緇屬，殆至三百。自師資傳衣而後，無
> 城郭乞食之勞。以其剏始以來，占籍斯廣，野有良田百餘頃，園有
> 甘栗萬餘株。清泉茂林，半在疆域。……先於薊之屬縣三河北鄉，
> 自乾亨前有莊一所，闢土三十頃，間藝麥千畝，皆原隰沃壤，可謂
> 上腴。營佃距今，即有年禩，利資日用，眾實賴之。〔註113〕

京，2010年），頁66～75；神尾弍春，〈契丹寺院の經濟〉，《契丹佛教文化史考》，頁55～61。

〔註110〕志延，〈薊州神山雲泉寺記〉，《文編》，頁359。
〔註111〕志延，〈景州陳宮山觀雞寺碑銘〉，《文編》，頁453。
〔註112〕守約，〈緡陽寺莊帳記〉，《文編》，頁466。
〔註113〕南扸，〈上方感化寺碑〉，《文編》，頁563～564。

感化寺的寺產有良田、園林、菓樹等，每年耕種所生產的農作物，足可應付每日的用度，使該寺僧侶無乞食之勞，即使每年的祭祀費用，也不虞缺乏。

論述至此，不僅使我們知道遼代寺院經濟力量大多雄厚，可以養活眾多的僧尼，而且也因遼代寺院廣佈於全國各地，顯示遼代寺院的經濟力量同樣延伸至全國各地，因此使寺院可以方便且強有力地吸收和容納更多的僧尼。

（五）遼代社會僧侶地位的崇高

遼代僧侶的社會地位很崇高，宋使節蘇頌出使遼國時，即對遼國社會此一現象有所觀察，因此在其使遼詩〈和遊中京鎮國寺〉中，說：「俗禮多依佛，居人亦貴僧。」〔註 114〕述及遼代社會多崇佛，對僧侶頗為尊重。另外，洪皓《松漠紀聞》也說：「胡俗奉佛尤謹，帝后見像設皆梵拜，公卿詣寺則僧坐上座。」〔註 115〕敘述遼國的皇帝、后妃、公卿等常給予僧侶崇高的禮遇。

而更特別的是由皇帝授予僧侶高官顯職，也就是皇帝不僅授予僧侶負責管理佛教事務的僧官正職，也讓他們兼領俗職。〔註 116〕例如在保寧六年（974年）十二月，遼景宗「以沙門昭敏為三京諸道僧尼都總管，加兼侍中」，〔註 117〕此為遼代授予僧侶官職的開始。又例如至遼興宗優遇純慧大師，在「重熙八年（1039 年）冬，有詔赴闕，興宗皇帝賜以紫衣。十八年（1049 年），勅授上京管內都僧錄，秩滿，授燕京管內左街僧錄，屬鼎駕上仙，驛徵赴闕」。〔註 118〕而《續資治通鑑長編》卷一八〇，更進一步，說：「宗真（遼興宗）……尤重浮圖法，僧有正拜三公、三師兼政事令者，凡二十人」。〔註 119〕古代以太尉、司徒、司空為三公，以太師、太傅、太保為三師，均為國家高貴官職，而遼興宗卻以如此重要的名位授予僧侶，可知其崇佛、尊僧於一斑。

至遼道宗時期，遼代佛教的發展臻於顛峰，因此授予僧侶高官顯職之舉更加頻繁，例如在「清寧間（1055～1064 年），已有僧守臻、精修、智清等，

〔註 114〕 〔宋〕蘇頌，《蘇魏公文集》（北京：中華書局，2004 年），卷 13，《前使遼詩》，〈和游中京鎮國寺〉，頁 166。
〔註 115〕 〔宋〕洪皓，《松漠紀聞》，收錄於《全宋筆記》（鄭州：大象出版社，2008 年），第 3 編 7，頁 126。
〔註 116〕 關於遼皇帝以高官顯職授予僧侶的情形，可參閱姚遠，〈遼代僧官的俗職研究〉，《五台山研究》總 10（太原，2011 年 4 月），頁 24～28。
〔註 117〕 〔元〕脫脫，《遼史》，卷 8，本紀第 8，景宗上，頁 94。
〔註 118〕 真延，《純慧大師塔幢記》，《文編》，頁 317。
〔註 119〕 〔宋〕李燾，《續資治通鑑長編》（上海：上海古籍出版社，1986 年），卷 180，宋仁宗至和二年八月己丑條，頁 16。

加司徒、司空，並有賜紫之榮。又僧純慧恩加崇祿大夫、檢校太傅、太尉等官職」。〔註120〕其中純慧大師的事蹟，據佚名〈純慧大師塔幢記清寧九年（1063年）〉，說：

> 今上（遼道宗）以師受眷先朝，乃恩加崇祿大夫、檢校太保。次年，加檢校太傅、太尉。〔註121〕

可知純慧大師在遼興宗、遼道宗兩朝均頗受優遇。

另外，據《遼史》〈道宗本紀〉，說：

> （遼道宗）咸雍二年（1066年）……冬十二月……戊子，僧守志加守司徒。……五年（1069年）……十一月……閏月……己未，僧志福加守司徒。……六年（1070年）十二月戊午，加圓釋、法鈞（均）二僧並守司空。……大康五年（1079年），……十一月丁丑，召沙門守道開壇于內殿。……壽隆三年（1097年），……十一月……戊午，以安車召醫巫閭山僧志達。……六年（1100年），……十一月……丙子，召醫巫閭山僧志達設壇于內殿。〔註122〕

其中法均大師的事蹟，據王鼎〈法均大師遺行碑銘大安七年（1091年）〉，說：

> 咸雍五年（1069年）冬，上（遼道宗）以金臺僧務繁劇須人，詔師左錄其事。……越明年，……特授崇祿大夫、守司空，加賜爲今號。〔註123〕

可知法均大師深受遼道宗優遇。

而上文引《遼史》〈道宗本紀〉，提到「以安車召醫巫閭山僧志達」。按，安車「爲古代敬老尊賢的殊遇，非常人所能有。……漢以前爲王后列侯及致仕老臣所乘，漢以後則爲皇帝乘輿之副車」。〔註124〕因此遼道宗以安車優待僧志達，可知對其尊崇至極。

受遼道宗優遇的僧侶，除了上述諸僧之外，另據佚名〈鮮演大師墓碑天慶八年（1118年）〉，說：

〔註120〕韓道誠，〈契丹佛教發展考〉，《東北歷史文化》，頁317。

〔註121〕眞延，〈純慧大師塔幢記〉，《文編》，頁317。

〔註122〕〔元〕脫脫，《遼史》，卷22，本紀第22，道宗2，頁266、269、270；卷24，本紀第24，道宗4，頁284；卷26，本紀第26，道宗6，頁310、314。

〔註123〕王鼎，〈法均大師遺行碑銘〉，《文編》，頁438。

〔註124〕韓道誠，〈契丹佛教發展考〉，《東北歷史文化》，頁315。

　　（遼道宗）大安五年，特授圓通悟理四字師號。十年冬，奏係興中
　　府興中縣。壽昌二年（1096 年），遷崇祿大夫、檢校太保。……逮
　　于今主上（遼天祚帝），……乾統元年（1101 年），加特進階、守太
　　保。六年（1106 年），遷特進、守太傅。〔註125〕

則顯然鮮演大師也是頗受遼道宗與天祚帝的優遇。

　　而更值得我們注意的是，遼代皇帝對僧侶的優遇，使他們在政治上、社
會上擁有崇高的地位，〔註126〕因此不僅吸引了眾多的遼人出家，也使貴族的
子女出家意願頗高，誠如《契丹國志》卷八〈興宗文成皇帝〉，所說：

　　（遼興宗）尤重浮屠法，僧有正拜三公、三師兼政事令者，凡二十
　　人。貴戚望族化之，多捨男女爲僧尼。〔註127〕

凡此遼代社會僧侶地位崇高的情形，筆者認爲應該也是促成遼人出家眾多的
原因之一。

四、結　論

　　綜合以上所論和所引的相關史料，讀者應可發現至遼代中後期，遼人出
家眾多的情形更趨明顯。其主要原因，筆者認爲乃是在於遼代社會全國上下
均充滿了旺盛崇佛、信佛的風氣。而在此風氣的瀰漫下，使每個人都想要爲
佛教作一些事情，因此帶動了其他導致遼人出家眾多的原因，形成有許多崇
信佛教的家庭成員，自幼受佛教信仰的薰陶或對佛教的悟性，因此出家爲僧
尼。再加上整個社會崇佛，包括皇室、貴族、民間千人邑等都很願意給予佛
教有力的支援，在人力、財力、物力上大量的提供，使遼代寺院廣佈於全國
各地，並且大多能擁有雄厚的經濟力量，可以容納與養活眾多的僧尼。而皇
帝授予僧侶高官顯職，更提升了許多遼人出家的意願，甚至於世家貴族的兒
女們也很嚮往。

　　總之，遼代社會在盛大的崇信佛教潮流下，出現多項促成遼人出家爲僧
尼的優越條件，以致於形成了遼人出家眾多的現象。尤其是至遼代中後期，
經過長期的推波助瀾之後，此種現象更是臻於明顯。

〔註125〕佚名，〈鮮演大師墓碑〉，《文編》，頁 668。
〔註126〕可參閱張國慶，〈略論遼代上層僧侶之特色〉，《松遼學刊》1993：3（四平，
　　　　　1993 年），頁 57～64。
〔註127〕〔宋〕葉隆禮，《契丹國志》（台北：鼎文書局，1973 年），卷 8，《遼史彙編》
　　　　　7，〈興宗文成皇帝〉，頁 74。

徵引書目

一、史料

1. 〔宋〕李燾，《續資治通鑑長編》，上海：上海古籍出版社，1986 年。

2. 〔宋〕洪皓，《松漠紀聞》，收錄於《全宋筆記》，鄭州：大象出版社，2008 年。

3. 〔宋〕陸游，《家世舊聞》，收錄於《唐宋筆記》，北京：中華書局，1997 年。

4. 〔宋〕葉隆禮，《契丹國志》，收錄於《遼史彙編》（七），台北：鼎文書局，1973 年。

5. 〔宋〕蘇頌，《蘇魏公文集》，北京：中華書局，2004 年。

6. 〔宋〕蘇轍，《欒城集》，台北：台灣商務印書館，四部叢刊初編本，1965 年。

7. 〔元〕脫脫，《遼史》，北京：中華書局，1974 年。

8. 向南編，《遼代石刻文編》，石家莊：河北教育出版社，1995 年。

9. 向南、張國慶、李宇峰輯注，《遼代石刻文續編》，瀋陽：遼寧人民出版社，2010 年。

10. 李修生主編，《全元文》，南京：江蘇古籍出版社，2005 年。

11. 陳述輯校，《全遼文》，收錄於楊家駱主編，《中華全書薈要》，台北：龍文出版社，1991 年。

12. 閻鳳梧主編，《全遼金文》，太原：山西古籍出版社，2002 年。

二、近人著作

1. 田村實造，《中國征服王朝の研究（上）》，京都：京都大學東洋史研究會，1964 年。

2. 神尾弋春，《契丹佛教文化史考》，東京：第一書房，1982 年。

3. 野上俊靜，《遼金の佛教》，京都：平樂寺書店，1953 年。

三、論文

1. 王月珽，〈遼朝皇帝的崇佛及其社會影響〉，《內蒙古大學學報》1994：1，呼和浩特，1994 年。

2. 王吉林，〈遼代千人邑之研究〉，《大陸雜誌》35：5，台北，大陸雜誌出版社，1967 年 9 月。

3. 王明蓀，〈略論遼代崇佛與藏經〉，《佛光人文社會學刊》5，宜蘭，佛光人文社會學院，2004 年 6 月。

4. 王善軍，〈從石刻資料看遼代世家大族與佛教的關係〉，日本《東亞文史論叢》2007，京都，京都大學，2007 年。

5. 井上順惠，〈遼代千人邑會について〉，《禪學研究》60，京都，禪學研究會，1981 年。

6. 白文固，〈遼代的寺院經濟初探〉，《甘肅社會科學》1981：4，蘭州，1981 年。

7. 李家祺，〈遼朝寺廟分佈研究〉，《時代》12：8，台北，1972 年。

8. 田華，〈淺探遼代寺院經濟的一些問題〉，《北方文物》總 7，哈爾濱，1986 年。

9. 胡琳，〈從碑銘文等遼代文獻看遼代佛教〉，《宿州學院學報》22：2，宿州，2007 年 4 月。

10. 姚遠，〈遼代僧官的俗職研究〉，《五台山研究》總 10，太原，2011 年 4 月。

11. 高華平，〈《全遼文》與遼代佛教〉，《鄭州大學學報》39：5，鄭州，2006 年 9 月。

12. 神尾弌春，〈契丹の寺院〉，《契丹佛教文化史考》，東京：第一書房，1982 年。

13. 野上俊靜，〈遼代の邑會について〉，《大谷學報》20：1，京都，1939 年。

14. 張永娜，〈遼代佛教與社會生活〉，《蘭台世界》2012：6，瀋陽，2012 年 2 月。

15. 張國慶，〈略論遼代上層僧侶之特色〉，《松遼學刊》1993：3，四平，1993 年。

16. 張國慶，〈論遼代家庭生活中佛教文化的影響〉，《北京師範大學學報》2004：6，北京，2004 年。

17. 張國慶，〈遼代的寺田及其相關問題探究〉，《中國農史》2010：4，南京，2010 年。

18. 張國慶，〈遼代僧尼出家「具戒」考〉，《浙江學刊》2011：6，杭州，2011 年 12 月。

19. 張國慶，〈遼代佛教供養行爲考論〉，《遼寧大學學報》37：5，瀋陽，2012 年 9 月。

20. 黃敏枝，〈遼代石刻與佛教研究計畫成果報告〉，國科會專題研究計畫 2007～2009。

21. 劉浦江，〈遼金的佛教政策及其社會影響〉，《佛學研究》5，北京，中國佛教文化研究所，1996 年。

22. 蔣武雄，〈遼代佛教寺院經濟初探〉，《空大人文學報》7，台北，空中大學人文學系，1998 年 6 月。

23. 蔣武雄，〈遼代千人邑的探討〉，《空大人文學報》8，台北，空中大學人文學系，1999 年 6 月。

24. 蔣武雄，〈從碑銘探討遼代修建寺院與經費來源〉，《玄奘佛學研究》14，新竹，玄奘大學，2010 年 9 月。

25. 韓道誠，〈契丹佛教發展考〉，《東北歷史文化》，台北：國立編譯館，1995 年。

26. 龍李，〈佛教對遼朝社會的影響管窺〉，《商丘師範學院學報》23：5，商丘，2007 年 5 月。

（《東吳歷史學報》第 31 期，民國 103 年 6 月）